导游业务

DAOYOU YEWU

主编/安 乐 熊玲玲 王 璞/

重庆大学出版社

内容提要

本书编写以全国导游人员资格考试大纲为依据,遵循高职教育"工学结合、知行合一"的人才培养模式要求,根据高职高专学生认知特点,因材施教,全书共分为四个工作领域,即规范服务、技能服务、危机应变、才艺应用,内容兼顾权威性和实用性。本书既可作为导游人员上岗的操作手册,又可作为高等职业院校旅游类专业教学用书。

图书在版编目(CIP)数据

导游业务 / 安乐,熊玲玲,王璞主编. -- 重庆:
重庆大学出版社,2022.9
ISBN 978-7-5689-2909-7

Ⅰ.①导… Ⅱ.①安… ②熊… ③王… Ⅲ.①导游—
高等职业教育—教材 Ⅳ.①F590.633

中国版本图书馆 CIP 数据核字(2022)第 165231 号

导游业务
DAOYOU YEWU
主 编 安 乐 熊玲玲 王 璞
策划编辑:尚东亮

责任编辑:尚东亮 龙沛瑶 版式设计:龙沛瑶
责任校对:邹 忌 责任印制:张 策

*

重庆大学出版社出版发行
出版人:饶帮华
社址:重庆市沙坪坝区大学城西路 21 号
邮编:401331
电话:(023) 88617190 88617185(中小学)
传真:(023) 88617186 88617166
网址:http://www.cqup.com.cn
邮箱:fxk@ cqup.com.cn(营销中心)
全国新华书店经销
重庆俊蒲印务有限公司印刷

*

开本:787mm×1092mm 1/16 印张:17.25 字数:422 千
2022 年 9 月第 1 版 2022 年 9 月第 1 次印刷
印数:1—2 000
ISBN 978-7-5689-2909-7 定价:59.00 元

前　言

　　基于校企双元合作、工学结合一体人才培养模式，为实现理论教学与实践教学融通、课程思政与导游考证融通、能力培养与工作岗位对接，我们与行业、企业的专家根据活页式教材建设要求，合作编写了《导游业务》。

　　本书既吸取了全国导游人员资格考试指导教材的精华，又体现了以下几个特点：

　　一是设定课程思政目标，将家国情怀、文化自信、生态文明、职业道德、旅游行业核心价值观融入课程内容，努力画出最美育人同心圆。

　　二是强调实用性和可操作性，将导游业务根据实际岗位能力需要，分为四大领域，每个领域下设项目、任务和子任务，通过具体操作步骤完成工作任务。

　　三是每个任务完成后都有技能考核，对所学技能根据技能评估标准进行测试，找出不足继续改进。

　　同时，为了使学习者能更深入地理解旅游行业相关知识，我们还设置了"知识链接"。

　　本书既可作为高职高专旅游院校的教材，也可作为本行业相关服务人员的学习参考用书。

　　本书由安乐、熊玲玲、王璞担任主编，由张意涵、文云、李依静参与编写。其中安乐编写项目二、项目三、项目六、项目十，熊玲玲编写项目七、项目八、项目九，王璞编写项目一，文云编写项目四，张意涵编写项目五，李依静完成校稿工作。

　　在活页式教材及相关教学资源开发完成后，后期随着技术的进步、岗位要求和学情变化，活页式教材内容也会及时进行更新和调整。

　　在编写本书的过程中，我们参阅了全国范围内同类型其他优秀著作与教材，在此，谨向给我们提供过智力援助的专家学者们表示深深的敬意！由于水平有限，不足之处诚望读者批评、指正。

编　者

2022 年 3 月

目 录

CONTENTS

工作领域一 规范服务

工作领域二　技能服务

工作领域三　危机应变

工作领域四　才艺应用

附　录

工作领域一

规范服务

项目一　领队导游规范服务

思政目标

培养学生热爱祖国的家国情怀意识、"游客为本、服务至诚"的核心价值观。

能力目标

①能够实施旅游接待计划；
②能够做好翻译、联络、组织协调工作；
③能够做好安全工作，并协助地陪导游处理问题。

思维导图 ··

知识链接 1 ··

团队签证（或另纸签证）

团队签证又称另纸签证，通常只是一张有签证效用的纸质证明，使馆签发时会将其附在全团某一位团员的护照上（通常会订在领队的护照上），而其他团员的护照上面并没有任何签证印记。另纸签证上面列明所有获得签证人员的名单，出境时须按照顺序排队。

如何办理内地去香港所需的港澳通行证

内地去香港需要办理港澳通行证，需携带本人身份证件去当地公安局出入境管理部门进行办理。赴香港或澳门旅游，需申办"中华人民共和国往来港澳通行证"和相应签注。参加港澳旅行团赴香港或澳门旅游的，到当地有权组团赴港澳游的旅行社直接申请证件及签注或单独申请签注。旅行社须提交该社全额费用发票原件及复印件申请。签注的首次进入截止期限是自签注签发之日起 12 个月内。个人赴港澳地区旅游不需要任何材料，可申请访问签注,由本人到当地公安局出入境管理部门提交填写完整的"申请表"和本人的身份证、户口簿原件;签发 12 个月有效的一次、二次往返签注,每次停留期为 7 天。

知识链接 2 ···

- **红色通道与绿色通道**

我国海关以国际惯例实行红色通道和绿色通道的通关制度。凡持有外交及礼遇签证的外籍旅客,获国家给予免验待遇;携带无须向海关申报物品的中国游客在通过海关时, 可经由绿色通道通过海关。

以下各种情况或以下类型的游客应当经由红色通道过关:

①携带海关限量及应征税物品的。

②携带进口限制物品的。

③有人、物分离进出境的。

④携有物品、货物、货样以及其他需办理进出境验放手续物品的。

⑤未将应复带出境物品原物带出的。

⑥携带外币、金银及其制品而又未获得有关出境许可证或已超过限额的。

- **中国海关部分限制进出境品**

1.旅行自用物品

非居民旅客及持有前往国家或地区再入境签证的居民旅客携带旅行自用物品限照相机、便携式收录机、小型摄像机、手提式摄录机、手提式文字处理机每种一件。超出范围的,需向海关如实申报,并办理有关手续。经海关放行的旅行自用品,游客应在回程时复带出境。

2.金银及其制品

游客携带金银及其制品进境应以自用、合理数量为限,其中超过 50 克的,应填写申报单证,向海关申报;复带出境时,海关凭本次进境申报的数量核放。携带或托运出境在中国境内购买的金银及其制品(包括镶嵌饰品、器皿等新工艺品),海关验凭中国人民银行制发的"特种发票"放行。

- **外汇**

旅客携带外币、旅行支票、信用证等进境,数量不受限制。居民游客携带 1 000 美元(非居民旅客 5 000 美元)以上或等值的其他外币现钞进境,需向海关如实申报;复带出境时,海关凭本次进境申报的数额发放。游客携带上述情况以外的外汇出境,海关凭验国家外汇管理局制发的"外汇携带证"查验放行。关于携带外币出境的问题,国家外汇管理局 2003 年 8 月 28 日发布《携带外汇现钞出入境管理暂行办法》。其中规定:我国出入境人员可以携带外币现钞出境,也可以按国家金融管理规定通过从银行汇出或携带汇票、旅行支票、国际信用卡等方式将外币携带到境外。出入境人员携带不超过等值 5 000 美元的外币现钞出境的,无须申请"携带外汇出境许可证",海关予以放行;携带外币现钞金额在等值 5 000 美元以上至 1 万美元的,应向外汇指定银行申领"携带证"验放;除特殊情况外,出入境人员原则上不得携带超过等值 1 万美元的外币现钞出境。综合此项规定及海关的规定即携带外币现钞出境时,超过 1 000 美元应向海关进行申报,海关允许放行的数额为 5 000 美元,如超过 5 000 美元,携带人应凭"携带外汇出境许可证"海关才准予放行。

●人民币

旅客携带人民币进出境,2005年1月1日起限额调整为2万元,超出2万元的不准进出境。

●文物(含已故现代著名书画家的作品)

旅客携带出境的文物,须经中国文化行政管理部门鉴定。携运文物出境时,必须向海关详细申报。在境内商店购买的文物,海关凭中国文化行政管理部门钤盖的鉴定标志及文物外销发货票检验放行;在境内通过其他途径得到的文物,海关凭中国文化行政管理部门钤盖的鉴定标志及开具的许可出口证明查验放行。未经鉴定的文物,不能携带出境。携带文物出境不据实向海关申报的,海关将依法进行处理。

●中药材、中成药

旅客携带中药材、中成药出境,前往国外的,总值限人民币300元;前往港澳地区的,总值限人民币150元。寄往国外的中药材、中成药,总值限人民币200元;寄往港澳地区的,总值限150元。进境旅客出境时携带用外汇购买的、数量合理的自用中药材、中成药,海关凭有关发货票、外汇和外汇兑换水单放行。麝香以及超出上述规定限值的中药材、中成药不准出境。

●旅游商品

进境旅客出境时携带用外汇在我国境内购买的旅游纪念品、工艺品,除国家规定应申领出口许可证或者应征出口税的品种外,海关凭有关发货票和外汇兑换水单放行。

●民航国际航班的行李托运携带规定

1.计件免费行李额

按旅客所购票票价等级,每一全价票或半价票的旅客交运的免费行李额为:一等和公务票价,免费交运行李件数为两件,每件最大体积(三边之和)不得超过62英寸(158厘米)。

经济和旅游折扣票价,免费交运的行李件数为两件,每件最大体积(三边之和)不得超过62英寸(158厘米),但两件之和不得超过107英寸(273厘米),每件最大质量不得超过32千克。按成人票价10%付费的婴儿可免费交运全折叠式或轻便婴儿车或婴儿手推车一辆。超过规定的件数及超过规定的最大体积的行李,应交付逾重行李费。

2.随身携带物品

除计重免费交运的行李额,每一持有全价或半价客票的旅客,还可免费随身携带下列物品:女用手提包一个,大衣或雨衣一件,旅行用毛毯一条,手杖一根或伞一把,在飞行途中看的少量读物,小型照相机一架,小型望远镜一具,婴儿食物(限旅途中食用),婴儿摇篮(限一个),供病人行动可折叠的轮椅或一副拐杖或撑架或假肢。不准作为行李运输的物品包括旅客的交运行李和自理行李内的易燃、易爆、腐蚀、有毒、放射性物品以及可聚合物质、磁性物质和其他危险物品。旅客不得携带中华人民共和国在运输过程中有关国家法律、政府命令和规定禁止出境、入境或过境的物品及其他限制运输的物品。旅客乘坐飞机不得携带武器或随身携带利器和凶器。交运行李内不得装有货币、珠宝、金银制品、票证、有价证券和其他贵重物品。

3.行李赔偿

托运行李如发生丢失或损坏,由航空公司负责赔偿,赔偿金额每千克不超过人民币50元。如行李价值每千克低于50元时,按实际价值赔偿。

4.行李声明价值

托运行李每千克价值超过人民币50元时,可以办理行李声明价值,航空公司收取相应的声明价值附加费。声明价值不能超过行李本身的实际价值。每一旅客的行李声明价值最高限额为人民币8 000元。如此件行李丢失,航空公司按声明价值赔偿。

- **黄皮书简介**

黄皮书即《国际预防接种证书》,因它的封面通常是黄色的而得名。目前世界上大多数国家的《国际预防接种证书》都通用黄色封面,故"黄皮书"为国际上对《国际预防接种证书》的通用称谓。黄皮书是世界卫生组织为了保障入出国(边)境人员的人身健康,防止危害严重的传染病通过入出国(边)境的人员、交通工具、货物和行李等传染和扩散而要求提供的一项预防接种证明,其作用是通过卫生检疫措施避免传染。

黄皮书一般印有英文和本国文字。我国黄皮书的封面印有《国际预防接种证书》和"中华人民共和国卫生部"的字样。内文共有8页。黄皮书的有效期是按疾病种类划分的。对于预防霍乱,黄皮书的有效期为:自接种后6天起,6个月内有效。如前次接种不满6个月又经复种,自复种的当天起,10年内有效。

任务一　服务准备

任务情景

你是甘肃天水大自然国际旅行社出境领队,1月3日将带兰州亚太实业集团股份有限公司共计17人赴日本旅游。此团在日本行程为8日7晚日本游经典行程,可参观游览大阪、神户、京都、箱根、横滨、东京等日本著名城市,由你担任本次领队工作。

任务分析

服务准备是领队顺利完成出境服务工作的最基本前提,要做好业务准备、物质准备、知识准备等工作。

任务操作

子任务一　业务准备

步骤一:听取旅行社计调人员介绍团队情况并接收出团资料。

步骤二:研究旅游团情况。

1.团队构成的大致情况(表1-1-1)

该团以企业中、高层管理人员为主,游客人数16人,领队1人。

表 1-1-1 中国公民出国旅游团队名单表

经营许可证号:L-GS-CJ00054　　　　　　统一编号:CJ83F422SI36　　　　　　年份:2020
导游姓名:姚敏　　　　　　　　　　　　导游证号:QGL2054K

序号	姓名		性别	证照号码	出生日期	出生地	签发地及有效期
	中文	汉语拼音					
领队	姚敏	YaoMin	F	××××××××××	××××/××/××	甘肃省	甘肃省××××/××/××
01	王××	Wang××	M	××××××××××	××××/××/××	甘肃省	甘肃省××××/××/××
02	杨××	Yang××	M	××××××××××	××××/××/××	甘肃省	甘肃省××××/××/××
03	史××	Shi××	F	××××××××××	××××/××/××	甘肃省	甘肃省××××/××/××
04	崔××	Cui××	M	××××××××××	××××/××/××	甘肃省	甘肃省××××/××/××
05	韩××	Han××	F	××××××××××	××××/××/××	甘肃省	甘肃省××××/××/××
06	秦××	Qin××	F	××××××××××	××××/××/××	甘肃省	甘肃省××××/××/××
07	何××	He××	M	××××××××××	××××/××/××	甘肃省	甘肃省××××/××/××
08	郭××	Guo××	F	××××××××××	××××/××/××	甘肃省	甘肃省××××/××/××
09	樊××	Fan××	M	××××××××××	××××/××/××	甘肃省	甘肃省××××/××/××
10	李××	Li××	F	××××××××××	××××/××/××	甘肃省	甘肃省××××/××/××
11	芦××	Lu××	M	××××××××××	××××/××/××	甘肃省	甘肃省××××/××/××
12	伏××	Fu××	M	××××××××××	××××/××/××	甘肃省	甘肃省××××/××/××
13	牛××	Niu××	F	××××××××××	××××/××/××	甘肃省	甘肃省××××/××/××
14	梁××	Liang××	M	××××××××××	××××/××/××	甘肃省	甘肃省××××/××/××

续表

序号	姓名		性别	证照号码	出生日期	出生地	签发地及有效期
	中文	汉语拼音					
15	赵××	Zhao××	F	××××××××××	××××/ ××/××	甘肃省	甘肃省××××/××/××
16	朱××	Zhu××	F	××××××××××	××××/ ××/××	甘肃省	甘肃省××××/××/××

2020 年 01 月 04 日　西安咸阳国际机场　口岸出境	总人数:17 人(男:8 人,女:9 人)	
2020 年 01 月 10 日　西安咸阳国际机场　口岸入境		
出境组团社	旅游行政管理部门	边防检查站
组团社盖章	审验章	加注(实际出境　人)　出境验讫章

2.团内重点团员的情况

其中王××为总裁办主任,是团内的重要客人。

3.团队的完整行程（表 1-1-2）

表 1-1-2　出团行程计划

初见日本 • 本州全景 8 日游			
（东京、大阪、京都、奈良、富士山）　　周二、四、六:东进阪出			
日期	行程		
第 1 天	**兰州—西安(高铁时间待定)**		
	开始愉快的旅行,在指定的时间乘高铁赴西安,抵达后乘车赴西安咸阳国际机场附近酒店,入住酒店休息。		
	酒店:西安机场酒店	用餐:无	交通:高铁、巴士
第 2 天	**西安✈茨城(近东京)(9C6295 07:15—12:20)**		
	航班起飞前 3 小时,西安机场 T3 航站楼集合,后乘飞机赴茨城机场。抵达后乘车赴酒店,入住酒店休息。		
	酒店:东京或周边地区酒店	用餐:无	交通:飞机、巴士
第 3 天	**东京**		
	【自由活动】:(不含车、导游、司机)		
	您可以自行安排您的时间,可以漫无目的地闲逛,也可以提前做好计划,去您想去的地方。		
	酒店:东京或周边地区酒店	用餐:早、×、×	交通:巴士

续表

日期	行程
第4天	**东京🚌箱根** 【浅草寺、仲见世街】浅草寺为日本观音寺总堂。浅草寺的历史很悠久,寺院的正门——雷门是通往浅草观音寺的入口,门下挂了一个百斤重、四米高的红色大灯笼,这个红色大灯笼已成为该寺的标志之一。从雷门到宝藏门是一段石头铺的路,是参拜观音的必经之路,这就是著名的"仲见世"街,是东京最热闹的购物街之一。 【银座】银座是日本东京中央区的一个主要商业区,以高级购物商店闻名。它作为东京的一个代表性地区,是日本现代景点的代表,与巴黎的香榭丽舍大道、纽约的第五大道并列为世界三大繁华中心。 【皇居外苑】日本皇居外苑俗称皇居前广场,位于丸内高层楼街和皇居之间,由凯旋濠、日比谷濠、马场先濠、大手濠以及二重桥前的湟池所包围的广大区域组成。皇居外苑内铺设细石子,遍植松树,宽阔的广场上青松翠柏,绿地如茵,是日本城市为数不多的绿地之一。 【秋叶原动漫街】日本东京的秋叶原是日本最大的电器一条街,也是世界最大的电器、动漫一条街,更是东京的一个象征。 【电器店】各式先进科技产品,自由玩购。
	酒店:箱根或周边地区温泉酒店　　用餐:早、中、晚　　交通:巴士
第5天	**箱根🚌中部** 【富士山五合目】富士山跨越山梨县和静冈县,海拔3 776米,是日本最高的山峰,其优美的风貌在国外也被广泛地认作日本的象征,被列入世界文化遗产。富士山五合目中有餐厅、商店、邮局,可以近距离感受富士山。 ***注:如果天气不好遇见景区封山,地点将更改为富士山地震体验馆,敬请理解!** 【忍野八海】所谓"忍野八海",其实是富士山的雪水流经地层过滤而成的8个清泉。忍野八海以其优美的自然环境闻名,池水波光粼粼,与美丽的富士山合为一体,美不胜收,吸引无数摄影家不远千里前来取景。忍野八海为日本指定的天然纪念物。 【御殿场奥特莱斯购物城】御殿场奥特莱斯购物城是日本品牌店最多的Outlet商场,也是日本最红火的商场之一,共计210个直销名品旗舰店。整个商场就像一座山中花园,不仅东京人爱逛,连其他国家的观光客都将这里当作一个景点,每到周末假日,逛街人潮络绎不绝,算是东京近郊最好逛的一个名牌百货商场。在此顾客能感受到北美城市街道风情,并可尽情地体验购物乐趣。从中心内的摩天轮上遥望壮美的富士山也是一种享受。
	酒店:中部地区酒店　　用餐:早、中、晚　　交通:巴士

续表

日期	行程
第6天	**中部🚌京都** **【睡眠体验中心】**该中心有天然纯乳胶枕头、床垫、婴儿用品,治疗颈椎疾病、打鼾,有效预防和控制脊椎等相关疾病,让您拥有一个健康和舒适的睡眠。 **【金阁寺】**金阁寺是世界文化遗产,正式名为鹿苑寺,始建于1379年,原为足利义满将军的山庄,足利义满死后改为禅寺。因为安放舍利的建筑物外面包有金箔,故名金阁寺。 **【伏见稻荷大社】**日本约有1/3的神社属于稻荷神社,伏见稻荷大社是稻荷神社的总本社,地位崇高、历史悠久。伏见稻荷大社供奉着保佑商业繁荣、财运亨通、五谷昌盛的稻荷大神,香客众多。密集的朱红色"千本鸟居",是京都的代表性景观之一,也曾出现在电影《艺伎回忆录》中。狐狸被视为神明稻荷的使者,因此在神社里你会看到各种各样的狐狸石像、狐狸脸型的绘马(祈愿牌)、狐狸造型的御守(护身符),非常可爱。鸟居通道里也有一些餐厅提供当地的菜肴,如稻荷寿司和狐族乌冬面,汤面上放有炸油豆腐,据说是狐狸最喜欢的食物。

酒店:大阪或周边地区酒店	用餐:早、中、✕	交通:巴士

日期	行程
第7天	**奈良🚌大阪** **【奈良神鹿公园】**奈良神鹿公园占地5.25平方千米,堪称世界上数一数二的大公园。奈良的所有名胜古迹都在这座公园范围内。公园内巨树丛立,还有历史悠久的古迹、花草、山林及岩石等;另有驯鹿成群,共有1 200多只,散布于山间、林下或寺庙的池畔,是奈良景观的象征。 **【大阪城公园】**大阪城四周有护城河围绕,附近庭园秀丽,亭台楼阁,奇花异卉,充满诗情画意。每年春季樱花、秋季红叶,都令大阪城公园更添艳丽。 **【心斋桥、道顿堀】**大阪最大的购物区,集中了许多精品屋和专卖店,从早到晚人流熙熙攘攘,以带有拱廊设施的心斋桥筋商店街为中心发展起来。这里大型百货店、百年老铺、各种小店铺鳞次栉比,正所谓"购在心斋桥,吃在道顿堀"。 **【综合免税店】**客人可自由选购各种日本国民喜爱的健康食品及日本手信。

酒店:关西机场周边地区酒店	用餐:早、中、✕	交通:巴士

日期	行程
第8天	**大阪✈西安—兰州**(9C6208 07:00—09:55) 前往大阪关西机场,乘飞机返回西安咸阳国际机场,后根据高铁时间乘车赴西安北站乘高铁返回兰州。 结束愉快的旅行。

酒店:无	用餐:无	交通:飞机、高铁、巴士

4.团员特别要求

有一家三口需住一起,一张单人大床。

5.行前说明会时间

行前说明会将在团体出发前的一周召开。

6.出境旅游行程信息

(1)旅游线路、时间、景点

此团在日本行程为8日7晚日本游经典行程,可参观游览大阪、神户、京都、箱根、横滨、东京等日本著名城市,可参观心斋桥商业街,前往日本桥电器街选购各种名牌电器及电子用品,欣赏精美和服秀,品尝日式美食并体验日式温泉,登临日本最高峰——富士山,自由活动一日可自行前往东京迪士尼乐园重温童年欢乐。

(2)交通工具的安排

全程双飞,双点进出,在日本国内乘坐豪华专用旅游巴士。

(3)食宿标准/档次

全程安排6餐日式特色餐食,行程中不含餐的部分需游客自理;全程3~4星级酒店(含早)标准间(温泉酒店为榻榻米合式房)。

(4)购物娱乐安排以及自费项目

旅行社安排心斋桥商业街、日本桥电器街、东京新宿、永山电器产品专卖店等购物点。在东京自费项目:可自行前往东京迪士尼乐园畅玩整日。

(5)团费包含项目

往返国际机票、签证费、出境机场税、全程3~4星级酒店标准、行程中所列用餐、境外交通、游览观光景点门票、中日文专职导游。

(6)组团社与地接社的联系人及其联系方式

中国导游:姚敏　　　　136×××××××××

日本导游:中田××　　　080-309775646

步骤三:制作团队分房表(表1-1-3)。

表1-1-3　团队分房表

房间号	客人序号	游客姓名
(单间)	领队	李娟
(单间)	01	王××
(大床房)	05、07、11	韩××、何××、芦××
(双人间)	03、09	史××、樊××
(双人间)	08、12	郭××、伏××
(双人间)	06、14	秦××、梁××
(双人间)	02、04	杨××、崔××
(双人间)	10、13	李××、牛××
(双人间)	15、16	赵××、朱××

注:此团共需客房2个单人间+6个双人间,其中1间是大床房。

步骤四：核对各种票据、表格和旅行证件。

①核对游客护照、团队名单以及护照内的签证，重点检查姓名、护照号码、签发地、签发日期、有效期、是否本人签名。

②核对机票及行程。

③检查全团的预防注射情况。

④准备多份境外住店分配名单。

子任务二　开好出国前的说明会

步骤一：代表旅行社致欢迎词。

【示例】

尊敬的各位团友：

大家好！

首先欢迎和感谢大家参加由我们甘肃天水大自然国际旅行社组织的这次日本8日7晚游，我是这次日本之旅的领队——姚敏。在这8日7晚的行程中由我来为大家提供全程陪同服务，非常真诚地希望能得到游客朋友的支持与配合，也希望在这次的游程中大家务必遵守约定的时间，遵守当地的法律法规，尊重当地的习俗，切实保证安全。我会尽全力做好工作，为大家服务好！最后在这里先预祝大家有个开心愉快的日本之旅！谢谢！

步骤二：旅游行程说明。

领队对这几天的行程可作说明，有条件的还可做成幻灯片或影碟适当放映。

步骤三：介绍旅游目的地国家（地区）基本情况及风俗习惯。

与日本人约会提前5~10分钟到达为好，不能失约。有事应先通知，贸然登门会被视为极不礼貌的行为。在接待客人时，不习惯以烟待客。赠送或接受礼物时要用双手。日本人不喜欢紫色，忌讳绿色，忌讳狐狸、獾及荷花。菊花和带有菊花图案的物品不能随意送人，因为是皇室家族的标志。日本人不喜欢偶数而对奇数颇有好感。日本人喜口味清淡、味鲜带甜的菜肴。日本茶道盛行，日本人普遍喜欢饮茶。

步骤四：提出要求，讲清注意事项。

①入境日本时提供指纹和拍摄面部照片，然后接受入境的审查。若拒绝提供指纹和拍摄面部照片，将被禁止入境，只能离开日本，由此造成的一切后果，责任自负。

②从日本拨打国内电话，请先拨以下号码001（KDD）、0041（ITJ）或0061（IDC），再拨国内号码，公用电话几乎到处都有，非常便利。黄色电话和绿色电话可以使用10日元和100日元硬币，红色电话则只能使用10日元硬币，绿色电话还可以使用电话卡。

③财物保管：日本是治安很好的国家，但观光时请不要把贵重物品带在身上，建议将护照、珠宝、现金等贵重物品存在饭店的保险箱内。

④自由活动：自由活动期间请各位务必注意自身人身及财产安全，并于当日返回行程中指定下榻酒店。散团后自由活动时请结伴而行，尽量不要单独行动，不要去僻静的地方。

⑤应注意的礼节与习惯：乘坐扶梯时应靠左站立，将右侧让给赶路的人（关西包括大阪左行右立，以当地习俗为准）。对早上第一次见面的人应说：早上好；晚上分开时要说：辛苦了。

⑥入住日式旅馆说明：日式旅馆榻榻米房间为两人一间(洋室也为两人一间)。白天是起居室,晚间为卧室。由旅馆店员为您准备专用被褥。

⑦泡温泉的说明：各种温泉对缓解肌肉酸痛、背痛等不适症状及美容都极为有效。泡温泉前需在淋浴处先将身体冲洗干净,然后入浴。温泉温度都很高,故一次不要泡过长时间,10分钟左右为宜。酒后及有心脏病、身体虚弱者禁止入浴,否则后果自负。

⑧购物：在大型综合商场购买10 000日元以上商品当日持本人护照可返还5%消费税。退税在商场的退税柜台进行,当天退税。

⑨车站、餐厅等标有"契烟所"的则表示吸烟处,"终日禁烟"则表示此处不得吸烟。

⑩交通：日本的交通规则是车行左侧,人行右侧。在日本,人们都非常遵守交通规则,不遵守交通规则非常危险。另外,在上台阶特别是乘自动扶梯时,请一定遵守左行(东京)、右行(大阪)的习惯。东京的士起价660日元,里程表每跳一次加收90日元,晚上11:00至清晨05:00加收30%。

步骤五：落实有关分房、缴款、特殊要求等事项。

在行前说明会上应落实分房、国内段返程机票是否已订或是否缴款,机场建设费包括与否,是否有单项服务等特殊要求,是否有回民素食问题等事项。

步骤六：行前说明会补救。

1.给未能出席的游客打电话

对因故未能前来参加行前说明会的游客,领队或旅行社计调人员应记录下来,做好补救工作。领队要负责打电话与未能出席行前说明会的游客进行联络沟通。一定要通知到每一位游客,要将行前说明会上所讲的主要内容告诉他们,尽量避免耽误全团的行程。

2.应发给游客的物品要带给游客

行前说明会上发给游客的团队标志胸牌和太阳帽、折叠包等物品,应由领队带到集合地点发给未能出席行前说明会的游客。

子任务三　物质准备

步骤一：出团所需的证件机票及业务资料准备。

1.证件和机票的准备

全团的护照及机票都会由旅行社计调人员转交到领队手上。领队要携带全团的护照及机票,护照最好按照顺序排列,并用橡皮筋捆扎好,一直到机场临近办理登机手续的时候才能发给游客。

2."中国公民出国旅游团队名单表"准备

出境时必须携带"中国公民出国旅游团队名单表",并准备几份复印件。

3."出境旅游行程表"准备

要确认领队手中的"出境旅游行程表"与游客手中的完全一致。通常境外的接待旅行社对组团社的团队日程会有一个最后确认传真,领队应复印下来放到出团所需的资料中。在抵达目的地国家办理入境手续时,这份团队行程及团员名单的传真复印件对顺利完成入境手续很有帮助。

4.分房名单准备

5.境外接待社联系方式及联系人信息准备

①负责境外接待的旅行社的名称:喜路旅行社有限责任公司。

②境外接待旅行社经理及旅行社计调人员的姓名及联系方式:正野××、080-3219××××。

③境外旅行社办公室联系电话:03-3591-8403。

④导游姓名、性别及联系电话:中田××、男、080-3097××××。

6.其他与带团工作密切相关的必备物品准备

领队证、领队名片、旅行社的领队旗、公司胸牌、旅行社托运行李不干胶标签、行李牌、旅行包、必备现金、旅游服务质量评价表、入境检疫卡、出入境卡。

步骤二:辅助用品及相关资料准备。

地图、记事本、旅游书籍、手机(电池、充电器)、手电筒、合适的太阳镜、笔、计算器等。

步骤三:个人的生活必需品准备。

1.服装准备及日用品准备

领队应该有一套正式服装,其他可多准备一些休闲类服装。国外的许多饭店通常没有为游客准备牙膏、牙刷、剃须刀、洗发水、发网、面霜、拖鞋等一次性用品,因而需要领队事先加以准备。

2.常用药品准备

准备一些感冒药、肠胃药、体温表、风油精、乘晕宁、消炎药、创可贴、纱布等,做到有备无患。

技能评估标准

序号	考核内容	考核要求	分值	评分标准	扣分	得分	备注
1	行程熟悉度	熟悉行程中各景点在哪个城市;知晓各城市间所需要乘坐的交通工具	20	每项不能完成的扣10分,最多扣20分			
2	出境说明会	说明会6步骤	50	步骤四10分,其他步骤每步骤8分			
3	物质准备	熟悉出团所需的证件、机票及业务资料准备内容(6项)	30	每项内容扣5分,最多扣30分			
合计			100				

任务二　中国出境和他国入境

任务情景

现在是 1 月 4 日的 05:00，你所带团队已乘高铁从兰州来到了西安咸阳国际机场，准备乘 9C6295 号航班由西安飞往日本茨城。

任务提出

你即将带游客乘坐飞机出国，应如何做好本次团队的出境工作和日本的入境工作呢？

任务分析

你带领 16 名中国游客从中国（西安）出境前往日本，经过海关、办理登机、卫检、边检、安检等多道手续才能出境离开中国，又需要同样多的手续才能入境旅游目的地（日本茨城）。

任务实施

子任务一　办理中国出境手续

步骤一：提前到达集合地点并准时集合、清点旅游团人数。

步骤二：办理海关申报。

①帮助需要申报的游客填写海关申报单。

②带领游客办理海关申报。

步骤三：办理登机手续及行李托运手续。

1.告知游客航空公司的诸项规定

在办理登机手续之前，对一些可能出现的问题再次提醒游客。如水果刀、小剪刀等不能放在手提行李中，贵重物品要随身携带而不应放在行李中托运。

2.集体办理登机手续

①交验护照、机票，办理登机手续。事先收齐全团所有游客的护照、机票，到所应搭乘的航空公司的值机柜台前，交验全部的护照、机票，办理登机手续。

②办理行李托运。将游客拟托运的行李（包括自己的行李）在值机柜台前按顺序排列，以方便托运清点。柜台人员将要托运的行李系上行李牌后，在看到团体的行李进入值机柜台行李传送带后方可离去。

3.将过边检、登机所需的物品发还给游客

集体办理登机手续后，应将游客的护照、机票、登机牌发给游客。全团行李统一托运后的所有票据，由自己保管存放。

步骤四：通过卫生检疫。在海关旅客指尖服务小程序填写健康申报信息（图 1-2-1）。

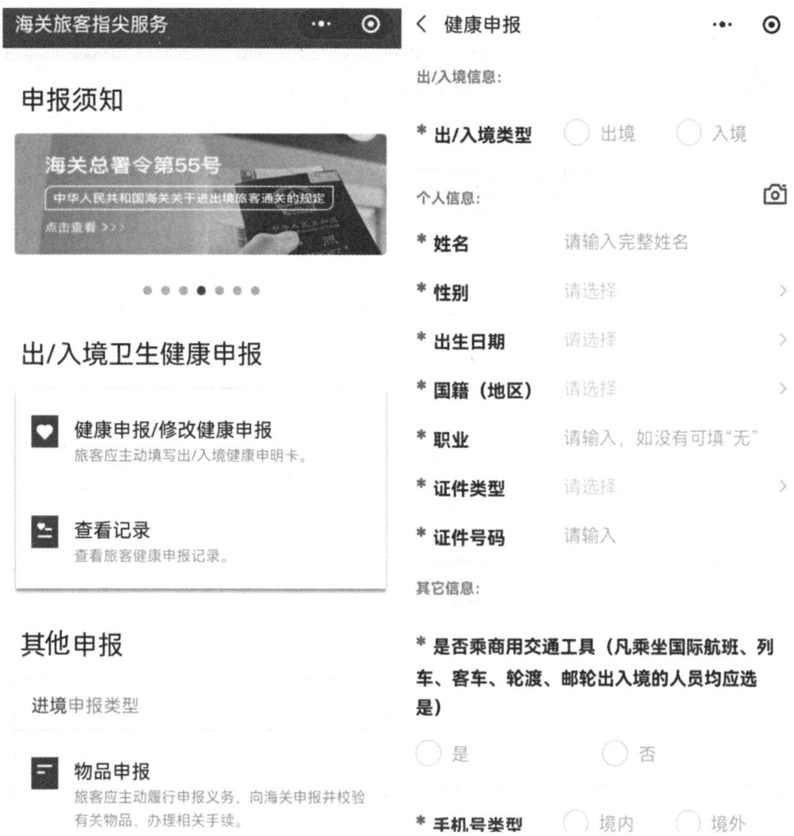

图 1-2-1　中华人民共和国海关出/入境卫生健康申报

步骤五:通过边防检查及安全检查。

对出境人员身份及证件、签证等进行检查，通过此项检查即被允许出境，边防检查出境登记卡如图 1-2-2 所示。

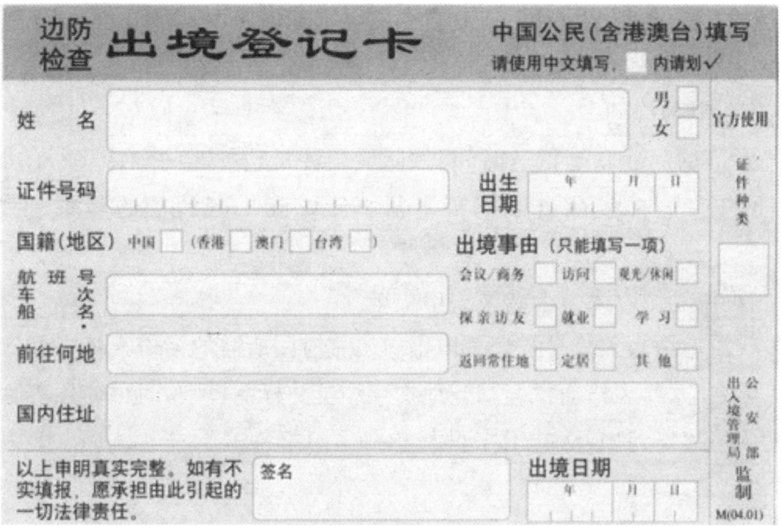
边防检查　出境登记卡　中国公民（含港澳台）填写
请使用中文填写，□内请划✓

姓　名　　男□　女□　官方使用

证件号码　　出生日期　年　月　日　证件种类

国籍（地区）　中国□（香港□澳门□台湾□）

航班号/车次/船名

出境事由（只能填写一项）
会议/商务□　访问□　观光/休闲□
探亲访友□　就业□　学习□
返回常住地□　定居□　其他□

前往何地

国内住址

以上申明真实完整。如有不实填报，愿承担由此引起的一切法律责任。　签名　出境日期　年　月　日

公安部出入境管理局监制　M(04.01)

图 1-2-2　边防检查出境登记卡

中国出境工作流程图如图 1-2-3 所示。

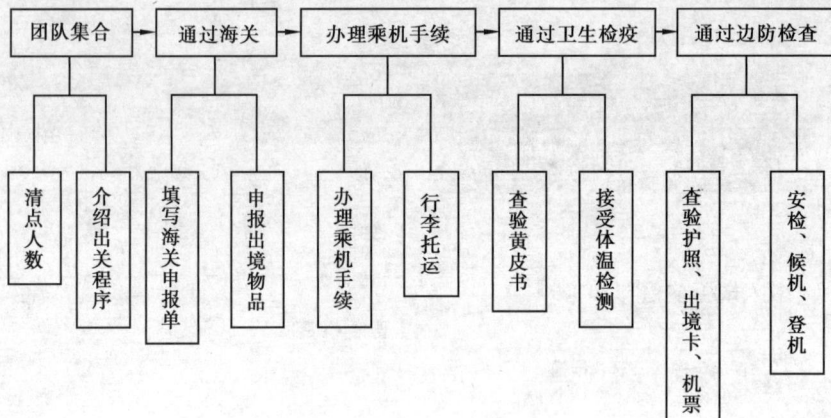

图 1-2-3　中国出境工作流程图

子任务二　飞行途中领队服务

步骤一:为游客提供乘机中的诸项帮助。

1.协助游客调换座位

领队自己的座位,以靠近中间通道为妥,而不应选择靠近窗口的座位,这样可以较为方便地站起身来照顾游客。

2.游客的特殊用餐要求

空乘人员送来饮料时,如果游客不清楚或不知道要什么饮料,领队也应为游客提供帮助。帮助时应先轻声询问游客,再向空姐转告。

3.熟悉飞机上的救生设备

领队应熟悉飞机上救生设备的使用和安全门的设置,登机后认真听取空乘人员的讲解演示。一旦空中飞行期间发生意外,首先自己需懂得如何使用救生设备及开启安全门,并在需要时给团内游客讲解。

4.回答游客的其他提问

游客最经常问的问题就是抵达时间,领队应记住抵达的时间和待飞行的时间,一有游客询问,立刻回答。这样领队可以给游客留下干练和头脑清醒的印象,使游客产生信任感。

步骤二:帮助游客填写入境卡及海关申报单。

领队需要代游客填写入境卡及海关申报单。旅游团所需的多份入境卡及海关申报单可以向空姐统一索要,这些表格通常会用当地文字和英文标明,填写时可使用英文填写。代游客填写所有的入境表格,是领队的工作职责之一(图 1-2-4)。

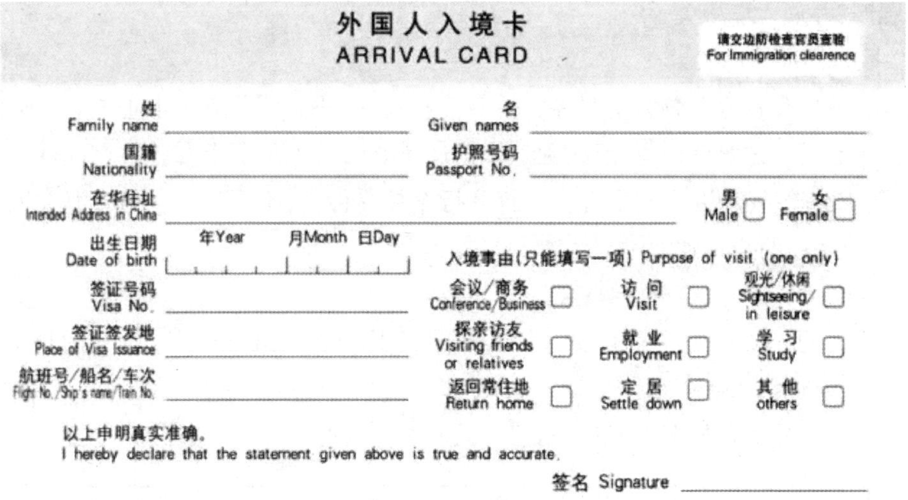

外国人入境卡
ARRIVAL CARD

请交边防检查官员查验
For Immigration clearence

姓 Family name ____________　名 Given names ____________

国籍 Nationality ____________　护照号码 Passport No. ____________

在华住址 Intended Address in China ____________　男 Male □　女 Female □

出生日期 Date of birth　年Year　月Month　日Day

入境事由(只能填写一项) Purpose of visit (one only)

签证号码 Visa No. ____________

签证签发地 Place of Visa Issuance ____________

航班号/船名/车次 Flight No./Ship's name/Train No. ____________

会议/商务 Conference/Business □　访问 Visit □　观光/休闲 Sightseeing/in leisure □

探亲访友 Visiting friends or relatives □　就业 Employment □　学习 Study □

返回常住地 Return home □　定居 Settle down □　其他 others □

以上申明真实准确。
I hereby declare that the statement given above is true and accurate.

签名 Signature ____________

图 1-2-4　外国人入境卡

子任务三　他国入境

步骤一:卫生检疫。

①黄皮书查验。

②健康申报单。游客需要填写一张健康申报单。这张健康申报单的内容,多是对一些疾病的询问,如是否患有精神病、麻风病、艾滋病、开放性肺结核,是否来自鼠疫、霍乱、黄热病等疫区等。有些国家的健康申报项目是与入境卡放在一张纸上的,卫生检疫柜台与入境检查柜台也合二为一。

步骤二:办理入境手续。

1.向入境检查人员交付入境所需的证件和文件

交付护照、签证、机票、入境卡即可(也有的入境检查官员会要求领队出示当地国家旅行社的接待计划或行程表)。

2.接受盘问

领队及游客面对入境检查官员的诸项提问不必紧张,要予以配合从容回答。如尚不能说清楚,可将当地国家负责接待此团的旅行社总经理姓名及电话告之。

3.完成入境检查

入境检查官员经审验无误,在护照上加盖入境章后,将护照、机票退还。至此领队及游客即通过入境关,正式进入日本。

步骤三:领取托运行李。

领队及游客使用机场提供给入境旅客的免费行李车,从机场行李区域的电子指示牌上找到他们这次所乘航班的行李通道位置,认领自己的行李。领队在确认自己及每位游客的托运行李都拿到后,带游客一起去办理入境所需的下一项手续。

步骤四:办理入境海关手续。

1.领队带团通过海关

作为领队应负责地向游客说明各国的海关规定,并认真填写海关申报单。如果游客无须申报则带领游客走绿色通道,反之则走红色通道。海关人员要求查验游客证件时要予以服从,如要求开箱检查,要立刻配合自行打开行李接受检查,不要迟疑。如果海关人员示意通过,则要立刻带行李迅速通过。

2.与接待团导游会合

办完上面的各项手续,领队应举起领队旗,带全体游客到出口与前来迎接的日本导游中田××会合。与日本导游见面后,主动与他交换名片,并进行简单的工作交流。

他国入境工作流程如图 1-2-5 所示。

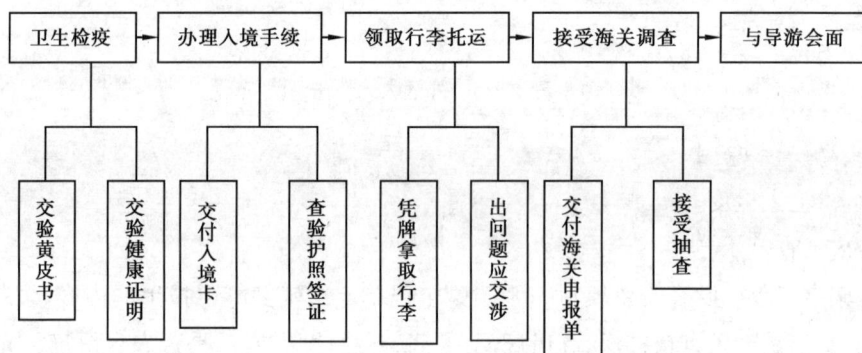

图 1-2-5 他国入境工作流程

技能评估标准

序号	考核内容	考核要求	分值	评分标准	扣分	得分	备注
1	填写各项表格	正确填写相关 4 个表格	60	不能正确填写每个表格各扣 15 分			
2	出境行李托运手续	可上飞机;可托运行李;必须随身携带不可托运的行李物品;不可出境物品	40	不能正确办理每部分扣 10 分,最多扣 40 分			
合计			100				

任务三 领队在境外带团期间服务

任务情景

现在是 1 月 4 日的 17:50,也就是东京时间 18:50。你所带团队已到达目的地,日本导游中田××已经接到大家并带大家去机场酒店休息。明天正式开始日本的旅游活动。

任务提出

日本导游已经接到这个团队,你该怎样协助其完成这几天在日本的领队工作呢?

任务分析

领队在境外带团期间的主要工作是为游客安排好食、宿、行、游、购、娱等事项。还一定要注意与日本导游默契配合,确保团队在境外的安全及合法权益,使这次旅游物超所值。

任务实施

子任务一 领队与外国导游的工作配合

步骤一:领队要以欢迎词引出外国导游。

【示例】

各位游客朋友:

大家好! 大家一路辛苦了!

经过近 6 个小时的空中飞行,我们终于抵达了日本第二大城市——大阪。我们 5 天的日本旅游也正式开始了。在今后的几天时间里,我将陪伴大家度过一段美好的时光。大家有什么事情需要帮助,尽管跟我说,我非常乐意为各位服务! 此次日本负责接待我们的旅行社是全日空旅行社,中田先生是我们在整个日本旅程中的全陪导游。下面我们欢迎中田××为我们来做日本导游。

步骤二:领队与导游进行沟通。

①按照日程表逐项对照。应与导游对照双方所持的行程计划表核对是否一致,对下榻饭店、游览景点、停留天数、离开时间等内容应首先确认。

②领队需要将所带团队的特殊性向导游介绍。

③行进中出现的问题。游览当中,如果遇到严重交通堵塞、天气转坏、视野极差等情况,导游与领队需要及时商定解决的办法,对当日行程进行必要的调整。调整如果仅是在前后次序上,领队与导游商定即可;调整如果牵涉行程游览项目的取消,则必须由领队在征询游客的意见后再行决定。

④领队应向导游反馈游客意见。因领队地位的特殊性,领队与游客的关系较导游与游客之间的关系更为密切,因而游客的意见和要求,可以由领队向导游进行反馈。

子任务二　入住酒店、用餐、游览和退房

步骤一:安排游客下榻饭店。

①抵达饭店后为游客办理入住手续并分配房间。根据预先准备的分房表,安排游客入住。填写房号、分发钥匙,并在发钥匙之前,提醒导游对饭店的设施进行介绍。

②宣布叫早、早餐、出发时间,宣布领队、导游人员的房间号和电话号码等。

③检查行李是否送到客人房间。

④协助游客解决入住后的相关问题。

步骤二:游客就餐时的服务。

游客用餐过程中,领队应当随时走动,看游客是否需要添饭、菜量是否充足。游客如要购买啤酒、饮料,领队应提供语言翻译上的帮助,并向大家简单介绍餐馆的名字及日式菜肴的特色。

步骤三:领队在游览当中的服务。

①监督实施旅游计划。

②领队应协助导游完成对旅游景点的讲解工作。作为领队你应当在当地导游的讲解过程中,给予必要的辅助。

③留意游客的动向,防止各种事故发生。

④与接待旅行社密切合作,妥善处理各种事故和问题,消除不良影响。

⑤指导购物。

步骤四:离开下榻饭店。

1.提醒游客与饭店结账

游客在饭店房间打电话、看付费电视、饮用冰箱内的饮料、洗衣、使用房间内的付费物品等个人消费,应提前与饭店结清。

2.提醒游客带齐全部私人物品并清点游客托运行李

每次离开饭店,要提醒游客检查私人物品是否有遗漏,尤其是游客的眼镜、假牙、头饰以及晚上睡觉时摘下来放在床头柜上或抽屉里面的物品等。

子任务三　其他工作

步骤一:返程机票的确认。

领队可以请接团导游或者接待旅行社的计调人员帮助确认团队的回程机票。

步骤二:完成工作记录。

①填写领队日志。领队日志是领队的每日工作记录,包含领队带团工作中对每天接触的接待社、导游、酒店和体验的用餐、景点游览等的简要记录和评价。

②回收"旅游服务质量评价表"。

步骤三:进行总结发言。

行程马上就要结束了,你应进行简单的总结发言,并将小费付给导游与司机表示感谢。

技能评估标准

序号	考核内容	考核要求	分值	评分标准	扣分	得分	备注
1	与地接导游沟通事项	厘清需沟通的事项内容	40	共4项每项10分			
2	安排游客下榻饭店后的事项	清晰有条理地告知或处理游客下榻饭店后的注意事项和突发性问题	40	共4项每项10分			
3	离开下榻饭店注意事项	提醒游客离店时注意事项、协助领队办理离店手续	20	共2项每项10分			
合计			100				

任务四　他国离境以及中国入境

任务情景

现在行程已经到最后一天了。早餐后你们和日本导游中田××在机场分别,之后由你带领游客,并在大阪关西国际机场为游客办理离境手续。

任务提出

要离开日本的关西国际机场,应如何协助游客办理离境手续?

任务分析

他国离境及中国入境的程序,与他国入境、中国出境的程序较相似,但也不完全相同。

任务实施

子任务一　他国离境

步骤一:办理登机手续。
①准备好全团的护照、机票。
②行李托运。
③换领登机卡。
④将证件、机票、登机卡发给游客,提醒注意事项。

步骤二：购买离境机场税。

①多数情况下机场税包含在机票中。

②机场税不能向游客再行收取。

③通常机场税应由境外接待社支付。

步骤三：办理离境手续。

①填写出境卡。许多国家的出境卡与入境卡印制在一张纸上，游客在入境时就已经填写完成。持另纸团体签证的旅游团，在他国离境时，通常也不需要填写出境卡。

②过离境边检。

步骤四：办理海关手续，通过海关柜台。

步骤五：办理购物退税手续。

领队应事先了解不同国家的退税规定和操作方式，以便为游客提供帮助。对多数中国游客来说，在国外离境时办理消费退税，都会有语言交流方面的问题，而且在短暂的时间里常常无法完成退税，故领队可建议游客回到国内来办理退税手续。

步骤六：准备登机。

他国离境工作流程如图 1-4-1 所示。

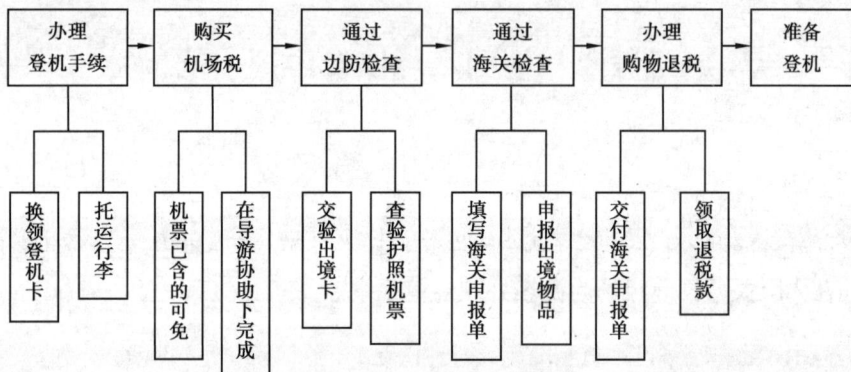

图 1-4-1　他国离境工作流程

子任务二　带团归国入境

步骤一：接受检验检疫。

出入境检疫对象包括出入境的人员、交通工具、运输设备以及可能传播检疫传染病的行李、货物、邮包等特殊物品。

步骤二：接受入境边防检查。

①填写入境卡。入境的航班上会有中文印制的中国边检入境登机卡，需要填写的内容与出境登记卡相似，领队可指导游客用中文填写。填写完成的入境卡夹放在每位游客的护照中。

②通过入境边防检查。将填写好的入境登记卡连同护照一起交入境检查员。入境检查员核准后在护照上盖入境验讫章，将入境登记卡留下，护照还给游客，则入境边检手续完成，游客即可入境。

③持团体签证要走团队通道。

步骤三：领取托运行李。

1.领取托运行李

进入中国境内，领队及游客可按照行李厅电子指示牌的标志，在行李转盘上寻找自己的托运行李。

2.行李遗失处理

领队应协助游客与机场的行李值班室进行联络。

步骤四：团队解散。

游客取回自己的托运行李后，作为领队应礼貌地与游客一一致谢道别，团队就此解散。

归国入境工作流程如图1-4-2所示。

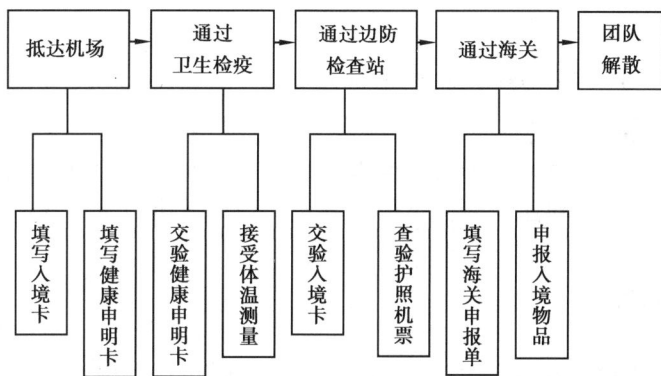

图1-4-2　归国入境工作流程

📖 **技能评估标准**

序号	考核内容	考核要求	分值	评分标准	扣分	得分	备注
1	办理离境登记手续	熟练操作离境登机手续4个步骤	50	前3个步骤每个10分，将证件、机票、登机卡发给游客，提醒注意事项20分			
2	回国入境工作流程	了解回国入境工作流程	50	5个步骤每项10分			
合计			100				

任务五　后续工作

🔭 **任务情景**

你已经与客人分别，结束了日本往返8日游的行程。

任务提出

回到旅行社,应该做哪些后续工作呢?

任务分析

领队应向组团社旅行社计调人员进行工作交代,做好所带团的账务处理,保持与游客的联系等工作。

任务实施

子任务一　与组团社旅行社计调人员进行工作交接

步骤一:口头汇报。

领队需要对所带团队进行简单的过程描述和基本评价,对发生的问题及解决的过程分项进行概要汇报。如果有对团队的行程安排、地方接待的改进意见及其他合理化建议,也可以一并提出。

步骤二:书面报告。

1."领队日志"

要求领队每日填写"领队日志"(表 1-5-1),记载团队从出发到归来的主要情况和信息,包括住宿酒店、用餐、游览、导游服务、当日交通工具运用等各方面的细节。"领队日志"是团队运行的原始记录,领队将其交给旅行社计调人员后,应当归入该团的档案卷中。

表 1-5-1　出境旅游团领队日志

领队姓名		团号		人数		目的地	
出境时间/口岸				出境时间/口岸			
境外接待单位形象	公司形象		导游工作状况	导游服务态度		行程安排	其他
日期	导游	游览接待		自费项目	酒店	餐饮	车辆状况
第一天							
第二天							
第三天							
第四天							
第五天							
第六天							
第七天							
第八天							

2."出境旅行团游客问卷表"

"出境旅行团游客问卷表"集中了游客对旅行社提供的境外的旅游、食宿、导游等多项服务的评价意见,是来自游客的最直接的反映,对旅行社提高工作水准大有帮助。

为了加强出境旅行团的服务质量管理,保证游客的正当权益,特设此问卷表(表 1-5-2),敬请游客填写,谢谢!

表 1-5-2　出境旅行团游客问卷表

旅行团团号:　　　　　　　　　　　　　　　　　出发日期:　　年　　月　　日

茨城	住宿酒店 ○好 ○一般 ○差 餐饮 ○好 ○一般 ○差 旅游景点 ○好 ○一般 ○差 车辆状况 ○好 ○一般 ○差 导游 ○好 ○一般 ○差 其他 ○好 ○一般 ○差	东京	住宿酒店 ○好 ○一般 ○差 餐饮 ○好 ○一般 ○差 旅游景点 ○好 ○一般 ○差 车辆状况 ○好 ○一般 ○差 导游 ○好 ○一般 ○差 其他 ○好 ○一般 ○差
箱根	住宿酒店 ○好 ○一般 ○差 餐饮 ○好 ○一般 ○差 旅游景点 ○好 ○一般 ○差 车辆状况 ○好 ○一般 ○差 导游 ○好 ○一般 ○差 其他 ○好 ○一般 ○差	中部	住宿酒店 ○好 ○一般 ○差 餐饮 ○好 ○一般 ○差 旅游景点 ○好 ○一般 ○差 车辆状况 ○好 ○一般 ○差 导游 ○好 ○一般 ○差 其他 ○好 ○一般 ○差
京都	住宿酒店 ○好 ○一般 ○差 餐饮 ○好 ○一般 ○差 旅游景点 ○好 ○一般 ○差 车辆状况 ○好 ○一般 ○差 导游 ○好 ○一般 ○差 其他 ○好 ○一般 ○差	大阪	住宿酒店 ○好 ○一般 ○差 餐饮 ○好 ○一般 ○差 旅游景点 ○好 ○一般 ○差 车辆状况 ○好 ○一般 ○差 导游 ○好 ○一般 ○差 其他 ○好 ○一般 ○差

步骤三:将特殊事情的书面报告和接团工作总结同时交付。

对带团过程中团队在旅游期间发生的一些重要情况(如游客之间发生的争吵、行李丢失、游客被窃等问题),提供单独的书面报告。

接团工作总结:应当包括本人对所带领的出境旅游团的认识、对目的地国家的讲解要点以及对改进线路产品的一些建议。

步骤四:交齐其他与该团有关的资料凭证。

1.有证据作用的凭证

团队在旅行期间,如果变更行程、增加自费项目、取消景点游览等,按照要求,都应要求游客签字确认。有游客签字的单据,领队均应该进行收存,带回交付旅行社计调人员归档。

2.游客来函等资料

游客对旅行社的安排不太满意的地方,会形成文字,让你带回反馈给旅行社。

子任务二　做好所带团的账务处理

步骤一：按照旅行社的要求按时进行报账。

带着报账的收据及凭证到旅游公司进行报账。

步骤二：支付领队带团酬劳并结清其他支出。

报账时要交付出团计划，按照各家旅行社的规定领取出团补助。在带团期间，出于借款或其他特殊原因得到组团旅行社批准个人垫付的房费、餐费、交通费或其他费用，也需在报账时一并结清。

步骤三：保持与游客的联络。

通过多种手段与游客进行情感交流。打电话或者通过 E-mail、MSN、QQ 等沟通工具，与游客交流感受，表达问候并感谢游客的参与，有助于游客对旅程的甘甜进行回味，使其对领队及组团旅行社留下良好的印象。为游客下次选择同一家旅行社出行做了很好的铺垫。

技能评估标准

序号	考核内容	考核要求	分值	评分标准	扣分	得分	备注
1	与组团社计调人员工作交接	清晰交接工作 4 个步骤	60	每个步骤 15 分			
2	团队账务处理及后期客户维护	清楚账务处理及客户后期维护流程	40	账务处理 2 个步骤每个 10 分，客户维护 20 分			
合计			100				

附图：

服务准备	熟悉旅游接待计划	掌握旅游团资料、讲解目的地情况
	核对有关票证表格	核对护照、团员名单、机票及行程
	物质准备	业务资料及必备物品准备
	出国前的说明会	致欢迎词、行程说明、注意事项等

全程陪同服务	办理中国出境手续	带领团员办理出关手续和卫生检疫
	办理国外入境手续	入境审查、领取行李
	境外旅游服务	监督实施旅游计划、妥善处理问题
	回国前的工作	落实出境票证，向外国导游司机告别
	办理国外离境手续	办理行李托运手续、通过安检、登机
	办理回国入境手续	边检审验护照、填写健康说明书

与旅游者告别	完成领队日志	整理反映材料	报销差旅费

领队总结工作

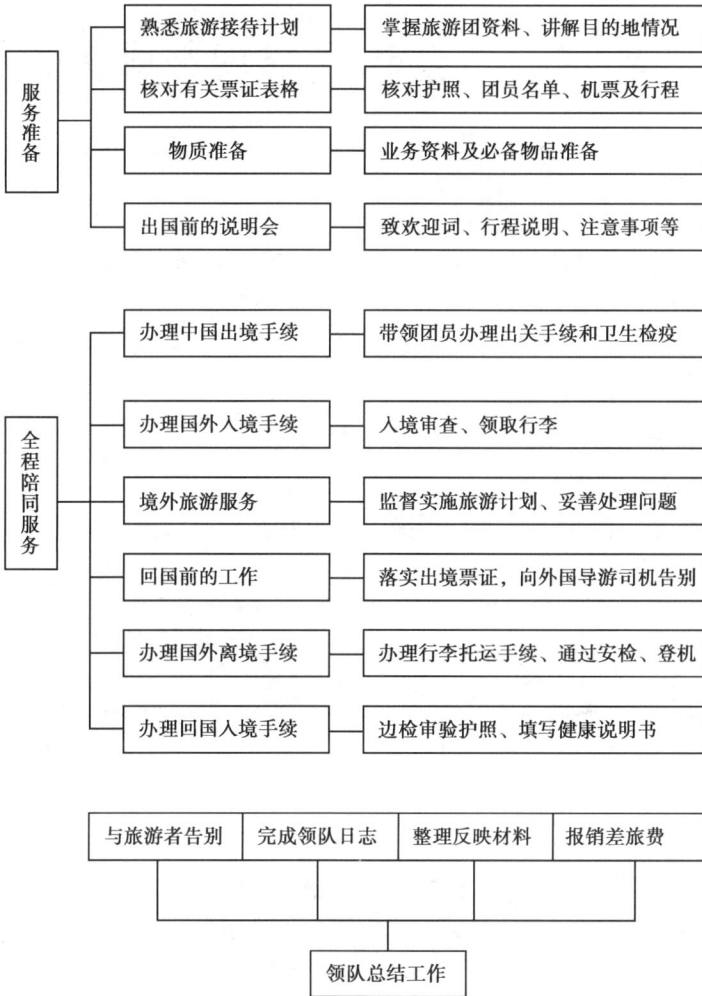

领队工作流程图

项目二　全陪导游规范服务

思政目标

　　培养学生热爱全陪导游职业的乐业情感、规范意识和工匠精神。培养学生"游客为本、服务至诚"的旅游行业核心价值观。

能力目标

　　①能够实施旅游接待计划；
　　②能够做好联络、组织协调工作；
　　③能够做好安全工作，并协助地陪导游处理问题。

思维导图

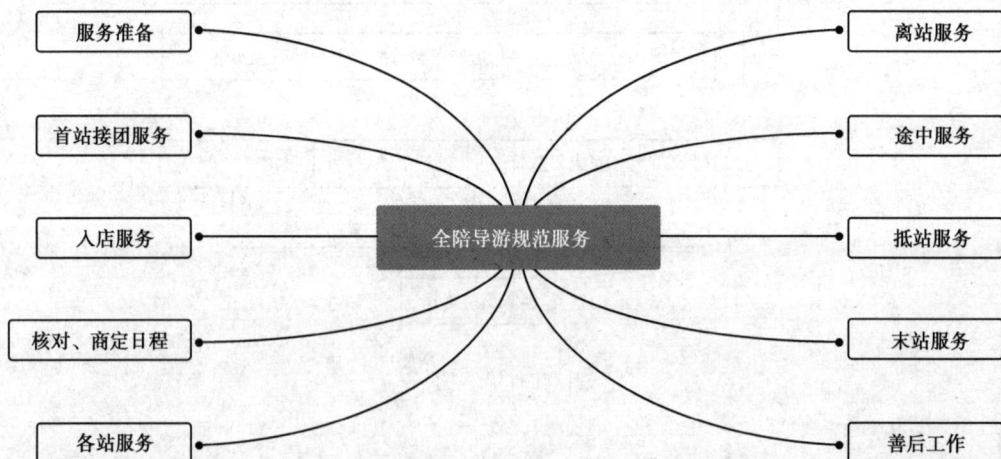

知识链接

全陪工作职责：
①实施接待计划，监督各地接待单位的执行情况和接待质量；
②组织协调领队、地陪导游、司机等做好各站的衔接工作；
③维护游客的人身和财物安全，处理好各类突发事件；
④耐心解答游客提出的问题，反映游客的意见和要求，开展市场调研工作，协助设计、开发新的旅游产品。

GB/T 15971—2010
《导游服务规范》

任务一 服务准备

任务情景

10月1日有一个28人的旅游团队从甘肃省两当县乘车到达天水后乘坐火车依次在重庆、成都、峨眉山、乐山、都江堰、青城山等地游览,时间为10月1日至10月6日,由你负责本次全陪导游工作。

任务分析

服务准备是全陪导游顺利完成全程陪同服务工作的最基本前提,要做好业务准备、物质准备、知识准备等工作。

任务操作

步骤一:熟悉接待计划。

在拿到旅行社下达的旅游团队接待计划书后,必须熟悉该团的相关情况,听取旅行社领导对该团注意事项的介绍。

1.了解团队基本情况

了解团员的姓名、年龄、民族、职业、性别、宗教信仰、特殊要求等(表2-1-1)。

表 2-1-1　团队基本情况

人数	28 人
男女比例	其中:男性 16 人,女性 12 人
年龄结构	32—54 岁
职业	中学教师
民族、宗教信仰	全是汉族,无宗教信仰
特殊要求	无

2.掌握旅游线路及行程安排

全程旅游线路(6日):天水—西安—重庆—成都—峨眉山—乐山—都江堰—青城山—成都—天水。

D1:天水—西安—重庆

D2:重庆市内—成都

D3:成都—峨眉山

D4:峨眉山—乐山大佛—成都

D5:都江堰—青城山—成都

D6:返回

3.落实交通票据

落实所乘交通工具的车次,以及是否订妥、有无变更等情况。

4.确认接团的时间和地点

根据接待计划,与该团的领队提前联系,约定与团队见面的时间和地点。

步骤二:物质准备。

①工作上的:身份证、导游证、导游旗、接待计划书、日程表、旅行社为游客准备的旅游帽和旅游包、社徽、全陪日志、所需结算单据、支票和差旅费等。

②生活上的:洗漱用品、衣服、雨具、常用药、手表、太阳镜、腰包、背包、旅行包等。

步骤三:知识准备。

①熟记旅游团的行程计划,每天游览的主要景点及其门票价格,以便在和游客交流时可以应对游客的询问。

②如对该线路中所经各站不太熟悉(全陪导游没有去过成都、重庆等地),一定要提前准备各站的基本知识,如主要景区点(峨眉山、乐山大佛、都江堰等)、市容民情等。并应了解客源地的资料,以便能和游客更好地沟通。

📖 技能评估标准

序号	考核内容	考核要求	分值	评分标准	扣分	得分	备注
1	熟悉接待计划	熟悉行程、标准、团队及注意事项	40	每出现一处错误扣10分,最多扣40分			
2	物质准备	工作和生活两部分准备工作	20	每项准备不到位扣10分,最多扣20分			
3	知识准备	熟悉游览主要景点及相关知识	40	不熟悉游览景点扣30分,两项加在一起最多扣40分			
合计			100				

任务二　首站接团服务

🔭 任务情景

甘肃省两当县游客马上就要到达天水,你与该团的领队(周校长)已取得联系并约定了接团的时间和地点。

任务分析

应提前在约定地点迎候旅游团,与全团游客接洽后,致欢迎词,简短地讲解,最后带领全团上火车并做好旅游途中的服务。

任务实施

子任务一　接站准备

步骤一:再次与旅游车司机(两当县张师傅)联络确定到达时间。

步骤二:提前半小时抵达接站地点 (天水市华辰大酒店)。

子任务二　迎接旅游团

步骤一:接团时核实人数。

接到旅游团后,与领队尽快核实有关情况,问候全团游客并核对实到人数,如有人数变化,与计划不符,应尽快与组团社联系。

步骤二:集中清点行李。

与领队一同进行行李的清点,协助全团游客将其行李运转上车。由两当旅游车转至天水旅游车并开往天水火车站。

步骤三:集合登车。

①当游客上车时,要恭候在车门旁,观察游客是否需要照顾,需要的话要适时给予帮助。

②上车后,帮助游客摆放行李物品,检查行李架上的物件是否放稳妥。

③用眼睛礼貌地清点游客人数,确认游客全部到齐后,示意司机开车。

子任务三　前往火车站及旅游目的地首站途中服务

步骤一:致欢迎词。

【示例】

各位团友,大家好! 欢迎大家参加我们天水大自然国际旅行社组织的成都六日游。首先,我代表旅行社全体员工向你们的到来表示最热烈的欢迎和最衷心的感谢! 下面我做一个简单的自我介绍。我叫谢恩,是这次行程的全陪导游。大家可以叫我小谢或谢导。我会很努力,像我的名字一样感谢每一个人! 作为大家的全陪导游,我的职责在于照顾大家这几天的食、住、行、游、购、娱,尽我最大的努力维护大家的利益,务求让大家在这一次的旅途中过得轻松愉快,但同时我也非常需要在座各位的合作和支持。俗话说"百年修得同船渡",我觉得也可以说"百年修得同车行",现在大家一起坐在这里,将一起度过这几天的旅程,我觉得非常有缘分,所以我希望在这几天的行程中,我们能够相处得愉快,同时也祝愿大家在这次旅游中吃得放心,住得舒心,行得安心,游得爽心,购得称心,娱得开心!

步骤二:简单介绍沿途景观及注意事项。

【示例】

我们的车子正行驶在天北高速上,天北高速公路于1992年动工,工程总投资7 800多万元,1994年竣工并交付使用。天北高速公路正线长13.15千米,岔线、辅道、匝道长7.89千米,主线宽24.5米,全封闭、全立交、双向四车道、水泥混凝土路面,设计车速每小时120千米。全线有立交桥1座、中桥3座、小桥1座、涵洞35道、立交通道8处,并设有完善的防撞、防浪设施。路面宽敞平整,线型流畅优美,具有交通、河防、水利、市政、疏浚五大功能。它的建成使我省第二大城市天水城区的两大块(秦州和麦积)联结为一体,结束了没有高等级公路的历史,实现了高速公路零的突破。据说它有四大世界之最:长度最短、路面最窄、路况最差、收费最高。不过现在收费站已经被撤掉了,在1995年省交通厅又贷款420万元,改建了原天(水)北(道)公路。

欢迎大家来到美丽的天水,我想在前往火车站的途中向大家简单地介绍一下天水:天水是甘肃省第二大城市,位于甘肃东南部,自古是丝绸之路必经之地和兵家必争之地,全市横跨长江、黄河两大流域,新欧亚大陆桥横贯全境。现辖武山、甘谷、秦安、清水、张家川回族自治县五县和秦州、麦积两区,总面积1.432 5万平方千米,总人口382.9万。境内四季分明,气候宜人,物产丰富,素有西北"小江南"的美称。天水之名始于汉武帝元鼎三年(公元前114年),天水西南边有一天突然地显红光,雷雨交加,大地连续震动,地面裂开一条大缝,天河之水注入其中,一会儿便形成了美丽的湖泊。汉武帝听说后认为是吉兆,下令在湖旁建立城池,设立新郡。如今大湖早已无存,但天水泉水之多、成因之奇、泉味之美为特征。久饮使人皮肤洁白,故天水居民多有玉肌,有"天水白娃娃"之称。

天水是1994年国务院公布的国家级历史文化名城。境内发现的秦安大地湾文化遗址证明,我们的祖先早在8 300年前就在这块土地上繁衍生息,比西安半坡遗址早了1 000年左右。天水是人文始祖伏羲女娲的诞生地,故天水又被称为"羲皇故里""龙的故乡"。天水也是中国历史上第一个统一的中央集权制封建国家——秦王朝发展、壮大、崛起之地。天水还素有"陇右门户""甘肃东大门"之称,军事战略地位十分重要。三国时期,曾是魏蜀极力争夺的军事要冲,战事频繁。天水堪称丝绸之路东段的"石窟走廊",驰名中外的麦积山石窟始凿于十六国时期的后秦,距今已有1 600多年历史。

天水也是一座新兴的工业城市,现已形成了以机械制造、电子仪表、轻工纺织、食品、工艺品为主的工业体系。著名的手工艺品有雕漆、地毯、丝毯、草编、鸳鸯玉夜光杯、软木画等。农作物主要有小麦、玉米、高粱、荞麦、马铃薯、胡麻等。

天水地方饮食风味独特,品种多样。名小吃有天水呱呱、浆水面、酿皮、凉粉、面鱼、麻食等。

各位游客,在此我希望大家下次再来天水旅游,有机会的话我还做大家的全陪导游。这次长途旅游,为了避免发生不愉快的事情,我给大家讲一下我们在旅游时需要注意的事项。我将分成食、住、行、游、购、娱六个方面来讲。

首先,在食的方面,大家可能喜欢川味,这次我们要好好地去享受成都的美食啦,但是在此我必须还得给大家打预防针,因为我们大多吃的都是团队餐,质量方面可能稍差于我们平时酒店的用餐,但我会要求餐厅提高菜品质量的。

在住的方面,我们为大家安排的都是三星级或以上级别的酒店,一般来说条件还是较好的,不过偶尔也会有些问题,比如说遇上旅游旺季或节假日,有时大家不能分到同一楼层,有时房间里的东西不齐全等,有问题时大家一定要及时向我提出,我会根据具体情况处理好,总之我们一定会全力维护好大家的利益,这是我们的职责所在。还有,房间冰箱里的饮料、酒柜中的各种酒,一般都是要另收费的,而且通常较贵,大家要看清价目单再取用。另外要注意的是,请大家进了房间后核对房间的物品清单,如果少什么日常用品,可及时叫服务员补齐,特别是大、小毛巾,有的客人说:"我自己带了毛巾,不用它的。"那也不行,因为第二天退房时服务员查房如果发现少了毛巾就讲不清楚了,所以为了避免产生不必要的小麻烦,最好还是提前叫她们补齐。房中配的牙刷、小肥皂、梳子、沐浴液、洗衣袋、信纸等都是可以用或拿走的,但各种毛巾、水杯等都不可以拿走。还有擦皮鞋的小盒子,以前有客人将它拿走,引起了麻烦。吸烟的游客要注意,在房间里吸烟要小心,如果不小心烫坏了家具或地毯,酒店会索赔很多钱。还有房卡,如果遗失了,一来不安全,二来要罚款。有的酒店前台可以保管,出门交到前台会比较好。

在行的方面,每到达一个景点,大家下车时都要记清楚我们的车牌号码(一般记住最后三位就可以了),以及车大概停放的位置,因为许多旅游车车型是一样的,只记车的外形较难找到。另外,大家一定要在规定时间准时返回,不要让一两个人影响全团的活动。迟到的游客要罚唱歌,要是总迟到,还要罚款给大家加菜啊!我们的行程中安排了几次登山活动,希望大家到时一定要穿上耐滑的运动鞋,并带上防晒品和雨衣,最好背上双肩背包,方便登山及照相。

在购物方面,旅游购物是旅游胜地的一大收入来源,同时旅游购物对于游客也是旅游活动六要素之一,中意的就买,不中意的就不买。

最后就是安全问题,入房要检查门、窗是否能从里面关牢,离开房间不要把贵重物品留在里面,晚上睡觉时一定要反锁好门、窗,看看门背后有没有走火通道图,注意对照观察好道路。有些酒店会有骚扰电话,大家尽量不要理,有人敲门时,开门要小心。晚上出去也要注意安全,我要提醒大家:第一,大家晚上出去逛街要记清楚酒店的名称,或者带上酒店的名片。如果有人迷路了,叫一辆的士,告诉司机酒店名称就可以将您安全送达酒店了。第二,大家晚上外出不要去非法场所,也不要回来得太晚。第三,大家晚上外出最好随身携带身份证,有些城市在深夜会巡逻查夜,如果你太晚回来就可能会被拦查,如果你没带身份证,可能就要等我到公安局去救你啦!

好了,我们的车子即将到达火车站,在此再次预祝大家旅途愉快!请大家带好所有物品跟我下车。

步骤三:带领全团游客乘坐火车并做好服务工作。

抵达火车站后,分发火车票,与领队一起带领全团游客进站,核对团队人数,清点行李数量,引导游客进入检票区域,注意观察每位游客是否需要帮助,引导游客来到所乘车厢,站在门旁,协助全团游客登上火车。

上车后协助全团游客安置好行李,并再次与领队一起核对全团人数,确保全团游客顺利登车。火车开动后,要多走动多观察,及时发现游客的特别需要,提供必要的协助及沟通服务。

步骤四:与接待社导游联络。

在到站1小时前与地陪导游小李取得联系,互通情况,妥善安排好有关接待事宜。

📖 **技能评估标准**

序号	考核内容	考核要求	分值	评分标准	扣分	得分	备注
1	接站准备	准确接站	10	不能准确接站扣10分			
2	迎候旅游团	清点人数、行李,集合、登车业务熟练	20	每项业务不熟练扣10分,最多扣20分			
3	欢迎词	规范、幽默地致欢迎词,并能沿途讲解	50	欢迎词内容不全面、讲解不生动、内容简单者扣分,最多扣50分			
4	途中服务	完成酒店前往火车站及乘坐火车的所有工作	20	业务流程不熟练,有漏洞者一项扣10分,最多扣20分			
合计			100				

任务三 入店服务

🔭 **任务情景**

全团游客已经顺利抵达重庆,并与地陪导游李智明完成团队接洽工作。全团游客正乘车前往酒店(重庆亚朵酒店),即将到达酒店。

🚲 **任务分析**

全陪导游应与领队、地陪导游一起办理入住手续,照顾行李进房,请地陪导游介绍酒店设施,带领团队用好第一餐。

⛏ **任务实施**

步骤一:协助地陪导游、领队办理入住手续。

全陪导游应协助地陪导游办理旅游团的入住登记手续,由领队分配住房并帮助分发房卡;掌握旅游团成员所住房号,并将自己的房号告诉全体团员,最后通知就餐时间和地点。

步骤二:照顾客人和行李进房。

督促饭店行李员负责把行李送到游客的房间,照顾行李进房。

步骤三:处理问题。

如发现客房的卫生、房内设施等问题应及时通知饭店有关部门的人员立刻处理;如出现拿错行李或行李未到的情况,则应协同地陪导游和领队一起尽快处理,以消除客人的不安情绪。

步骤四:照顾用餐。

提前到达用餐地点等候用餐的游客,在用餐期间全陪导游要主动询问客人用餐情况,如出现餐食质量、数量与标准不符或客人提出特殊要求的情况,应及时和地陪导游向餐厅有关人员交涉,及时解决问题。

步骤五:安全提醒。

如果是夜晚,提醒游客注意人身安全和财产安全,不要随身携带贵重物品,不要单独外出,切记酒店地址及名称。另外,提醒游客不要去太乱、太远的地方,不要太晚回酒店。品尝当地特色饮食,要去合法的、有营业执照的店铺,防止食物中毒。

技能评估标准

序号	考核内容	考核要求	分值	评分标准	扣分	得分	备注
1	入店手续办理	协助地陪导游和领队、记录游客房号	20	每出现一处失误扣 10 分,最多扣 20 分			
2	用餐	座位安排、服务就餐及关怀游客	40	每项准备不到位扣 20 分,最多扣 40 分			
3	提醒工作	安全提醒、客房服务	40	每项考核点没高质量完成的扣 20 分,最多扣 40 分			
合计			100				

任务四 核对、商定日程

任务情景

团队正在餐厅用餐,全陪导游、地陪导游和司机也在自己的地方就餐。用餐完毕后,旅游活动即将正式开始。

任务分析

全陪导游应与地陪导游就各自手中的团队计划有无出入、每天日程安排的具体内容及特殊活动的安排等情况进行核对和商定。

任务实施

步骤一：核对团队计划。

与地陪导游核对团队计划有无出入。

步骤二：商定活动日程安排。

在团队计划无出入的基础上，根据游客的实际情况与地陪导游协商参观活动的节奏和景点顺序的调整。

步骤三：商定领队（游客）提出关于加点的要求。

要遵循"游客至上，合理而可能"的原则。如在原行程和计划完成、时间宽裕的情况下，可联系安排，费用自理。如面对无法满足的要求，要详细解释清楚。即使计划行程完成后没有足够的时间，也要给游客解释清楚。

【示例】

国内旅游组团合同范本

合同编号：

甲方：（旅游者或单位）　　　　　　　　　乙方：

住所或单位地址：　　　　　　　　　　　地址：

电话：　　　　　　　　　　　　　　　　电话：

甲、乙双方就甲方参加由乙方组织的本次旅游的有关事项经平等协商，自愿签订合同如下：

第一条　〔旅游内容〕本旅游团团号为：

旅游线路为：

旅游团出发时间为　　年　　月　　日，结束时间为　　年　　月　　日。共计　　天　　夜。

前款所列旅游线路、行程安排详见"旅游行程表"。"旅游行程表"经甲、乙双方签字作为本合同的组成部分。

第二条　〔服务标准〕本旅游团服务质量执行国家旅游局颁布实施的《中华人民共和国旅行社国内旅游服务质量要求》标准（或由甲、乙双方约定）。

第三条　〔旅游费用〕本旅游团旅游费用总额共计　　　　　　元人民币。签订本合同之日，甲方应预付　　　　　元人民币。余款应于出发前　　　　　日付讫。

第四条　〔项目费用〕甲方依照本合同第三条约定支付的旅游费用，包含以下项目：

1.代办证件的手续费：乙方代甲方办理所需旅行证件的手续费。

2.交通客票费：乙方代甲方向民航、铁路、长途客运公司、水运等公共交通部门购买交通客票的费用。

3.餐饮住宿费："旅游行程表"内所列应由乙方安排的餐饮、住宿费用。

4.游览费："旅游行程表"内所列应由乙方安排的游览费用，包括住宿地至游览地交通费、非旅游者另行付费的旅游项目第一道门票费。

5.接送费:旅游期间从机场、港口、车站等至住宿旅馆的接送费用。

6.旅游服务费:乙方提供各项旅游服务收取的费用(含导游服务费)。

7.甲、乙双方约定的其他费用:

本款第 2 项的交通客票费,如遇政府调整票价,该费用的退、补依照《中华人民共和国合同法》第六十三条办理。第 3 项的餐饮住宿费,如甲方要求提高标准,经乙方同意安排的,甲方应补交所需差额。

第五条　〔非项目费用〕甲方依照本合同第三条约定支付的旅游费用,不包含以下项目:

1.各地机场建设费。

2.旅途中发生的甲方个人费用:如交通工具上的个人餐饮费;个人伤病医疗费;行李超重费;旅途住宿期间的洗衣、电话、电报、饮料及酒类费;私人交通费;自由活动费用;寻回个人遗失物品的费用与报酬及在旅程中因个人行为造成的赔偿费用等。

3.甲方自行投保的保险费:航空人身意外保险费及甲方自行投保的其他保险的费用。

4.双方约定的由甲方自行选择的、由其另行付费的旅游项目费用。

5.其他非第四条所列项目的费用。

第六条　〔出发时间地点〕甲方应于　　年　月　日　时　分于　　(地点)准时集合出发。甲方未准时到约定地点集合出发,也未能中途加入旅游团的,视为甲方解除合同,乙方可以按照本合同第八条的约定要求赔偿。

第七条　〔人数约定〕本旅游团须有　　　　人以上签约方能成团。如人数未达到,乙方可以于约定出发日前　　　　(不低于 5 日)通知到甲方,解除合同。

乙方解除合同后,按下列方式之一处理:

1.退还甲方已缴纳的全部费用,乙方对甲方不负违约责任。

2.订立另一旅游合同,费用如有增减,由乙方退回或由甲方补足。

乙方未在约定的时间通知到甲方的,应按照本合同第九条约定赔偿甲方。

甲方提供的电话或传真须是经常使用或能够及时联系到的,否则乙方在本条及其他条款中需要通知但通知不到甲方的,不承担由此产生的赔偿责任。

第八条　〔甲方退团〕甲方可以在旅游活动开始前通知乙方解除本合同,但须承担乙方已经为办理本次旅游支出的必要费用。并按如下标准支付违约金:

1.在旅游开始前第 5 日以前通知到的,支付全部旅游费用扣除乙方已支出的必要费用后余额的 10%。

2.在旅游开始前第 5 日至第 3 日通知到的,支付全部旅游费用扣除乙方已支出的必要费用后余额的 20%。

3.在旅游开始前第 3 日至第 1 日通知到的,支付全部旅游费用扣除乙方已支出的必要费用后余额的 30%。

4.在旅游开始前 1 日通知到的,支付全部旅游费用扣除乙方已支出的必要费用后余额的 50%。

5.在旅游开始日或开始后通知到或未通知不参团的,支付全部旅游费用扣除乙方已支出的必要费用后余额的 100%。

第九条　〔乙方取消〕除本合同第七条约定的情形外,如乙方原因致使甲方的旅游活动

不能成行而取消的,乙方应当立即通知甲方,并按如下标准支付违约金:

1.在旅游开始前第5日以前通知到的,支付全部旅游费用的10%。

2.在旅游开始前第5日至第3日通知到的,支付全部旅游费用的20%。

3.在旅游开始前第3日至第1日通知到的,支付全部旅游费用的30%。

4.在旅游开始前1日通知到的,支付全部旅游费用的50%。

5.在旅游开始日及以后通知到的,支付全部旅游费用的100%。

第十条 〔合同转让〕经乙方同意,甲方可以将其在本旅游合同上的权利义务转让给具有参加本次旅游条件的第三人,但应当在约定的出发日前　　日通知乙方。如有费用增加由甲方负担。

第十一条 〔甲方义务〕甲方应当履行下列义务:

1.甲方所提供的证件及相关资料必须真实有效。

2.甲方应确保自身身体条件适合参加旅游团旅游,并有义务在签订本合同时将自身健康状况告知乙方。

3.甲方应妥善保管随身携带的行李物品,未委托乙方代管而损坏或丢失的,责任自负。

4.甲方在旅游活动中应遵守团队纪律,配合导游完成本次旅游行程。

5.甲方应尊重目的地的宗教信仰、民族习惯和风土人情。

第十二条 〔乙方义务〕乙方应当履行下列义务:

1.乙方应当提醒甲方注意免除或限制其责任的条款,按照甲方的要求,对有关条款予以说明。

2.乙方应当按照有关规定购买保险,并在接受甲方报名时提示甲方自愿购买旅游期间的个人保险。

3.乙方代理甲方办理旅游所需的手续,应妥善保管甲方的各项证件,如有遗失或毁损,应立即主动补办,并承担补办手续费,若由此导致甲方的直接损失,乙方应承担赔偿责任。

4.乙方应为甲方提供导游服务;无全陪的旅游团体,乙方应告知甲方旅游目的地的具体接洽办法和应急措施。

5.甲方在旅游中发生人身伤害或财产损失事故时,乙方应做出必要的协助和处理。如乙方原因导致甲方遭受人身伤害或财产损失的,乙方应承担赔偿责任。

6.乙方应当按照"旅游行程表"安排甲方购物,不得强制甲方购物,不得擅自增加购物次数。当甲方发现所购物品系假冒伪劣商品,如购物为甲方要求的,乙方不承担任何责任;如购物为行程内安排的,乙方应当协助甲方退还或索赔;如购物为乙方在行程外擅自增加的,乙方应赔偿甲方全部损失。

7.非乙方原因导致甲方在旅游期间搭乘飞机、轮船、火车、长途汽车、地铁、索道、缆车等公共交通运输工具时受到人身伤害和财产损失的,乙方应协助甲方向提供上列服务的经营者索赔。

第十三条 〔合同变更〕经甲、乙双方协商一致,可以以书面形式变更本合同旅游内容,由此增加的旅游费用应由提出变更的一方承担;由此减少的旅游费用,乙方应退还甲方。如给对方造成损失的,由提出变更的一方承担损失。

第十四条 〔擅自变更合同〕乙方擅自变更合同违反约定的,应当退还甲方直接损失或承担增加的旅游费用,并支付直接损失额或增加的旅游费用额一倍的违约金。

甲方擅自变更合同违反约定的,不得要求退还旅游费用。因此增加的旅游费用,由甲方承担。给乙方造成损失的,应当承担赔偿责任。

第十五条 〔旅游行程延误〕乙方原因导致旅游开始后行程延误的,乙方应当征得甲方书面同意后继续履行本合同并支付旅游费用 5%的违约金;甲方要求解除合同终止旅游的,乙方应当安排甲方返回并退还未完成的旅程费用并支付旅游费用 5%的违约金。甲方因延误旅游行程支出的食宿和其他必要费用,由乙方承担。

第十六条 〔弃团〕乙方在旅程中弃置甲方的,应当承担弃置期间甲方支出的食宿和其他必要费用,退还未完成的行程费用并支付旅游费用一倍的违约金。

第十七条 〔中途离团〕甲方在旅程中未经乙方同意自行离团不归的,视为单方解除合同,不得要求乙方退还旅游费用;如给乙方造成损失,甲方应承担赔偿责任。

第十八条 〔不可抗力〕甲、乙双方因不可抗力不能履行合同的,部分或者全部免除责任,但法律另有规定的除外。

乙方延迟履行本合同后发生不可抗力的,不能免除责任。

第十九条 〔扩大损失〕甲、乙一方违约后,对方应当采取适当措施防止损失的扩大;没有采取适当措施致使损失扩大的,不得就扩大的损失要求赔偿。

甲、乙一方因防止损失扩大而支出的合理费用,由违约方承担。

第二十条 〔委托招徕〕乙方委托其他旅行社代为招徕时,不得以未直接收取甲方费用为由免责。

第二十一条 〔其他〕本合同其他事项。

1.

2.

……

第二十二条 〔争议解决〕本合同在履行中如发生争议,双方应协商解决,协商不成,甲方可以向有管辖权的旅游质量监督管理所投诉,甲乙双方均可向法院起诉。

第二十三条 〔合同效力〕本合同一式两份,双方各执一份,具有同等效力。

第二十四条 〔合同生效〕本合同自签订之日起生效,至本次旅行结束甲方离开乙方安排的交通工具时为止。

附:旅游行程表

甲方: 乙方(盖章)

身份证号码: 负责人:

电话或传真: 电话或传真:

通信地址: 通信地址:

　　年　　月　　日 　　　　年　　月　　日

技能评估标准

序号	考核内容	考核要求	分值	评分标准	扣分	得分	备注
1	核对日程	与地陪导游核对日程,包括行程安排、食宿安排及服务标准	50	漏掉一处扣 20 分,最多扣 50 分			
2	商定日程	处理变更和游客特殊需求	50	处理不到位扣 20 分,不会处理扣 50 分			
合计			100				

任务五　各站服务

任务情景

旅游团开始了首站重庆游览,接下来几天将去峨眉山、乐山、都江堰、青城山、成都等地旅游。

任务分析

参观游览的各站是旅游目的地最精华景点的集合,而全陪导游在各站的工作也非常重要,要做好联络、监督、协调等工作。

任务实施

步骤一:联络协调工作。

做好领队与地陪导游、游客与地陪导游之间的联络协调工作。

步骤二:监督工作。

作为全陪导游,协助地陪导游做好服务工作是主要的。但是监督地陪导游及其接待社是否按旅游团协议书提供服务也是全陪导游必须要做的工作之一。

步骤三:旅行过程中的服务。

1.生活服务

①上下车时,要协助地陪导游清点人数,照顾年老体弱的游客上、下车;

②游览过程中,要留意游客的举动,防止游客走失和意外事件发生,确保游客的人身和财产安全;

③按照"游客至上,合理而可能"的原则,帮助游客解决旅行过程中的一些疑难问题。

2.文娱活动

作为全陪导游,为防止长途旅行时团队气氛沉闷,全陪导游还要组织游客开展一些文娱活动,例如唱歌、讲故事、讲笑话、玩游戏等。

3.为游客当好购物顾问

食、住、行、游、购、娱是旅游内容的重要组成部分。和地陪导游相比,全陪导游由于自始至终和游客在一起,感情上更融洽一些,也更能赢得游客的信任,因此在很多方面(如购物等),游客会更多地向全陪导游咨询,请全陪导游拿主意。在这种时候,全陪导游一定要从游客的角度考虑,结合自己所掌握旅游商品方面的知识,为游客着想,当好购物顾问,帮助游客买到称心的物品。

技能评估标准

序号	考核内容	考核要求	分值	评分标准	扣分	得分	备注
1	联络协调工作	设置情景,考察与地陪导游、司机、领队的协调联络	20	协调能力差扣分,最多扣20分			
2	监督工作	食、住、行、游、购、娱要素按合同约定监督执行	30	处理不到位扣10分,最多扣30分			
3	服务工作	设置情景,考察生活服务、文娱活动服务、购物活动服务	50	每项服务不到位扣10分,最多扣50分			
合计			100				

任务六 离站服务

任务情景

旅游团在重庆的行程已经结束,即将离开重庆前往下一站成都。而在成都的行程中,峨眉山、乐山、都江堰、青城山分别由成都假日旅行社的小张导游、小胡导游、小米导游和小王导游接待,在每站逗留一天后前往下一站。

任务分析

做好旅游团的离站工作,使旅游团准时、安全地前往下一站。

任务实施

步骤一:如果不乘坐大巴车而乘其他的交通工具应提前提醒地陪导游落实离站的交通票据,并核实离站时间及地点。

步骤二:做好上下站间的联络工作。

提前联系成都假日旅行社的小胡导游,互通情况,准备接团。

步骤三:协助领队、地陪导游做好行李清点、交接工作。

步骤四:协助领队和地陪导游妥善办理离站事宜。

步骤五:核实地陪导游交给的统一票据。

步骤六:按规定与接待社办妥财务结算手续。

认真填写好结算单据,与地陪导游双方签字,并保管好自己留存的费用单据。

步骤七:与第一地接社小李导游告别。

技能评估标准

序号	考核内容	考核要求	分值	评分标准	扣分	得分	备注
1	协调下站	与下一接站地陪导游联络	20	不能准确联络地陪导游,扣20分			
2	办理离站手续	办理退房、乘车等手续	40	每项业务不熟练扣20分,最多扣40分			
3	财务结账及善后工作	结清账务和善后事宜处理	40	结算业务不熟练扣40分			
合计			100				

任务七 途中服务

任务情景

旅游团已离开了重庆,现正在前往成都的途中。

任务分析

在向异地(下一站)转移途中,提醒游客注意人身和财物的安全,安排好旅途中的生活,努力使游客旅行充实、轻松、愉快。

任务实施

步骤一:若长时间旅行,无论乘飞机还是火车,都应事先请领队分配机位和铺位。

步骤二:全陪导游要负责照顾好游客的饮食和休息。

步骤三:提醒游客注意人身和财物安全,尤其要保管好贵重物品和证件。

步骤四:若是在大巴上,可组织一些文娱活动,活跃途中气氛,消除游客的寂寞和疲劳。

步骤五:主动与游客交谈,联络感情,了解他们的思想动态和要求。

技能评估标准

序号	考核内容	考核要求	分值	评分标准	扣分	得分	备注
1	陪同照顾		40	不能主动提供优质服务的扣40分			
2	活跃气氛		40	不能很好活跃气氛的扣40分			
3	安全提醒		20	不能进行安全提醒的扣20分			
合计			100				

任务八 抵站服务

任务情景

旅游团已到达成都。

任务分析

旅游团即将到达成都,全陪导游已经与成都假日旅行社的小张导游联络,其正在成都火车站等待接团。

任务实施

步骤一:提醒工作。

所乘交通工具即将抵达下一站时,应提前半小时提醒游客整理、带齐个人的随身物品,下车(机、船)时注意安全,出站时火车票随身携带,上旅游车后收回,到站下车时再次提醒。

步骤二:凭行李票领取行李,如发现游客行李丢失和损坏,要立即与有关部门联系处理并做好游客的安抚工作。

步骤三:出站时,应举社旗走在游客的前面,让团队的领队走在后面。

尽快同接该团的地陪导游取得联系。如出现无地陪导游迎接的情况,全陪导游应立即与接待社取得联系,告知具体情况。

步骤四:向地陪导游介绍本团领队和旅游团情况,并将该团计划外的有关要求转告地陪导游。

步骤五：组织游客登上旅游车，一般走在团队的后面，留意游客的走向，提醒其注意安全，防止游客走失，并负责清点人数。

技能评估标准

序号	考核内容	考核要求	分值	评分标准	扣分	得分	备注
1	提醒工作	提醒行李丢失、安全等事项	20	不能细致地完成每项任务的，最多扣20分			
2	接洽地陪	认找地陪导游、清点人数、清点行李	40	业务不熟练，认找地陪导游失误的扣20分，其他每项扣10分			
3	集合登车	规范服务	40	忘记清点人数或引领失误的扣20分，不能按要求完成登车的扣分，最多扣40分			
合计			100				

任务九　末站服务

任务情景

你带领的旅游团已结束成都的旅程，成都送站导游为小路，你们即将乘 D1936 次列车于 14:30 离开成都返回始发地天水。

任务分析

这是全陪导游与游客最后的合作，做好末站服务至关重要，可以给整个旅程画上一个圆满的句号。

任务实施

步骤一：提醒游客带好自己的物品和证件提前到达交通港。

全陪导游和地陪导游一起带领团队提前到达交通港，具体要求：出境航班提前 2 小时，乘坐国内航班提前 1.5 小时，乘火车、轮船提前 1 小时。

步骤二：地陪导游送站途中，致欢送词。

　　在地陪导游致完欢送词后全陪导游也可顺势致简短欢送词,向地陪导游及全团游客表示感谢。

【示例】

　　各位朋友,时间过得真快,短短六天过去了,承蒙各位的支持,让我和小路导游及司机师傅此次接待工作开展得十分顺利! 在此我代表天水大自然国际旅行社向地陪导游小路,还有前几天的小李导游、小胡导游、小米导游、小王导游和司机刘师傅这几天提供的优质服务表示衷心的感谢! 现在我们即将离开最后一站踏上回家的旅程,这几天已经与大家建立了深厚的友谊。就要分别了,心中总有很多眷恋,无奈天下没有不散的筵席,也没有永远在一起的朋友,但愿我们还有见面的机会! 不知大家这次出游的心情是否愉快? 对我们的工作是否满意? 如果满意,我们就更高兴了,如果我们的服务有不周之处请大家多多包涵,根据你们提出的宝贵意见,我们会不断改进,提高服务质量。最后祝愿各位老师身体健康! 工作顺利! 万事如意! 好人一生平安! 让我们在"好人一生平安"的歌声中结束我们这次美好的行程,期待下次再相见!

　　步骤三:与送站地陪导游、司机握手告别。

　　步骤四:带领游客乘车(机、船)返回。

　　步骤五:在火车上请领队或游客代表填写有关意见反馈表(表 2-9-1)。

表 2-9-1　旅游团队服务质量反馈表

尊敬的游客:

　　欢迎您参加旅行社组织的团队出外旅游,希望此次旅程能给您留下难忘的印象。为不断提高我市旅游服务水平和质量,请您协助我们填写此表(在每栏其中一项打"√"),留下宝贵的意见。谢谢您! 欢迎再来旅游!

　　组团社:　　　　　　　　　　全陪导游姓名:

　　团号:　　　　　　　　　　　人数:

　　游览线路:　　　　　　　　　天数:

　　游客代表姓名:　　　　　　　联系电话:

　　单位:　　　　　　　　　　　填写时间:　　年　　月　　日

项目	满意	较满意	一般	不满意	游客意见与建议
日程安排					
活动内容					
价格质量相符					
全陪导游业务技能					
地陪导游服务技能					
住宿					
餐饮					

续表

项目	满意	较满意	一般	不满意	游客意见与建议
交通					
娱乐					
购物安排					
旅游安全保障					
履约程度					
整体服务质量评价					

步骤六：到站后带领游客下车并与游客告别。

技能评估标准

序号	考核内容	考核要求	分值	评分标准	扣分	得分	备注
1	提前到站	按送站要求提前到站	20	不能按送站要求抵达车站，扣20分			
2	欢送词	符合欢送词特点、有致谢语、惜别语、感谢语、祝福语等	40	欢送词太简单，不符合基本要求的扣分，最多扣40分			
3	登车驶离	带领团队离开车站（机场、码头）	20	不能处理登车的各种突发状况的，最多扣20分			
4	游客意见反馈单	分发意见反馈单，服务质量参考游客评价	20	游客反馈单"优秀"的不扣分，"良好"的扣5分，"一般"的扣10分，"不合格"的扣20分			
合计			100				

任务十　善后工作

任务情景

全团游客与全陪导游热情告别后已由天水顺利返回两当。

任务分析

尽管此次旅程已结束,但全陪导游还需做好旅游团队的收尾工作:结清账目,归还物品,处理遗留问题,总结全陪导游工作。

任务实施

步骤一:处理好遗留问题。

根据旅行社领导的指示,依照导游工作规范,认真办理好游客的委托事项。

步骤二:认真填写"全陪导游日志"(表2-10-1)。

表2-10-1　全陪导游日志

单位/部门		团号	
全陪导游姓名		接待社	
领队姓名		国籍或省籍	
接待时间	年　月　日至　　年　月　日	人数	(含　岁儿童　名)
途经城市			
国内重要客人、特殊情况及要求			
领队或游客的意见、建议和对旅游接待工作的评价			
该团发生问题和处理情况(意外事件、游客投诉、追加费用等)			
全陪导游意见和建议			

全陪导游对全过程的评价:		合格		不合格
行程状况	顺利	较顺利	一般	不顺利
客户评价	满意	较满意	一般	不满意
服务质量	优秀	良好	一般	比较差
全陪导游签字:		部门经理签字:		质管部门签字:
日期		日期		日期

注:总评价为"合格"的条件:各评价均为"合格"。

总评价为"不合格"的条件:总评价中客户评价和服务质量两项出现"不满意"或"比较差"。

步骤三：及时归还所借钱物，按财务规定办理报销事宜。

要求全陪导游在返回的第二天即去旅行社结清有关账目（表2-10-2）。

表2-10-2　××旅行社差旅费报销单

报销日期　　　年　　　月　　　日

团号	途中补贴			交通	餐费	其他	合计
	标准	天数	金额				
合计（大写）					¥：		
补充说明：							

出差人员：　　　　　　　　　　　计调：　　　　　　　　　　　领导：

步骤四：归还所借物品。

步骤五：做好总结工作。

认真总结经验教训，每次完成接待任务后，全陪导游应对服务工作进行书面总结。

📖 技能评估标准

序号	考核内容	考核要求	分值	评分标准	扣分	得分	备注
1	遗留问题处理	办理游客委托事宜	30	不能全面合理地处理遗留问题的扣分，最多扣30分			
2	全陪导游日志填写	客观规范填写全陪导游日志	30	填写日志不规范的扣分，最多扣30分			
3	归还物品	归还导游旗、反馈单、票据等	20	归还物品有遗漏的扣分，最多扣20分			
4	总结	梳理工作经验，形成总结	20	总结不深刻的扣分，最多扣20分			
合计			100				

附图：

接受任务

↓

准备工作 ——→ 研究接待计划，做好物质、知识等准备工作

↓

首站接团服务 ——→ 核准旅游团人数、致欢迎词，与地接社导游联络

↓

入店服务 ——→ 协助领队分房，照顾客人行李进房，照顾用餐

↓

核对、商定日程 ——→ 与地陪导游一起商定、核对日程安排

↓

目的地各站服务 ——→ 加强各站的联络、监督，协助地陪导游做好讲解及安全工作

↓

离站服务 ——→ 协助落实交通票据，协助地陪导游办理离站事宜

↓

途中服务 ——→ 组织好途中的文娱活动，负责旅游安全

↓

抵站服务 ——→ 再次与当地的地陪导游做好团队的接洽工作

↓

末站服务 ——→ 确认交通票据，征求意见，填写反馈表，致欢送词

↓

善后工作 ——→ 报账、总结，完成客人交代事宜

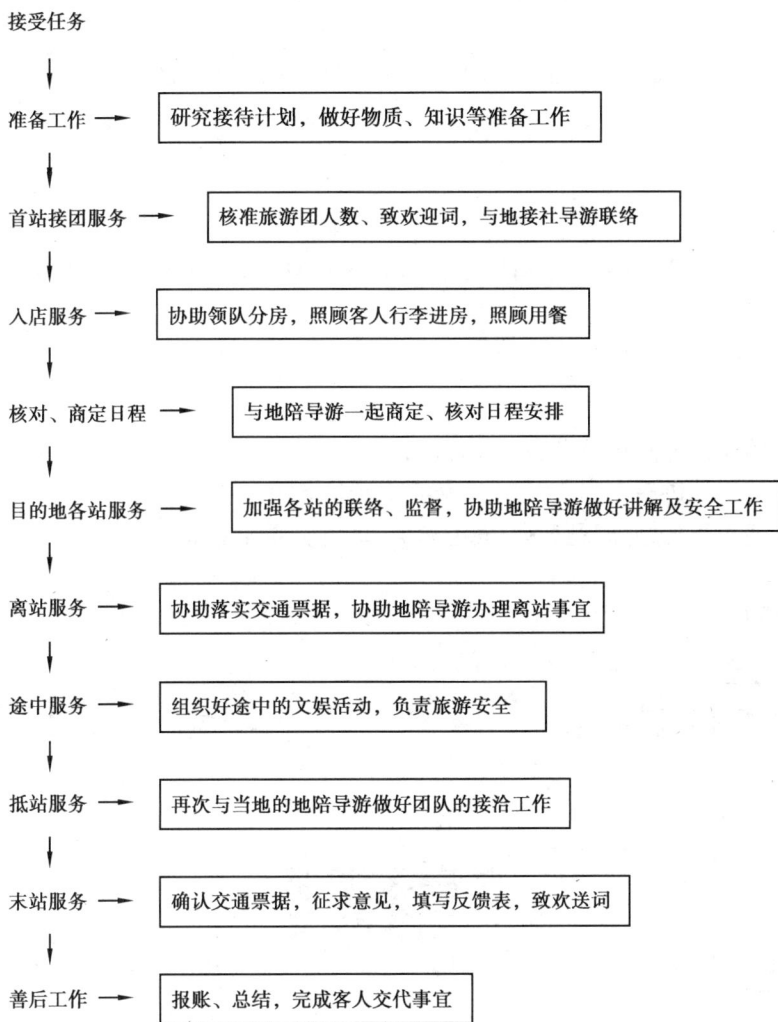

全陪导游核心工作流程图

项目三　地陪导游规范服务

思政目标

　　培养学生爱岗敬业、勤业创业精神，践行生态文明理念，讲好家乡故事，做好地方文化的传播者。

能力目标

　　①能够熟练操作地陪导游带团工作程序；
　　②能够做好当地讲解工作，当好文化传播者和形象大使；
　　③能够文明引导，做好问题处理、安全防护、陪同照顾等工作。

思维导图 ···

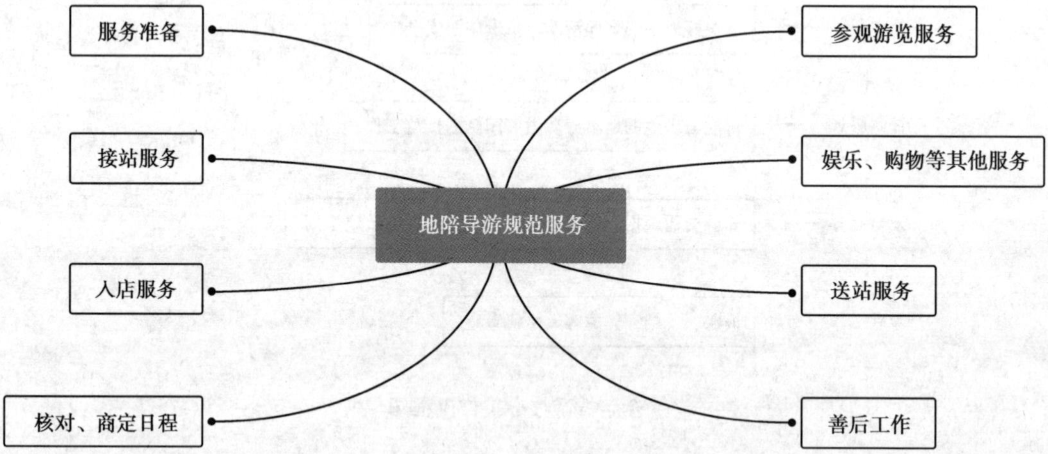

知识链接 1 ···

　　地陪工作职责：
　　①安排旅游团（游客）在当地的旅游活动；
　　②做好当地旅游接待工作；
　　③负责旅游团（游客）在当地参观游览的导游、讲解；
　　④维护游客在当地旅游过程中安全；
　　⑤处理在当地旅游过程中发生的问题。

《导游人员管理条例》（国务院令〔1999〕第263号）

知识链接 2

- 了解机票种类：OK 票与 OPEN 票

所谓 OK 票，即已经定妥日期、航班和机座的机票。持 OK 票者若在该联程或者回程站停留 72 小时以上，国内机票须在联程或回程航班机起飞前两天的中午 12 时以前，国际机票须在 72 小时前办理座位再确认手续，否则原定座位不予保留。

OPEN 票则是不定期机票，旅客乘机前须持机票和有效证件去民航办理订座手续。

- 如何确认机票

航空公司规定，如果旅客在某地停留时间超过 72 小时，无论是否已定妥后续航班机座，客人均需提前 72 小时，致电航空公司当地办事处进行座位再确认。

知识链接 3

接待计划，是组团社委托各地方接待旅行社组织落实旅游团活动的契约性安排，是导游人员了解该旅游团基本情况和安排活动日程的主要依据。

熟悉接待计划的目的就是使导游人员了解旅游团的基本情况，明确服务项目与服务标准，预见在今后的接待过程中可能发生的问题，做好相应的准备措施，以便在旅游团抵达之前做到心中有数，按质按量地完成接待任务。

"知己知彼百战不殆"，导游人员在接受工作任务后，在旅游团抵达之前，应认真地阅读接待计划，准确、认真地了解旅游团的服务项目和各项要求，并对重要事宜做好记录，保证做到心中有数（表 3-0-1）。

表 3-0-1　接待计划的内容与要求

了解的内容	了解的目的	采取的措施
旅游团概况： ①组团社名称及领队、全陪导游姓名和联系方式 ②主要联络人的姓名、电话 ③客源国（地）及其使用的语言 ④旅游团名称、代码 ⑤旅行社标识，提供给团队成员的标志物	①以前是否合作过，便于接站、合作和有事及时联系 ②提供针对性服务 ③利于接站 ④利于与其他接待部门确认	①记录 ②书写接站牌
旅游团成员的情况： ①团队人数 ②职业、阶层 ③性别 ④出生年月 ⑤民族与宗教信仰	①利于接团后核对 ②利于提供针对性服务 ③根据男女比例决定服务的方式，通过了解年龄结构，可制订合理行程，确定重点关照对象 ④旅游期间有无过生日者 ⑤决定讲解方式和服务内容	①准备生日蛋糕、小礼品 ②与餐厅联络 ③与景点联络

续表

了解的内容	了解的目的	采取的措施
旅游路线： ①全程路线 ②乘坐交通工具及抵离时间、班次、地点 ③当地是入境后第一站还是离境前最后一站或是中间站 ④客人行李随车自带还是托运	便于接站、送站	①合理安排行程 ②与组团社协调
交通票据情况： ①去下一站的交通票据是客人自理还是接待社代订 ②座别为火车票还是飞机票或船票 ③有无返程车票	便于落实交通票据问题	
特殊要求和禁忌： ①住房要求 a.房间数量及类别、朝向 b.有无自然单间 c.有无 VIP 房 d.有无加床 ②餐饮要求 a.早餐为中早还是西早 b.正餐含酒水否 c.有何禁忌 d.有无风味餐 ③游览要求 a.有无必去的景点 b.在景区内有无专门的活动 c.有无自费项目 d.讲解要求 ④用车要求 a.车型、座位数 b.行李运送 ⑤其他要求 a.会见、参观 b.老弱病残的特别照顾	便于安排食、住、游、行事宜	①与酒店联络 ②与餐厅联系 ③与相关单位联络 ④准备相应的物品,如轮椅、拐杖、氧气袋等

续表

了解的内容	了解的目的	采取的措施
标准与付费： ①服务项目是综合服务还是单项服务 ②机场建设费的支付 ③收费标准及等级 ④自费项目 ⑤挂账签单和现付的项目 ⑥现付的标准 ⑦小孩的付费标准 ⑧70 岁以上老龄游客(有老年证)的付费	便于安排相关事宜	了解有关景点的相关规定和政策

知识链接 4 ••

时差换算知识：英国格林尼治天文台每天所报的时间被称为国际标准时间,也称"格林尼治时间"。每个地域的人们在日常生活中所用的时间,是以太阳通过天体子午线的时刻——"中午"作为标准来划分的。每个地点根据太阳和子午线的相对位置确定本地时间,称为"地方时"。地球每 24 小时自转一周(360°),每小时自转 15°。国际上将全球划分为 24 个时区,每个时区的范围为 15 个经度,经度相隔 15°,时间相差 1 小时。以经过格林尼治天文台的零度经线为标准线,从西经 7 度半到东经 7 度半为中区(称为 0 时区)。然后,从中区的边界线分别向东、向西每隔 15 °各划一个时区,东、西各有 12 个时区,而东、西 12 区都是半时区,合起来成为 12 区。各时区都以中央经线的"地方时"为该地区共同的标准时间。

任务一　服务准备

任务情景

天水大自然国际旅行社地陪导游小乔接到旅行社导游部的通知,9 月 10 日至 9 月 11 日有一个来自西安的 21 人研学团到天水旅游,请小乔负责本次地接导游工作。随即导游部负责人把一份接待计划(表 3-1-1)交给了小乔,请小乔做好接团准备。

地陪接团
任务场景视频

表 3-1-1　旅行社接待计划

客人来源： 西安	旅游时间： 2020 年 9 月 10—11 日		(标准团)	团体全包价

续表

组团社: 西安金桥国际 旅行社	联系人:张强 联系电话/传真:××××		领队 姓名:	团队人数:21人	
				男: 8人	女: 13人

旅游 线路	西安——→天水——→马跑泉公园——→麦积山石窟——→伏羲庙——→西安			
城市	抵离时间	入住饭店	用餐	活动内容
D1	13:40 西安乘 D2673 15:29 抵天水高铁站	天水地质宾馆	晚餐	马跑泉公园
D2	16:23 天水乘 D2568 赴 西安	—	一早一正（天水农 家风味餐）	伏羲庙、麦积山

游客信息见表 3-1-2。

表 3-1-2　游客信息

序号	客人姓名	年龄	性别	职业	备注
1	谢×	18	男	大学生	
2	颉××	19	男	大学生	
3	包××	19	女	大学生	
4	王×	18	女	大学生	有风湿病,需要靠阳面的住房
5	刘××	19	女	大学生	
6	李××	20	男	大学生	
7	汪×	18	女	大学生	
8	魏××	17	女	大学生	
9	马××	18	男	大学生	
10	朵××	19	男	大学生	素食者
11	赵××	18	男	大学生	
12	何××	18	女	大学生	
13	马××	19	女	大学生	
14	段××	18	女	大学生	素食者
15	白××	17	女	大学生	
16	乔××	18	女	大学生	

续表

序号	客人姓名	年龄	性别	职业	备注
17	张×	19	男	大学生	
18	郭×	18	女	大学生	
19	周××	18	女	大学生	
20	李××	19	女	大学生	
21	程×	18	男	大学生	

任务分析

此次接待的是研学团,在拿到接待计划书后,要认真分析接待计划中的信息,了解团队成员和组团社的具体情况,根据拟定的活动日程,落实本次旅游团的接待、住宿、用餐、交通等事宜,做好所需的各项准备工作,重点做好知识准备工作。

任务操作

步骤一:业务准备。

1.研究接待计划

在接到接待计划后,认真阅读接待计划,熟悉、研究接待计划,分析计划中包含的主要信息:

(1)组团社基本情况(表3-1-3)

表3-1-3　组团社基本情况

组团社的名称	西安金桥国际旅行社
联络人的姓名	张强
联络方式	电话/传真:××××××××
领队姓名	
收费标准与方式	团体全包价
地接社的名称	甘肃天水大自然国际旅行社
联络人的姓名	李亮
联络方式	联系电话/传真:××××××××

（2）团队基本情况（表 3-1-4）

表 3-1-4　团队基本情况

人数	21 人
男女比例	8：13
年龄结构	团队成员都在 17—20 岁的年龄段,属青年旅游团队
职业情况	以大学生为主体的学生研学团队
文化层次	大学生决定了团队的文化层次,属中高知团队
宗教信仰	从接待计划中没有反映出明显的宗教信仰要求
特别要求	有两名素食游客和一名风湿病患者

（3）行程安排

抵达天水当日:13:40 在西安乘 D2673—15:29 抵达天水火车南站—16:00 参观游览马跑泉公园—晚餐和住宿在天水地质宾馆。

第二天:6:30 起床—7:00 用餐—7:30 出发前往中国四大石窟之一的麦积山石窟—11:30 在玉丽农家乐用午餐—13:30 到达天水市伏羲庙—16:23 于天水火车南站乘 D2568 赴西安。

2.落实接待事宜

核实旅游车辆,核实住房,落实用餐,与计调部门内勤人员联系做好沟通工作,与全陪导游联系沟通。了解饭店位置等相关的情况,如果有新景点要了解开放时间以及相关信息。

（1）落实接待车辆

与旅行社计调部沟通后,了解负责本次接团的旅游交通公司,主动与派出车辆单位联系,具体了解是哪位司机负责本次团队接待工作,了解车型、车号,把司机、车型、车号都记下来,并与司机商量要在第二天的 13:00 前到达天水南站火车站,根据司机的经验,约定 12:40 到天水大自然国际旅行社门口会合共赴火车站;如果是大型团队,还需在车前醒目位置贴上所要接的团队名号。如果是有行李的团队,还需与行李员事先取得联系,并约定好与接团车一同前往接站地点。

（2）落实住宿与用餐

先与计调部门确认客人下榻的饭店是否为天水地质宾馆,是否改变,然后与天水地质宾馆联系,确认是否按预定的要求落实(住宿按合同是标准间 11 间,用餐是一早两正)。如果对酒店不是很熟悉,最好事先去实地看看。对通往酒店的交通情况、酒店内部情况做必要的了解。

食、住、行、娱、游的标准与要求,需要代订与落实的项目,这些接待工作旅行社计调部门基本上已经做了预定。地陪导游接到任务书之后,对照任务书与计调部门联系,检查食、住、行、娱、游的标准和要求与计划书和合同书是否符合,如一早两正每餐多少钱的标准,素食者有没有事先与酒店沟通并做特殊要求,安排天水风味餐,用餐具体场所的预订情况。

步骤二:物质准备。

①职业工作证明:导游证、胸卡、接待计划、名片等;

②业务用品:接站牌、结算单据、导游旗、扩音器、宣传资料、导游图、记事本、意见表等;

③个人旅游用品:工作包、生活用品、保健卫生用品、防护用品、必备现金、通信联络设备。

扩音器的使用

扩音器的使用,关键在于其出音效果的调试,不能用手拍打麦克风,也不能用嘴吹话筒,而是应该以向客人问好的方式来调试和检验扩音器的效果。

接站牌的制作

接站牌在设计上要注意的事项:

①要准确无误体现接团单位与被接对象信息;

②要反映所接团队的名称、编号、领队姓名、接待社的名称,要求在视觉上清晰醒目,接站牌如图3-1-1所示。

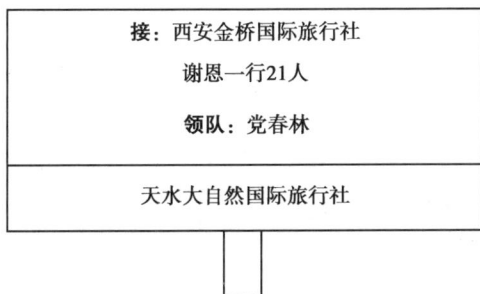

接:西安金桥国际旅行社

谢恩一行21人

领队:党春林

天水大自然国际旅行社

图 3-1-1　接站牌

步骤三:知识准备。

①研学团带团技巧。

②伏羲庙、麦积山石窟等景点的相关知识。

③伏羲文化、石窟文化相关知识准备。

步骤四:导游形象准备(表3-1-5)。

表 3-1-5　导游形象准备

形体礼仪内容	要求
着装	学生要能说出导游着装基本要求:干净整洁、大方得体、方便工作
引领	引领时要站立在车门的前方侧位下,顾及客人上车情况,并做适当的帮扶
站、靠、立、行	在导游车中进行导游讲解时,要求翻开靠背,人站直,后背紧靠靠背,一只手抓牢扶手,一只手拿话筒
清点人数	清点人数时要求用目光进行清点,而不要用手指头去一个一个指点客人

步骤五:心理准备与组织准备。

本次接待的是一个21人的青年学生研学团,团队规模不是很大,但文化层次比较高,在心理上要建立自信心,相信自己能胜任工作。

不同的团队,不同的特点,会给导游带来不同的心理压力,如文化层次高的团队,给导游的心理压力会更多体现在知识准备方面;老年团队给导游的心理压力会体现在生活要求与行动方面;青少年团队给导游的心理压力会体现在守纪律方面等。导游接待青年研学团时,针对其游客年纪较小、活泼好动、纪律观念不是很强的特点,可以对其进行分组,每一个小组确定一位小组长,增强团队控制的有效性和组织的有序性。

技能评估标准

序号	考核内容	考核要求	分值	评分标准	扣分	得分	备注
1	业务准备	熟悉接待计划、落实接待事宜	20	不能全面熟悉接待计划、落实接待事宜的扣分,最多扣20分			
2	物质准备	业务用品、个人用品	10	物质准备有遗漏的扣10分			
3	知识准备	熟悉计划内外相关知识	30	知识准备不充分的扣分,最多扣30分			
4	形象准备	个人仪容、仪表、仪态准备	20	仪容、仪表、仪态不符合职业要求的扣分,最多扣20分			
5	心理准备	准备面临艰苦复杂的工作	20	心理素质差,准备不到位的扣分,最多扣20分			
合计			100				

任务二　接站服务

任务情景

有一个来自西安的21人研学团,13:40从西安乘D2673次列车于15:29抵达天水高铁站。由甘肃天水大自然国际旅游社承担地接任务,地接社派小乔负责本次接团任务。

任务分析

在旅游团抵达之前,要做好接站准备工作,核实本次火车抵达的准确时间,提前半小时到达天水南站迎候旅游团,核对团队信息、清点交接行李、集合登车,并完成转移途中的任务。

接站场景视频

任务操作

步骤一:旅游团抵达前的服务。

1.确定旅游团所乘交通工具的准确抵达时间

旅游团乘火车到达,可以通过电话与全陪导游确认,团队所乘火车的准确抵达时间,从而为后续工作的开展进行决策和安排。

2.与全陪导游、旅游车司机、行李车司机联络

在接站前,要告诉司机该团的活动日程和时间安排,并与司机(包括行李车的司机)商定出发时间,确定会合地点,一同前往火车站迎接游客。

3.提前半小时抵达接站地点

在 13:00 之前(一般设置提前半小时),一定要到火车站出口地点恭候游客。到了火车站后,与司机商定停车位置,并记住车辆的标志和停车位置。

4.核实班次抵达的准确时间

因为任何交通工具在行程中都存在着变数,地陪导游必须再次与全陪导游联络确认火车抵达的准确时间。

5.迎候旅游团

手持接站牌、导游旗站在出口处醒目位置,热情迎接。

步骤二:旅游团抵达后的服务。

1.认找旅游团

此时要非常专心地观察出站游客的标志,及时与旅游团的全陪导游接洽上,根据接团计划上的信息,一一核对,双方情况相符后才能确定接团。

2.核实实到人数

确定接到团后,向全陪导游核实实际到达的人数,如果实到人数与计划上有出入,应该马上报告旅行社,并与酒店等相关接待部门取得联系,确保游客吃、住等各方面的顺利落实。

3.集中清点行李

与全陪导游、行李运送员在一起进行行李的交接、清点。

4.集合登车

①要提醒游客带好随身物品,热情引导游客前往乘车处,观察游客是否需要照顾,如需要,要及时给予帮助。

②当游客上车时,要恭候在车门旁,一边协助游客上车,一边识记游客。

③上车后,协助游客就座,帮助其摆放行李物品,检查行李架上的物件是否放稳妥。

④用眼睛礼貌地清点人数,确定全部到齐后,示意司机开车。

步骤三:转移途中的服务。

车辆启动后,立即站到前排,打开座椅的靠背,站正靠稳,一只手抓牢扶手,一只手拿好话筒,面带微笑。

1.致欢迎词

欢迎词的内容包括:

①代表所在接待社、本人及司机欢迎客人;

②介绍自己的姓名及所属单位,并简要介绍司机;

③介绍当地天气、行程安排及注意事项;

④告诉客人自己的联系方式和接待车辆的车牌号;

⑤表示提供服务的诚恳愿望;

⑥预祝旅游愉快顺利。

致欢迎词
场景视频

一般来讲,欢迎词的形式主要有以下几种:

①规范式。规范式欢迎词中规中矩、浅显直白,既没有华丽的词汇修饰,也没有风趣幽默的表现。

【示例】

亲爱的来自西安的同学们,欢迎来到"陇上小江南"——天水,我是您这次天水之行的导游,我是乔丽,大家叫我小乔或乔导就可以了。此次由司机文师傅驾驶她的豪华巴士为我们提供行车服务,请记住车牌号为甘E123456。文师傅已经有二十多年的驾龄了,驾驶技术十分娴熟,坐她的车您尽管放心。如果您有什么需要,尽管提出来,我和文师傅将竭诚为各位提供服务。我们衷心希望各位同学在天水玩得开心、游得尽兴。

②聊天式。聊天式欢迎词感情真挚,亲切自然,声音高低适中,语气快慢恰当,像拉家常一样娓娓道来。这种方式切入自然,游客易于接受,在不知不觉中导游与游客已经像老朋友一样熟悉了,尤其适用于以休闲消遣为主要目的的游客。

【示例】

来自西安的同学们,大家好! 我先了解一下,大家是一个班级的吗? (回答:是的)哦,这就好,那么大家早就认识了。下面,我们也来认识一下,我姓乔,叫乔丽,是××旅行社派出的专门为各位提供导游服务的导游。再了解一下,哪一位是班长? 哦,这位同学是班长。不过在天水期间大家应该听我的,我暂时是老大。开个玩笑,下面为各位介绍一位真正的老大,就是司机文师傅,她可掌管着我们全团人的方向,这位老大在旅游圈中可谓"德高望重",很有威信,有了文师傅,大家尽管放心,保证大家玩得开心、愉快。

③调侃式。调侃式欢迎词风趣幽默,亦庄亦谐,玩笑无伤大雅,自嘲不失小节,言者妙语连珠,听者心领神会。这种形式的欢迎词,可以使旅游气氛活跃融洽,使游客轻松愉悦、情绪高昂,能够有效地消除游客的陌生感及紧张感,但不适用于身份较高、自持骄矜的游客。

【示例】

各位尊敬的游客朋友们(停顿)——吃了吗?

啊? 没吃啊,没吃就让刘导我带您吃去吧! 我就知道您几位刚下火车(飞机),一路上奔波劳累的,肯定没吃,其实早给您安排好了,我们马上就要去沈阳最有名的特色餐馆——老边饺子,让您先从味觉上感受一下我们沈阳人的热情!

光顾着说吃了,还没自我介绍呢。我呢,叫×××,沈阳××旅行社的导游,正宗的东北爷们儿(亮相),也许有的人觉得我们东北男人比较粗犷,不适合做导游这种细致的工作。其实不然。经过科学论证,我们得出结论——俺们东北这嘎达出导游!

您看您别着急鼓掌啊,您得让我给您说出个一二三来不是吗? 为什么说我们东北汉子

最适合当导游呢？原因如下：一、我们东北人实在，热情，没有坏心眼，这个是全国公认的。所以我们东北导游的服务肯定是一流的，因为我们热心肠啊！二、导游是个重体力的劳动活，起早贪黑不说，每天这东跑西颠的，没好身体可不行，不说别的，您几位游客光玩还累呢，何况我们导游了，对吧？所以说这就是我们东北人适合做导游的第二个原因，我们牙好，嘿，胃口就好，身体倍儿棒，吃嘛嘛香，您瞅准了——东北导游！您可能会说了，小刘你这说得都对，你们东北导游是有这些优点，不过别的地方的导游就没有了吗？他们身体也不错啊，而且南方的一些好看的导游不用说话，光看着就能让人那么舒服——你行吗？要说这个我真不行，不过我们东北导游还有他们比不了的一点好处呢！什么呢？我们东北导游个个都是兼职保镖！您看您又不信了，哦，说我长得这么瘦弱，还当保镖哪？这您就有所不知了！有句话叫人不可貌相，海水不可斗量！不瞒您说，我还真是个练家子！

这外练筋骨皮，内练一口气，您就没发现，我这印堂放光，双目如电！真不是和各位吹，什么刀枪剑戟，斧钺钩叉，鞭铜锤抓，镋棍槊棒，拐子流星，带钩儿的，带尖儿的，带刃儿的，带刺儿的，带峨眉针儿的，带锁链儿的，十八般兵刃我是样样——稀松！您看您别乐啊。我这是谦虚，我要说我十八般兵刃样样精通，那是不知道天高地厚，这人外有人，天外有天，自大一点叫个臭字，人嘛，得谦虚，练得好得让别人说，你自己说那就没意思了。您看这么多兵刃我全会，我和谁说了，是不是？您看您又乐了，您是不信是怎么着？您不信您和我这比划比划！我不是说您，我是说您怀里抱着的那个小朋友，敢与我大战三百回合否？

把式把式，全凭架式！没有架式，不算把式！光说不练，那叫假把式！光练不说，那叫傻把式！连说带连，才叫真把式！连盒带药，连工带料，你吃了我的大力丸，甭管你是让刀砍着、斧剁着、车轧着、马蹬着、牛顶着、狗咬着、鹰抓着、鸭子踢着……行了，您也甭吃我的大力丸了，我们的饭店到了，您跟我下车去吃饭吧！

④抒情式。抒情式欢迎词语言凝练，感情饱满，既有哲理的启示，又有激情的感染，引用名言警句自如，使用修辞方式得当。这类欢迎词能够激发游客的兴趣，烘托现场气氛，使游客尽快产生游览的欲望与冲动。这种方式不适用于文化水平较低的游客。

【示例】

各位朋友，欢迎您到山西来。山西这片土地，似乎很少有人用美丽富饶来描述它，但在这里您却可以嗅到中华大地五千年的芬芳。穿越山西南北，粗犷的黄土高坡向我们展示出一幅尘封的历史画卷。太行山的傲岸、吕梁山的纯朴、恒山和五台山的豪放都带给您满眼的绿和满腹的情。在这饱含着历史沧桑，充满着浓郁乡情的地方，它独特的文化气息将给您带来一个远离喧嚣和烦躁的阳光假期。

⑤安慰式。安慰式欢迎词语气温和、入情入理，用一片善解人意的话语，拨开游客心中阴云。在旅途中常常会遇到一些不尽如人意的事情，使游客心情变坏甚至愤愤不平。如出于某些原因交通工具晚点、出站时为某些小事与他人发生争执、行李物品损坏或丢失及旅行团内部有矛盾等，都会造成游客一出站就不愉快。安慰式欢迎词是在游客情绪低落、游兴锐减的情况下，有针对性地使用的欢迎词，目的是使游客尽快消除心中不快，变消极为积极，为今后的导游行程奠定良好的基础。使用这种方式需要导游人员在接站时，与客人见面后，既能通过对游客面部表情、言谈话语的敏锐观察发现苗头，又能通过领队或全陪导游简单了解

情况,做到心中有数,才能有的放矢。

【示例】

导游小张前往机场接一旅游团,谁知旅游团刚刚登上旅游车就下起了大雨,这让许多游客感到十分扫兴,因此情绪低落。这时小张开始致欢迎词。

各位朋友,大家好,欢迎来到首都——北京,我是您的导游小张,在今后的几天里我将竭诚为您提供导游讲解服务。刚刚上车后我发现几位朋友情绪低落,是不是看到天上下雨感觉旅游不方便呢?其实在古代皇帝出游,沿途的百姓都要端着盆往路上洒水,以消旅尘,但现在我们不用麻烦别人,老天为我们泼了水,空气变得更加清新,刚刚来到北京,我们就受到了皇家礼遇,我们是多么幸运呀。

这时游客脸上露出了笑容。

2.首次沿途导游

游客初来乍到,对异地他乡充满了好奇,对一地的一草一木都抱有兴趣,乐意倾听导游的讲解,因此,应该利用这个机会,以精彩的讲解赢得游客的好感,树立良好的第一印象。

首次沿途导游讲解的内容安排应视行车时间的长短而定,距离远、时间长的情况,应该多准备些讲解的内容,可以讲得详细一些;距离近、时间短的情况,可以讲得简单一些。讲解的内容主要是沿途的风光和当地的风情,有风景讲风景,没有风景讲风情,风景与风情也可以穿插进行讲解。

①风光导游。进行风光介绍时,应该简明扼要、突出重点、突出特色、见景生情、节奏明快。

②风情导游。风情的介绍可以包括当地的历史沿革、行政区划、人口、气候、社会生活、文化传统、特产风物、市容市貌等内容。

③介绍下榻饭店。向游客介绍所要下榻饭店的基本情况,包括饭店的名称、在城市中坐落的位置、饭店周围的环境、与机场的距离、星级、规模、主要设施设备、注意事项等。

④宣布集合时间和地点。快要到达饭店前,还要向游客说明当日下午、明天出游集合时间和上车的地点、车的标识和车牌号。

📖 **技能评估标准**

序号	考核内容	考核要求	分值	评分标准	扣分	得分	备注
1	旅游团抵达前的服务	核实交通票据、提前与司机到达车站接站	10	不能按要求完成抵达前服务的扣分,最多扣10			
2	旅游团抵达后的服务	认找旅游团、清点人数、清点行李、集合登车	10	物质准备有遗漏的扣10分			
3	转移途中的服务	欢迎词、沿途讲解、酒店介绍	30	知识准备不充分的扣分,最多扣30分			

续表

序号	考核内容	考核要求	分值	评分标准	扣分	得分	备注
4	致欢迎词	规范化的内容要点，鼓励致幽默的、有特色的欢迎词	50	内容不全面的扣分，最多扣50分			
合计			100				

任务三　入店服务

任务情景

来自西安的 21 人研学团，已完成马跑泉公园的游览，现在要去天水地质宾馆住宿和用餐。

任务分析

在你带领旅游团进入酒店后，应尽快协助领队办理入住手续，尽快让游客取得行李，拿到房间钥匙，详细地向游客介绍饭店及其功能区分布，带领游客用好第一餐，并及时宣布当日和次日的活动安排，与酒店确定叫早时间。

任务操作

步骤一：协助全陪导游办理入住手续。

要协助全陪导游办理游客的住店登记手续，请领队分发房卡，并掌握全陪导游和旅游团成员的房间号，并将自己的联系方式告诉全陪导游和游客。

步骤二：介绍饭店设施。

待游客拿到房卡后，将其集中起来讲一讲本团队所住的楼层和钥匙房卡的正确使用方式，介绍饭店内的设施与设备，可以在饭店内享受哪些服务，功能区分布的楼层位置，如餐厅、运动场所、娱乐场所、商品部等，并做一些提醒工作，如安全提醒等；讲清住店的注意事项，一些主要功能场所作息时间，如用餐的楼层、地点、时间、用餐的形式等。为游客介绍如下：

各位旅游朋友，我们下榻本酒店的第 20 层，大家拿到的是磁卡感应钥匙，开门时正面朝外轻靠门锁，门锁灯闪绿光就表示门已经打开了。房间内有传真机、免费宽带等设施，餐厅在二层，健身房、蒸汽浴在三层，前台有保险柜可以保管贵重物品。酒店拥有 5 个餐厅，我们用餐在二层"白玉兰"中餐厅。本酒店提供广东料理、法式料理、日本料理、山茶花铁板烧等，可以品尝各地美食。酒店典雅舒适的高档客房、精致美味的各式菜肴、温馨细致的贴心服务，给您带来别致的酒店生活。酒店位于市中心，有步行街，购物很方便。

进入房间后请随手关门，有贵重物品可以寄存在总台，保管好自己的物品，房间物品有标出价格的需要付费,请注意使用。

步骤三:照顾行李进房。

照顾行李进房,关注游客取得行李的情况。

步骤四:带领旅游团用好第一餐。

在用餐前,要提前到餐厅了解其准备情况,如果游客有特殊要求,导游要特别关注餐厅是否做了准备。然后根据入店时与游客约定的用餐时间,提前在用餐地点等候。待游客到来后,引领游客进入餐厅就座。用餐前,应向游客介绍就餐的有关规定,哪些消费属于费用内,哪些属于费用外。等游客入座后祝大家用餐愉快,待游客开始用餐后才能离开,用餐过程中要及时了解游客对餐饮的反映。

步骤五:宣布当日或次日的活动安排。

用餐快结束前,要向游客宣布当日或次日的安排,包括用餐时间、集合时间地点、活动项目、提醒游客做好必要的游览准备等内容。例如,各位游客朋友,我们明天要游览麦积山石窟、伏羲庙,午餐在玉丽农家乐品尝天水风味餐,早上 6:30 起床,7:00 用餐,7:30 在饭店门口集合登车前往麦积山石窟,请每位游客准时上车。

入店服务
场景视频

步骤六:确定叫早时间。

确定叫早时间,与全陪导游一起商定第二天的叫早时间,叫早时间确定后,由全陪导游通知全团成员,你负责通知饭店总服务台叫早时间,办理叫早手续。

技能评估标准

序号	考核内容	考核要求	分值	评分标准	扣分	得分	备注
1	办理入店手续	熟练办理游客入店,协调全陪导游处理入住的相关问题	30	不能按要求完成入店及相关服务的扣分,最多扣 30 分			
2	介绍饭店设施	介绍酒店必要设备设施	20	语言表达不流畅,介绍不清楚的扣分,最多扣 20 分			
3	带领客人用餐	带领客人用好餐	30	不能合理安排用餐、游客不满意的扣分,最多扣 30 分			
4	提醒工作	安全、叫早、第二天行程等提醒工作	20	提醒工作不全面的扣分,最多扣 20 分			
合计			100				

任务四　核对、商定日程

任务情景

情景1：

旅游团已经到了天水，天水大自然国际旅游社小乔已经按接团任务单的时间接到了旅游团，在核对商定日程时，旅游团听说徽县嘉陵江的漂流很好玩，提出将计划中的伏羲庙、麦积山石窟改为嘉陵江漂流。

情景2：

旅游团已经到了天水，天水大自然国际旅游社小乔已经按接团任务单的时间接到了旅游团，在核对商定日程时，领队代表旅游团提出将计划中的麦积山石窟改为仙人崖石窟，原因是他们曾经去过麦积山石窟。

情景3：

旅游团队已经到了天水，天水大自然国际旅游社小乔已经按接团任务单的时间接到了旅游团，在核对商定日程时，领队手中的计划与地陪导游手中的计划有部分不相符。

任务分析

情景1：原计划同一天游伏羲庙和麦积山石窟，司机与车辆都已安排，如果改为去嘉陵江漂流的话，涉及天水、徽县两地交通、饮食等一系列问题，还要取消第二天伏羲庙等相关景点的游程，整体改动比较大，属于客方提出的要求与原日程不符且涉及接待规格的情况。

情景2：领队代表旅游团提出将计划中的麦积山石窟改为仙人崖石窟，麦积山石窟与仙人崖石窟游览时间差不多，日程没有改变，只是两个景点的门票价格不同，属于客方提出小修改意见的情况。

情景3：属于领队手中的计划与地陪导游手中的计划有出入的情况，导游应该具体问题具体分析具体对待，有针对性地处理。

任务操作

1.情景1：客方提出的要求与原日程不符且涉及接待规格的处理

①要婉言拒绝，并说明我方不便。

②如果领队和游客要求非常强烈，请示旅行社有关部门后，可视情况而定。

2.情景2：客方提出小的修改意见或要求增加新游览项目的处理

①首先应该及时向旅行社有关部门反映客方的修改要求。

②与旅行社商量后，认为此修改属于合理且可能实现的要求，可以答应修改，并跟领队和游客讲清两个景点之间门票存在一定差价，需要变更费用。

3.情景3：领队或全陪导游手中的计划与地陪导游的接待计划有部分出入情况的处理

①及时报告旅行社，查明原因，分清责任。

②若是接待方的责任,实事求是地说明情况,并向领队、全体成员赔礼道歉。

技能评估标准

序号	考核内容	考核要求	分值	评分标准	扣分	得分	备注
1	行程小的修改及增加景点处理	合情合理地处理,游客和旅行社都满意	30	不能合情合理地处理,游客和旅行社不满意的扣分,最多扣30分			
2	要求与原日程不符且又涉及接待规格	合情合理地处理,游客和旅行社都满意	40	不能合情合理地处理,游客和旅行社不满意的扣分,最多扣40分			
3	接待计划有部分出入的情况	合情合理地处理,游客和旅行社都满意	30	不能合情合理地处理,游客和旅行社不满意的扣分,最多扣30分			
合计			100				

任务五 参观游览服务

任务情景

按照接团计划,第二天6:30起床,7:00用餐,7:30出发前往麦积山,游览中国四大石窟之一的麦积山石窟,11:30玉丽农家乐用午餐,13:30到达天水市伏羲庙参观游览。

任务分析

参观游览服务是整个旅游活动的重心,也是地陪导游服务的重点工作,服务项目多,知识与技能要求高。为了让游客获得安全、愉快、顺利、满意的旅游体验,地陪导游需要用心提供规范化与个性化的服务。

任务操作

步骤一:做好出发前的各项准备。

景点讲解
场景视频

①至少应提前10分钟到达预先约定的集合地点——天水地质宾馆大堂,等候游客前来集合。

②游客上车时要在车门前侧等待,热情地打招呼,引导游客上车。

③临近出发时间时,核实、清点人数。若有游客未到,应向全陪导游或其他游客问明原因,不明原因的要尽快设法找到;若游客不想随团活动,也要掌握情况给予妥善安置。

④开车出发前,向游客预报当日的天气和游览地点等,做好提醒和预报工作。

步骤二:途中导游服务。

1.重申当日活动日程

车子启动后,途中导游服务开始。导游要向游客再次说明当日的活动安排,包括全天游览项目以及大致所需的时间,午、晚餐的时间与地点。重申当日的活动安排,目的是使游客心中有数,防止游客走失。一般来说,当天天气情况、到达第一个景点路上所需时间等,也可在这里介绍。

2.沿途讲解服务

①风光、风情介绍。在前往景点的途中,要做好所经城(镇)历史沿革、经济发展情况、风土人情、沿途风光的介绍等。介绍沿途风光时要善于挖掘地方文化特色、经济发展背景、产业特色与动态,把国情、省情、地方风情相关知识进行融合。沿途讲解还要学会见景说景、触景生情,回答游客感兴趣的问题,可以运用问答法等方法进行讲解,提高游客参与程度。

②途中调节气氛。路途有远近,如果路途较远,也不能一路讲解到底,否则游客会产生听觉疲劳和审美疲劳,需要穿插一些调节气氛的娱乐节目来活跃气氛,提高游客的兴奋度。某种意义上说,活跃气氛的工作比景点讲解还要难,因为讲解的主动权较多集中在导游手里,而活跃气氛的工作非常需要游客的配合与欣赏,需要互动。讲讲笑话、猜猜谜语、组织游客进行才艺表演等是比较常见的方法,导游也可以教游客说方言。地陪导游在平时就应该做有心人,不同类型的游客,如性别不同、年龄不同,对娱乐节目的要求、口味会有所不同,地陪导游应该准备多份不同的娱乐节目套餐。节目内容不但要健康还要有档次,使人在愉悦中也有所收获,使辛苦的旅途变得轻松愉快,一路欢歌笑语,拉近与游客的心理距离,为后面的参观游览活动奠定良好的基础。

③简要介绍游览的景点。在到达游览景点前,简明介绍景点概况,如历史、文化、科学、旅游价值和独特之处等,以激起游客游览的欲望,更好达成游客求新、求知等旅游的目的。

步骤三:景点导游服务。

1.提醒在景点游览时需要注意的事项

抵达前,在车上要提醒游客记住旅游车的车牌号、标识、停车位置等。在进入景点前,应讲清游览路线、所需时间、集合时间与地点以及游览期间的注意事项等。

2.景点讲解

在景点游览的过程中,要保证在计划的时间和费用内让游客能充分地游览、观赏,要做到讲解与引导游览相结合,适当集中与分散相结合,劳逸结合,宣传环保及文明旅游思想,留意游客的动向,防止走失。

步骤四:返程服务。

①回顾当天的活动。

在返程途中应回顾当天参观、游览的内容,并做必要的补充讲解,回答游客的提问。

②沿途风光导游。

③宣布次日活动安排,以及叫早、早餐、集合时间。

④做好提醒工作。

技能评估标准

序号	考核内容	考核要求	分值	评分标准	扣分	得分	备注
1	出发前的各项准备	能按要求,规范完成参观游览前的准备工作	10	出发前的准备工作做得不充分的扣分,最多扣10分			
2	途中导游服务	做好沿途讲解及景点简单介绍	30	不能恰当地做好沿途讲解及气氛活跃的扣分,最多扣30分			
3	景点导游服务	做好景点讲解工作及提醒工作	50	景点讲解内容简单空洞、缺乏深度和广度,没有与游客互动并产生共鸣的扣分,最多扣50分			
4	返程服务	总结及做好适当的沿途讲解	10	返程工作程序不完整的扣分,最多扣10分			
合计			100				

任务六　娱乐、购物等其他服务

任务情景

情景 1:
来天水旅游的 21 人西安研学旅游团,在伏羲庙购物街进行购物。

情景 2:
来天水旅游的 21 人西安研学旅游团,第一天吃过晚饭后按照计划,19:00 开始在天水大剧院观看"天水千古秀"表演。

任务分析

情景 1 中所要进行的购物服务,对象是一个大学生研学旅游团,伏羲庙商业街是天水旅游购物中心,摊位多,旅游商品琳琅满目。针对消费能力低下的学生团,让游客体验天水文化商品的魅力并感到愉快、满意,是很不容易的。

情景 2 所要提供的是晚间娱乐服务,地陪导游应及时提醒游客的安全问题。游客持票在规定的位置就座观看,演出完毕后,告知游客应在指定地点按时集合返回酒店。

任务操作

1.针对情景 1 购物导游服务

①应遵循游客"需要购物,愿意购物"的原则,做好服务工作。

②了解游客的购物需求,引导游客购物。

③当好游客的购物参谋,为游客出谋划策。

④积极维护游客的正当利益。

2.针对情景 2 娱乐导游服务

①介绍天水大剧院整体情况和晚上的活动安排。

②做好提醒工作,提醒游客注意安全。

③下车后,要讲清车辆停放的位置、车型、车牌号,明确集合的时间、地点。

④引导游客进入剧场,关照游客入座。

⑤在娱乐过程中,要经常留意与提醒游客注意安全与集合的时间。

⑥提前在规定的地点等候游客。

⑦到规定的集合时间,要清点归队的游客人数,确保全部到齐后安全返回。如果没有到齐,要尽快询问已到的游客,了解情况,尽快找到未归队的游客。

⑧回程途中应该与游客进行交流,与大家分享娱乐活动的快乐心情,回答游客感兴趣的问题。

⑨向游客说明第二天的活动安排、起早时间、早餐时间、集合的时间和地点以及提醒注意事项。

技能评估标准

序号	考核内容	考核要求	分值	评分标准	扣分	得分	备注
1	购物导游服务	适当介绍旅游商品,当好购物参谋	50	不熟悉当地旅游商品,不能很好地推介的扣分,最多扣50分			
2	娱乐导游服务	做好活动组织工作和安全保障工作	50	不能做好组织工作,安全提醒不到位的扣分,最多扣50分			
合计			100				

任务七 送站服务

任务情景

来天水旅游的 21 人研学旅游团,结束了在天水为期两天的研学参观考察行程,将于 16:23 乘坐 D2568 次列车离开天水赴西安。

任务分析

送站服务是地陪导游服务过程中一项重要的工作,要按照送站服务规范操作程序,提供送站服务。

任务操作

步骤一:送站前的服务及准备。

1.核实交通票据

认真做好旅游团离开天水的火车票的核实工作,认真核对送站火车站、车次、发车时间(团队计划、票面均需核对)等信息。

2.商定转运行李的时间

要与全陪导游商定转运行李的时间,请领队告知每一位游客时间及注意事项,并提醒游客仔细收拾自己的行李物品,不要遗忘在房间;证件及购买贵重物品的发票不要放到行李中,要随身携带并保管好;游客间相互提醒,遵守时间等。

3.确定出发叫早、早餐及出发时间

任务中旅游团结束在天水的旅游后将乘坐高铁赴西安,离站时间是 16:23。按照规范的要求,乘火车时至少要提前 1 个小时到达火车站,所以到达天水南站的确切时间是 15:23,从伏羲庙到天水南站的车程约为 30 分钟,推算伏羲庙游览结束,出发时间为 14:50 左右。

如果是第二天出发,需要确定叫早时间、早餐时间、出发时间。算法是:根据交通票据离开时间倒推抵站时间(国际航班提前 2 小时、国内航班提前 1.5 小时到达机场,火车、轮船提前 1 小时到达车站、码头),根据酒店或景点前往车站、机场、码头的车程时间推算出发时间,往前再推早餐时间和叫早时间。

4.提醒工作和结算工作

在旅游结束前及时提醒游客与饭店结清自己消费的账款,并保留单据直至离开饭店。提醒游客将有效证件、所购买的贵重物品及发票随身携带。地陪导游要检查自己是否留有游客的证件、票据等,与全陪导游办好结算手续,并妥善保管好单据。

步骤二：离店服务。

1.集中交运行李

在约定时间,应与全陪导游、行李员三方在场清点、交接、检查行李,并填写好行李运送卡。

2.办理退房手续

要协助、督促、检查退房情况,确保全团游客顺利办理退房手续。

3.集合登车

离店手续办妥后,招呼游客集合登车。在车门前一侧,引导、协助游客上车。上车后,协助游客摆放好随身的行李物品并入座,认真清点核实人数,提醒游客是否有东西遗忘在房间里,请游客检查自己的证件是否保管好,确定无误后示意司机开车出发。

步骤三：送行服务。

1.致欢送词

【示例】

亲爱的同学们：

在天水的两天,我们游览了东方雕塑馆——麦积山石窟、伏羲庙等景点,同时也品尝了天水风味,领略了天水人民的朴实与厚道。天水旅程就要结束,我们也即将分别,虽然舍不得,但还是不得不说再见了,感谢大家两天来对我工作的配合,给予我的支持和帮助。我自问是一个有责任心的人,但是在这次旅程中,还是有很多地方做得不到位,工作中难免有一些疏漏,大家不但理解我而且还十分支持我的工作,这些点点滴滴的小事情令我感动。也许我不是最好的导游,但大家却是我遇见最好的游客,能和最好的游客一起度过这难忘的两天是我导游生涯中最大的收获。作为一名导游,虽然去的都是一些自己已经熟得不能再熟的景点,但每次带不同的游客都能让我有不同的感受,和大家初次见面时我曾说："相识即是缘,我们能同车而行即是修来的缘分。"而现在我觉得不仅仅是所谓的缘,更是一种幸运,能给最好的游客当导游是我的幸运,我由衷地感谢大家对我的支持和配合。其实能和大家达成这种默契真的很不容易,大家出来旅游,收获的是开心和快乐;而我作为带团导游,收获的则是友情和经历,我想这次我们都可以说是收获颇丰吧。也许大家登上火车后,我们以后很难会有再见面的机会,但我希望大家回去以后和家人、好友回忆自己的天水之行时,除了描述麦积山如何神奇,伏羲庙如何饱经沧桑之外,不要忘了加上一句:在那里还有一个导游小乔,那是我的朋友! 最后,预祝大家旅途愉快! 好人一生平安!

2.提前到达送站地点

至少提前一个小时到达火车站。下车前要提醒游客不要将自己物品遗留在车上,在车门前侧引导协助游客下车后,要检查是否有物品遗留在车上,并提醒游客保管好自己随身携带的物品。

3.移交交通票据和行李单

到了火车站安顿好游客后,尽快与行李员联系,将行李单与火车票一同交给全陪导游,并一一清点核实。

4.协助办理离站手续

5.与旅游团告别

当游客通过安检进入候车厅,坐上火车驶离后,挥手告别离开站台。

提示:离站工作要周到、细致、规范,多做提醒工作,保证旅游团能按预定时间到站,要注意避免并预防误机、误车等重大问题的发生。

技能评估标准

序号	考核内容	考核要求	分值	评分标准	扣分	得分	备注
1	送站前的服务及准备	核实交通票据,安排好送站时间	20	安排送站时间不恰当的扣分,最多扣20分			
2	离店服务	办理退房及相关票据手续	20	退房及票据手续办理有失误的扣分,最多扣20分			
3	送行服务	欢送词、送站时间掌握把控恰当、完成送站工作	60	欢送词效果不佳、送站时间仓促、送站工作有漏洞的扣分,最多扣60分			
合计			100				

任务八　善后工作

任务情景

来天水旅游的 21 人研学旅游团,已乘坐火车离开了天水。其中一位游客请求你帮他转交一份食品给天水的亲戚(因其亲戚正出差在外,游客自己不能亲手交)。

任务分析

送走旅游团后,一般的善后工作包括:结清账目,归还物品,处理遗留问题,总结这次带领研学团队的经验。在本任务中,更要注意若转交物品为食品,要拒绝为其转交。

任务操作

步骤一:结清账目,归还物品。

整理好游程中发生的账目票据、表单,与司机结清费用,保存好过路过桥费以及相关的费用凭证单据,送走游客后,一般第二天就应到旅行社财务部门结清账目,归还从旅行社借出的喇叭、导游旗等物品,各类票据、表单见表 3-8-1—表 3-8-6。

善后工作
场景视频

表 3-8-1　发票报销审批单

发票报销审批单　　　　　年　　月　　日

团号		
报销总金额	用途说明	
经办人		
计调		
领导签章	备注	
发票份数		

表 3-8-2　借款凭据

借款人姓名		借款日期		报销日期						
事由										
领导批示				万	千	百	十	元	角	分
借款金额	万　千　百　十　元　角　分									

表 3-8-3　旅游团(者)费用结算单

台核:　　　　　　　年　　月　　日　　　　　　　　　　编号:

计划号		国籍		人数	成人　人			
旅行团号					2—5 岁儿童　人			
旅行等级		全陪导游姓名			6—11 岁儿童　人			
抵离时间	抵　月　日　时　火车/飞机/汽车到　用　餐至　月　日　离							
旅行团综合服务费	项目			拨款结算				
	综合服务费拨款			天数	单价	人数	金额	
	用餐	早餐						
		午餐						
		晚餐						

续表

旅行团综合服务费	项目		拨款结算			
			天数	单价	人数	金额
	风味					
	房费	用房数				
		加床				
		陪同				
	计划内加拨款	超千米(包车)				
		门票				
	其他					
交通费用	(乘坐)飞机、火车、轮船去 地					
	订送票手续费					
	外宾行李托运费					
拨款合计	¥: 00					
备注	请于团队到达之前将团款汇入我社账户或现付,非常感谢					

表 3-8-4   ××市旅游集散中心差旅费报销单

报销日期   年   月   日

团号	途中补贴			交通	餐费	其他	合计
	标准	天数	金额				
合计(大写)				¥:			
补充说明:							

出差人员: 计调: 领导:

表 3-8-5　××市旅游集散中心定车确认单

| 收件人：　　　　　　　传真：　　　　　　　电话： |
| 发件人：　　　　　　　　　　　　　　　　　电话： |

_____车队_____队长：

您好！

以下是我公司用车计划,请查收并确认,谢谢！

出车日期_____时间_____地点_____

返回日期_____时间_____地点_____

车型_____数量_____

行车路线

车价

车牌号：　　　　　司机：　　　　　电话：

特殊要求：

* 请确保车辆性能安全,车容干净整洁。

××市旅游集散中心计调一部

年　　月　　日

表 3-8-6　××市旅游集散中心团队报账单

团号及路线		人数		导游	
客户单位		领队		电话	
应付款	内容			金额	
备注					
预支款		退补款		计调	

步骤二：处理遗留问题。

临行前，如果团队中有游客委托办理物品转交，此时你要联系物品转交的对象，将物品尽快转交给对方，请物品接收者开具收条并签字盖章，并将收条与委托书一并交给旅行社保管。本情景任务中如果转递食品涉及安全隐患，要拒绝转交。

步骤三：总结工作。

【示例】

地陪导游工作小结

从9月10日接团到9月11日送团，总共两天时间，我现对本次工作情况作如下小结：

①团队在旅游过程中总体上比较遵守纪律，时间观念比较强。

②在讲解过程中，我发现游客对麦积山石窟及石窟文化比较感兴趣。

③在饭店用餐时，饭店很拥挤，这种拥挤会影响游客的情绪。

④团队离开的前一天，游程结束后，我在车上专门就离店的问题，提醒了游客要结清饭店的自费账目和带好相关行李及随身物品，但在早晨离店时仍然有两位游客出现忘带物品，致使路途中返回酒店的情况。

⑤本次游程总体上是顺利的，账目已结清，物品都已归还，但我在有些安排和环节的处理上还是值得改进、提高与调整：

a.在现场讲解石窟文化与典故传说等内容时，我发现自己知识面不够广，对历史、文化理解得不够细致。为使讲解更生动形象，更让游客懂得石窟文化的特征，我还需要对知识进行扩充。

b.在第二天就要离店的情况下，我应该叮嘱饭店总台、领队、全陪导游等在晚上再次提醒游客，请游客在晚上提前结清自费项目或准备好行李，以免占用第二天的时间影响离站行程。

2020年9月13日

📖 技能评估标准

序号	考核内容	考核要求	分值	评分标准	扣分	得分	备注
1	遗留问题处理	办理游客委托事宜	20	不能全面合理地处理遗留问题的扣分，最多扣20分			
2	报账单据填写	规范填写财务单据	40	填写不规范的扣分，最多扣40分			

序号	考核内容	考核要求	分值	评分标准	扣分	得分	备注
3	归还物品	归还导游旗、反馈单、票据等	10	归还物品有遗漏的扣分，最多扣10分			
4	总结	梳理工作经验,形成总结	30	总结不深刻的扣分,最多扣30分			
合计			100				

附图：

准备工作	熟悉旅游接待计划	旅游团概况、全程旅游路线、交通工具和票据情况、特殊要求和注意事项
	落实接待事宜	
	物质准备	核实日程表，落实旅行车辆、住房及用餐，掌握联系电话，与全陪导游联系
	形象准备	
	语言知识准备	证件、票据、导游服务用品
	心理准备	旅游景点知识、热门话题、客源地知识

迎接工作	抵达前的工作安排	确认抵达时间、与旅游车司机联络、再次核实时间、持接站标志迎候旅游团
	抵达后的工作安排	认找旅游团、核实人数、清点行李、集合等车
	转移途中的服务	致欢迎词、调整时差、首次沿途导游

入店服务：协助办理入店手续 · 介绍饭店设施 · 带团队用好第一餐 · 宣布活动安排 · 照顾行李进房 · 处理店内问题 · 安排好叫早服务

核对商定日程

参观游览服务	做好出发前准备	检查必要票证是否带齐、清点人数、督促司机
	途中服务	重申当日安排、风光导游、介绍游览点
	景点导游讲解	
	参观活动	交代注意事项、导游讲解、留意游客动向
	返程中的工作	回顾当天活动、宣布次日活动安排

其他服务	社交活动
	购物服务
	餐饮服务
	自由活动

送站前服务 → 离店服务 → 送行服务 · 处理遗留问题 · 结账 · 归还物品 · 总结

送站服务 → 后续工作

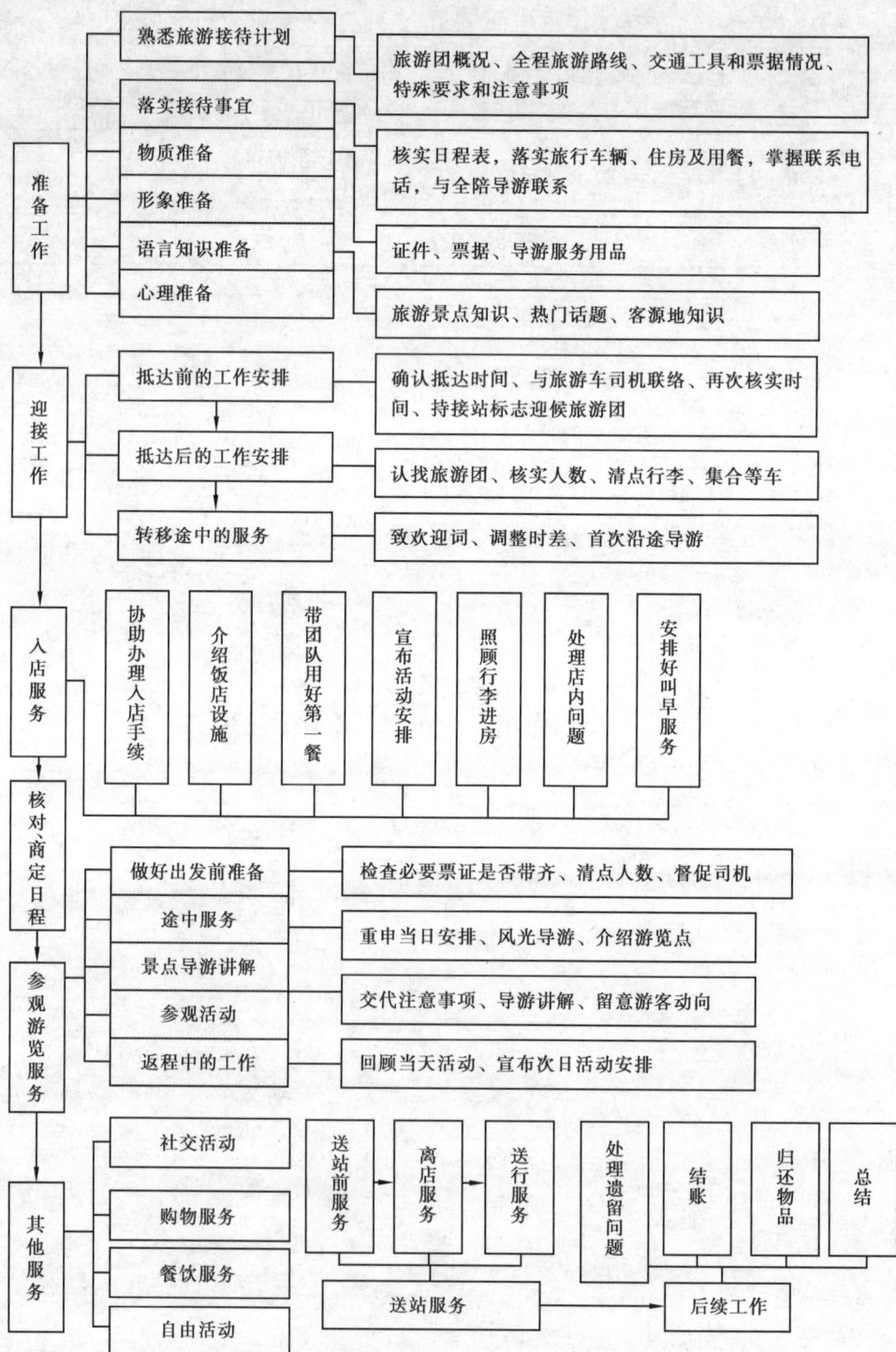

地陪导游工作流程图

项目四　景区（点）导游规范服务

思政目标

从中国导游的"工匠精神"出发,培养学生吃苦耐劳的精神和敬职敬业、遵纪守法的职业习惯。

能力目标

①能够了解并实施旅游接待计划;

②能够对景区的背景知识、名称、建筑风格、历史沿革、民间传说、特色及所涉及的相关知识进行讲解;

③能够做好安全工作,并协助其他工作人员处理相关问题。

思维导图 ···

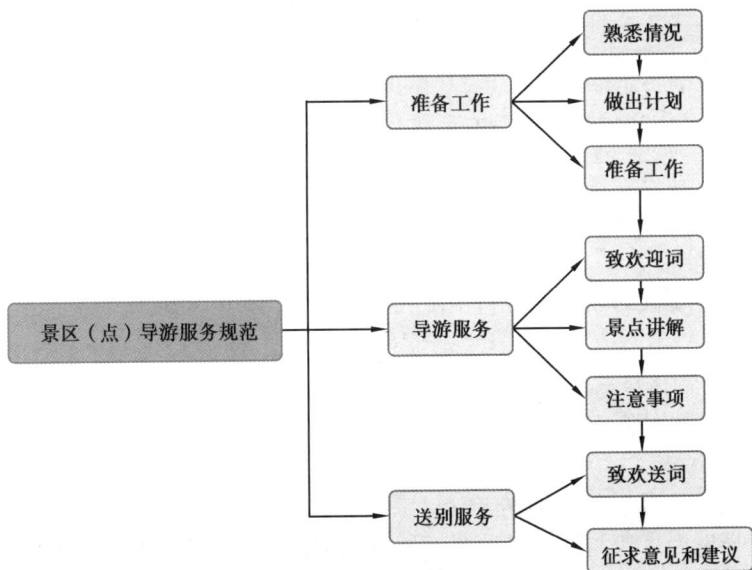

知识链接 ···

第四届全国导游大赛

为贯彻落实党的十八大精神,培育和践行社会主义核心价值观、旅游行业核心价值观,深入推进旅游行业精神文明建设,展示导游职业风采,交流导游服务经验,激励导游提升职业道德修养,提高服务技能水平,传播行业正能量,2019 年 9 月 8—21 日,由文化和旅游部、中华全国总工会、共青团中央、全国妇联共同主办,宁夏回族自治区文化和旅游厅、总工会、团委、妇联及中卫市人民政府联合承办的第四届全国导游大赛总决赛在宁夏回族自治区中卫市举行。大赛以"讲好中国故事·展现专业素养"为主题,是机构改革、文旅融合后的第一次全国导游大赛。

大赛全面考核了参赛选手专业知识储备、语言表达、模拟带团、实地带团等综合能力素质。大赛发挥了导游作为文化交流使者的作用,并对提升当地旅游在全国的知名度和美誉度具有重要意义。

任务一 准备工作

任务情景

10 月 6 日有一个来自青岛大学美术学院 28 人的教授团抵达天水,地接社天水×××旅行社由于接待能力有限,因此准备将麦积山的风景区的讲解工作交由景区(点)导游进行,而你就是这次接待该团的景区(点)导游,主要讲解麦积山石窟。

景区(点)
导游岗位职责

任务分析

由于工作区域的特定性,景区(点)导游的准备没有其他陪同导游那么复杂,但仍要尽可能地制订相应的计划,这样做才能心中有数,增强工作的主动性、计划性与针对性。

任务操作

步骤一:计划准备。

景区(点)导游要及时了解和分析情况,做好接待计划,根据具体情况进行分析。

1.联络人的姓名和联系方式

如果是旅行社的团队,一般都有全陪导游和地陪导游,如果是入境旅游团还有领队。

景区(点)导游
接待游客流程

2.游客的人数、职业、姓名、性别、年龄、宗教信仰、风俗习惯

景区(点)导游应尽快与地陪导游联系,了解游客的基本情况,以便做好游览接待工作。

3.客源地概况,基本的旅游动机

比如说本次团队人员为青岛大学美术学院教授,出游的动机和侧重点就在麦积山石窟艺术价值研究方面。

4.游客有无特殊要求和注意事项

通过观察以及与地陪导游简单地交谈,了解是否有游客存在高龄和特殊疾病的情况,要做好安全提醒和保障。

5.收费问题,有无可减免对象

凭教师资格证门票可减免一半。

6.游客的其他行程安排等

步骤二:物质准备。

物质准备主要包括讲解员证、话筒、其他相关证件、景区(点)的介绍等。景区(点)导游的工作尽管不像全陪导游、地陪导游那么烦琐严格,但注重知识含量的储备和讲解上的把握。

技能评估标准

序号	考核内容	考核要求	分值	评分标准	扣分	得分	备注
1	熟悉接待计划	人数、性质、身份、要求	20	有一项不合格扣2分,本项最多扣8分			
2	景区知识准备	景区名称、建筑风格、历史沿革、民间传说、特色、相关学科知识、个人见解	40	有一项不合格扣2分,本项最多扣14分			
3	接团能力准备	讲解技巧、应变能力	20	有一项不合格扣2分,本项最多扣4分			
4	物质准备	导游图册、讲解工具或器材、规定着装、佩戴标牌	20	有一项不合格扣2分,本项最多扣8分			
合计			100				

任务二　导游服务

任务情景

该团队28位游客已到景点广场,合影留念后即将开始麦积山石窟的游览,地陪导游买好参观门票并已检票完毕,现由你带领该团进行参观游览。

任务分析

景观导游讲解是景区(点)导游工作的核心内容。在此过程中,导游应保证在计划时间内,游客能充分地游览、观赏。要做好安全提示工作,注意游客的安全,保护游客的财物不丢失。

任务操作

步骤一:致欢迎词。

景区(点)导游致欢迎词应当在景区(点)的入口处,重要客人一般在接待室。不可千篇一律但至少应包括以下内容:

①代表自己和景区(点)对游客的到来表示欢迎。

②自我介绍,如有其他参与接待的人员,还要介绍他们的姓名和职务。

③简要说明游览景区所需时间和主要注意事项。

④表明自己的工作态度。

⑤祝愿游客游览愉快。

【示例】

尊敬的游客朋友们:

大家好!

欢迎来到×××景区参观游览。我是此行的讲解员×××,非常高兴能为大家讲解,在待会儿的游览中如有需要我效劳的,或讲解中有不明白的地方,请尽管提出,希望我的讲解能让我们景区在您心中留下美好的印象。

步骤二:景点讲解。

做到导游讲解、引导与游客的观赏相结合,在整个过程中要始终与游客在一起,绝不能离开工作岗位。讲解时应注意:

1.按参观游览路线分段讲解

在讲解时还要注意自己的形象,随时根据景点的情况调整自己的位置和音量、音调,并根据不同的游客选择不同的讲解方法。

景区(点)导游
讲解工作流程

2.讲解时内容全面灵活

内容包括景区历史背景、成因、用途、特色、地位、价值、名人的评论等。

【示例】

麦积山石窟讲解

麦积山位于甘肃省天水市东南约45千米处,是我国秦岭山脉西端小陇山中的一座奇峰,山高只有142米,但山的形状奇特,孤峰崛起,犹如麦垛,人们便称之为麦积山。山峰的西南面为悬崖峭壁,石窟就开凿在峭壁上,有的距山脊二三十米,有的达七八十米。如此陡峭的悬崖上开凿了成百上千的洞窟和佛像,在我国众多石窟中实属罕见。

麦积山周围风景秀丽,山峦上密布着翠柏苍松,野花茂草。攀上山顶,极目远望,四面全是郁郁葱葱的青山,只见千山万壑,重峦叠嶂,青松似海,云雾阵阵,远景近物交织在一起,构成一幅美丽的图景,这图景是被称为天水八景之首的"麦积烟雨"。在我国众多著名石窟中,以麦积山的自然景色为最佳。

麦积山石窟属全国重点文物保护单位,建自公元384年,后来经过十多个朝代的不断开凿、重修,遂成为我国著名的大型石窟之一,也是闻名世界的艺术宝库。现存洞窟194个,其中有从4世纪到19世纪以来的历代泥塑、石雕7 200余件,壁画面积1 300多平方米。麦积山石窟的一个显著特点是洞窟所处位置极其惊险,大都开凿在悬崖峭壁之上,洞窟之间全靠架设在崖面上的凌空栈道通达。游客登上这些蜿蜒曲折的凌空栈道,不禁惊心动魄。古人曾称赞这些工程："峭壁之间，镌石成佛，万龛千窟。虽自人力，疑是神功。"民间还流传着"砍完南山柴，修起麦积崖""先有万丈柴，后有麦积崖"的谚语，可见当时开凿洞窟，修建栈道工程之艰巨、宏大。

东崖上最精美最宏大最突出的窟室，是北周秦州（今天水）大都督李允信为其亡父所修造并请庾信写铭的七佛阁和与它相邻的金牛堂，它们所在的地理位置较高，但修有人工开凿的石级栈道通达，我们上去再作详细介绍。

西崖上最大的佛窟，是暂编为133号的万佛堂，窟的构造曲屈如一"六"字形，在"六"字的各主要窟壁上，都开凿了壁龛，塑造佛菩萨像，另外的墙上则饰满二三寸高的小坐佛壁雕（影塑），因此形成了名副其实的万佛堂。在这窟内最宝贵的是十八座雕法不同的造像碑，雕工极为精致。

（每个主要洞窟参观完毕之后）……

参观完主要洞窟后，大家是否真正感受到"东方雕塑馆"之美呢？麦积山石窟是中国四大石窟之一，其艺术特点表现在：

第一：建筑

建筑麦积山石窟全部建在高达一二十公尺以上的悬崖上。可以想象到在修凿石窟本身的建筑前，必须先铺设栈道，这些栈道是克服一切困难，完成佛窟建筑的基础，它的牢固性也是惊人的。虽然它仅仅是在石臼横柱上设梯板、架阁道，但是直到千百年后的今天，还有许多部分仍然可用，所以单是栈道本身已经成为麦积山石窟建筑特殊形式上的一个光辉开端。石窟建筑本身的时代性，也为研究中国古代建筑提供了宝贵的材料。中国虽然在四千年前便有了建筑物的记载，但可惜的是中国建筑以木构为主，容易遭到天然和人为的毁坏，很难保存，所以千年左右的建筑已然可贵，何况麦积山还遗留着北朝建造的雄大而富丽的七佛阁、金牛堂以及可能比它们更早的五个石制窟檐。

第二：塑像

麦积山石窟的塑像中除极少数的石刻佛像和造像碑以外，其他几乎全是泥塑。麦积山石窟是民间石窟，因此在麦积山的塑像作品中，不仅充分地表现了人体的比例，细致地注重到须发手足，甚至指节掌纹等微小部分都很写实，而且集中了当时的中国人美的形象，极典型地塑造出生动的轮廓和表情，使那些塑像除了少数不得不带上一点超脱人间的先觉者的意味之外，绝大部分都是充满人间情感的。尤其是许多菩萨像，大都带有青春微笑这类富有生命力的表情，渗合着以胶泥麻絮塑成的似乎带有弹性的肉体，仿佛他们已经不是泥塑造像，而是富有活力的永恒生命体了。

128窟北魏早期的塑像，其修长的体躯，稍长的面型，令人立刻联想到云岗龙门同一系列作品，塑像周身是用高妙的技术所创造出来的圆润的体态和生动的衣纹。那些流利舒畅而具有和谐韵律的线，虽然是受到外来犍陀罗式艺术的影响，却富有中国古代所称道的"曹衣出水"的意味。看来是在泥胎尚未干燥之前，人们利用泥土的湿润将其巧妙地塑捏而成的。因此它在效果上给了我们一种绸衣着肉的软薄感觉。

28窟北魏塑比丘像，其深刻的面部表情是用几根简洁的线就能刻画出来的。那凝结的眉端，下垂的唇角，寄一切希望于来世的眼神，极恰当地塑造出一个殉道者行乞募化的刻苦外形，展现出他那一心想着解脱人生苦恼的内心感情，这种塑造技术是极成功的。

87窟西魏时代的菩萨像塑造了一个丰容盛妆、高髻长裙的少女,在她那俊美无邪的微笑中充满着青春与和平的活力和人间性。139窟同时代的作品——力士像却不同了,他的面部刻有向前凸曲的线,作用和戏剧中的脸型一样,表示了个性和力量。而90窟的比丘像造型更为别致,高鼻深眼,面带微笑,具有西域的形象特点,在其他各地石窟塑像中很少看到。

第5窟的力士像虽然也是髯须高鼻,却另有一种温静敦厚的表情,他修长的体躯和身边坚实的卧牛相配合,显得协调而有力。表情上虽然有些道貌凛然却并不令人生畏,而只感受到他的矜持和稳重。和这同一题材的48窟的北周力士可就大不同了,他怒目横眉,赤足挥拳,像在坚决反抗,又像是含愤示威。另一个更是怒发冲冠,开口作吼啸状。在这百米削壁的风云飘忽中,大有气吞山河之势。总之麦积山石窟中的古代塑像是一组中国造型艺术上不可忽视的遗产,是充满了生命活力的优秀创作,是北魏以后唐代以前在其他石窟中所难见到的一批最珍贵的遗产,它一方面弥补了中国美术史上由魏到唐的一段空白,另一方面也展现了泥塑在形象刻画、性格表情上多种多样的思想性和艺术性,让我们今天仍能得到丰富的借鉴。

第三:壁画

麦积山气候不及敦煌干燥,石质又是比较易于崩毁的水成岩,经过宋明两代的加修,原有的北朝壁画多遭涂毁,再经过灶火的烟熏,这一系列天然和人为的损伤,使唐以前的壁画已百不存一,这是令人感到非常遗憾的。在幸存的壁画中,最突出的为154窟顶画的几个相当大的飞天和供养菩萨。飞天穿着魏代的服装和冠饰,轻盈地飞舞在小鸟花朵之间。全部线条细柔如游丝,遒劲似琴弦,是中国绘画史上被遗漏了的优秀名作。顾恺之的"女史箴图"被视为稀世珍宝,而这壁六朝的壁画,千年来却少有人知。"女史箴图"已流于海外,能看见它的人实在太少了,因此,这壁画更有其宝贵的价值。

步骤三:宣传环保、文保知识,解答询问。

步骤四:注意游客动向与安全。

技能评估标准

序号	考核内容	考核要求	分值	评分标准	扣分	得分	备注
1	迎接旅游团	集合地点、了解游客情况	10	有一项不合格扣2分,本项最多扣4分			
2	致欢迎词	介绍自己、情绪饱满、语言得体、肢体语言适度、祝游览顺利	20	有一项不合格扣2分,本项最多扣10分			
3	交代游览路线及注意事项	景区的构成部分、游览线路、所需时间、游览注意事项等	20	有一项不合格扣2分,本项最多扣8分			

序号	考核内容	考核要求	分值	评分标准	扣分	得分	备注
4	讲解景区概况	名称来历、历史沿革、主要特色、景区品位、主要景点概况	30	有一项不合格扣2分，本项最多扣10分			
5	带客游览并提供讲解服务	全面介绍沿途景点、语音语速、预留观赏及拍照时间、留意游客动向	20	有一项不合格扣2分，本项最多扣8分			
合计			100				

任务三　送别服务

任务情景

你的讲解已经结束,马上要与该团队的28位游客分别。

任务分析

送别是景区(点)导游服务工作的尾声,要善始善终,认真细致地做好送别工作。要致简短而精彩的欢送词,并征询游客的意见。

【知识拓展】

故宫15年志愿讲解员周娅"奉旨退休"

京城的文博圈里有个人气志愿讲解员,虽然年已古稀,却依然活跃在各大博物馆里。在她身后,常常跟着一大队的"同路人",她喜欢与"同路人"们分享心得,引领大家走进博物馆的世界,感受精彩的文化之旅。她很爱说的一句话就是:"走进博物馆,拥有多彩人生!"

老太太名叫周娅,是国家博物馆名誉馆员,知名志愿讲解员。17年的博物馆志愿者经历,让她成了京城文博圈里的名人。

17年讲解的展览　涵盖中外　贯穿古今

周娅在微博、微信等社交媒体上的名字都叫"阳光周老师"。与网名一样,她气质优雅、和蔼可亲,微微翘起的嘴角,总会露出明媚的笑容,像是一缕温暖的阳光;她的声音更是温柔似水,绵声细语,给人如沐春风之感。不过,在现实生活中,她喜欢自称"老太"。

周娅退休之前就是博物馆爱好者。2002年,原中国历史博物馆推出了一个非常重要的展览——《契丹王朝——内蒙古辽代文物精华展》。可当时馆里只有4名专职讲解员,馆长朱凤瀚大胆地做出一个开行业先河的决定——向社会公开招募150名志愿讲解员。当时,周娅正处在退休失落期，便兴冲冲地去报名，成为北京第一批博物馆志愿讲解员。

从那以后，很多博物馆纷纷效仿，建立了志愿讲解员队伍。周娅也在志愿讲解员的道路上越干越带劲儿。这些年，她在国家博物馆讲过《大唐风韵》《启蒙的艺术》，在中华世纪坛博物馆讲过《意大利文艺复兴》《从莫奈到毕加索》，在故宫博物院讲过《故宫藏历代书画展》《哥窑瓷器展》……展览的名字已经多得数不过来，从中国的书画、瓷器、家具、民俗，到外国的启蒙运动、文艺复兴、玛雅文化、印加文明……周娅的讲解涵盖中外，贯穿古今。

声情并茂的解说　让观众成了"同路人"

正是因为志愿者对讲解工作是出于热爱，而非职业，他们对待这份工作，付出的也是一份真真切切的感情。周娅觉得，自己的服务应该是用文物解读历史，以热爱感染观众，以兴趣吸引观众。有些观众平时常听那种面无表情、机械背诵的复读机式讲解，一听到周娅那种声情并茂的真情解说，便会立即被"摄了魂"，再也不愿离开。

"英文 China 大写是中国，小写就是瓷器，外国人看我们就是瓷国之人，身为瓷国之人焉能不懂瓷？那么，请跟我走进故宫陶瓷馆……"周娅的开场白总是那么引人入胜，娓娓道来。伴随着抑扬顿挫的声音，她时而伸展双臂，时而玉指轻扬，脸上的表情也随着讲解内容而不断变化。讲到精致优美的中国古代瓷器，周娅一脸陶醉；讲到巧夺天工的花丝镶嵌，周娅眼睛里都闪烁着惊美的光芒；讲到封建统治者的专横跋扈和对百姓的残忍剥削，周娅的脸上写满了愤怒和不平。

周娅不喜欢用"博大精深""美轮美奂"这种虚词套话，她会说："让我和你一起来发现美丽""玉壶春瓶的造型，从小家碧玉亭亭玉立，到雍容华贵，最后变成了臃肿……""老太有双善于发现美的眼睛，在这件青铜簋的耳上，有四只动物，你找到了几只？"

原本只给几个观众讲，讲着讲着，旁边的观众也被她生动的讲解吸引了过来。"蹭听"的观众越来越多，周娅只好找个宽敞地方让大伙儿坐下来，一口气先讲完，然后再让大家分头去看她刚才讲过的那些展品。

出色的解说背后　蕴含丰富的知识储备

怎么才能让观众对这些不会说话的展品产生兴趣？当然是讲出展品背后的故事。虽然博物馆都有讲解词，但周娅觉得里面的内容还不够丰富，还要自己"加词儿"，这就要靠她自己的知识储备。周娅每周都会去上国学课，学习书法、绘画，闲暇时经常去泡博物馆。中国古代史、近代史、陶瓷史、希腊神话、罗马神话、埃及神话……展览背后的学问太大了，讲好一个展览，就要学习一部历史。周娅还四处游学，到了国外，就一头扎进博物馆里。这几年，她已经游历了埃及、意大利、德国、西班牙、法国等国家。

周娅的讲解优雅中带着俏皮，时不时地蹦出几个"金句"，常常惹得观众开怀大笑，她也笑称自己很"毒舌"。比如：在故宫的寿宁门前讲解门口的石狮子时，周娅就引用了梁思成先生的话："明清两代的工匠没有见过狮子，把狮子做得像叭儿狗似的。"观众们都很喜欢摸故宫的门钉，把门钉摸得锃亮，还都欢乐地说："接接福气、王气、霸气！""毒舌老太"发话了："明清都在这里灭亡，还有晦气！"游客听了大笑而去。讲到皇帝的宝座，多少人觊觎这个位置，周娅却告诉大伙儿："坐具中最不舒服的就是宝座，左右后背三不靠，坐在上面的皇帝要忍着，还要扮出威严状！"

周娅已经成了京城文博界的名人，获得了众多观众的喜爱。她喜欢称呼他们为"同路人"，而不愿用"粉丝"这个名字。去哪里讲解之前，周娅会在微信、微博上提前预告，就有"同路人"专程奔着她去参观展览。每次周娅讲解完毕后，观众都会不约而同地为她鼓掌，很多人加了她的微信，有些熟识的观众还会上前跟她拥抱、贴面。那一刻，周娅尽情地享受着"被别人喜欢"的幸福与快乐。

志愿者可以退休　文化传播没有退休制

去年年底，周娅要从故宫"奉旨退休"了——故宫有自己的制度，70岁以上志愿者全部退休。周娅在故宫当了15年的志愿讲解员，如今要脱掉志愿者的"黄马褂"，再去故宫就是一名普通观众了，她心里有种莫名的伤感和落寞。同学聚会上，70多岁的老人伤心地一杯又一杯地喝着酒，把同学们都吓得不轻。

周娅把心里话写在了朋友圈里，写完之后像个孩子一样大哭一场。"尽管对退休有足够的思想准备，但长达十七个年头的志愿者生涯出现了断崖，心里失落呀！"她的朋友圈里立即炸开了锅，所有人都为此惋惜。"第一次听您讲是在世纪坛，克利夫兰博物馆藏，站在印象派的画作前，您好像浑身发光一样，希望您一直能讲下去！""非常敬仰您的学识和坦然的人生态度，而且特别美慕您这么充沛的精力，完全没想到您的年纪已到古稀啦！您真棒！我一直是以您为榜样和目标的，为您和我自己加油！"这条朋友圈获得了275个赞、133条评论，网友们诚恳的留言让周娅感动，也给了她力量。

这些天，周娅也想开了，"院长也要退休的呀！再者故宫志愿者后浪推前浪，素质越来越高，都是可敬后生。"老太欣慰不已。虽然不做故宫的志愿者了，但周娅以后的生活还是闲不住的。她已经给自己做好了安排：继续博物馆方面的公益讲座，继续游学、写游学记事、做回顾，通过网络继续跟"博友"们交流博物馆的那些事儿，能忙活的事情还多着呢。她说："就算是退休了，也要在博物馆里优雅地老去。活到老学到老，挂着拐棍也要跑，老太要努力跟上时代的步伐！"

去年的12月26日是周娅在故宫的最后一班岗。她选择讲解宁寿宫。这里是周娅2004年到故宫做志愿者的开端之地。"同路人"不畏严寒，纷纷赶来聆听她在故宫的告别讲解。

结束了最后一次讲解，周娅在朋友圈写道："皱纹中填充了知识，霜发披挂了阅历，行走紫禁城，呼吸着文化的和风，这是一生最充实的时光。故宫志愿者的经历是老太的骄傲！志愿者可'奉旨退休'，文化传播没有退休制，嘿嘿，老太继续！"

任务操作

步骤一：简单的欢送词。

步骤二：征询游客对讲解服务的意见和建议。

【示例】

各位团友，麦积山石窟的讲解到此结束，感谢大家的配合！不知大家对我的讲解是否满意？如果我的讲解有不周之处还请各位多多包涵！希望下次还有机会担任你们的讲解员，我相信到时我的讲解水平会更上一层楼。最后祝各位朋友健康幸福！祝大家一路顺风！谢谢大家！

【示例】

各位游客朋友，今天的讲解到这里就结束了，感谢您的支持和配合，期待您的再次到来，祝大家旅途愉快！这里是我们讲解的导游服务跟踪卡,您游玩的感受或建议都可以写到这里,谢谢大家,再见!

技能评估标准

序号	考核内容	考核要求	分值	评分标准	扣分	得分	备注
1	致欢送词	小结、表示感谢、征求意见和建议、期待下次光临、祝福	40	有一项不合格扣2分,本项最多扣10分			
2	赠送宣传资料或小纪念品	宣传资料、纪念品	10	有一项不合格扣2分,本项最多扣4分			
3	告别	送游客上交通工具、游客离开后返回	20	有一项不合格扣2分,本项最多扣4分			
4	填写接待记录	填写接待记录、信息反馈	30	有一项不合格扣2分,本项最多扣4分			
合计			100				

项目五　散客导游规范服务

思政目标

培养学生强烈的爱国意识和民族精神，养成高尚的情操和正派的作风。

能力目标

①能够了解散客旅游的定义；
②熟悉散客旅游的特点；
③掌握散客导游服务程序和服务质量要求。

思维导图

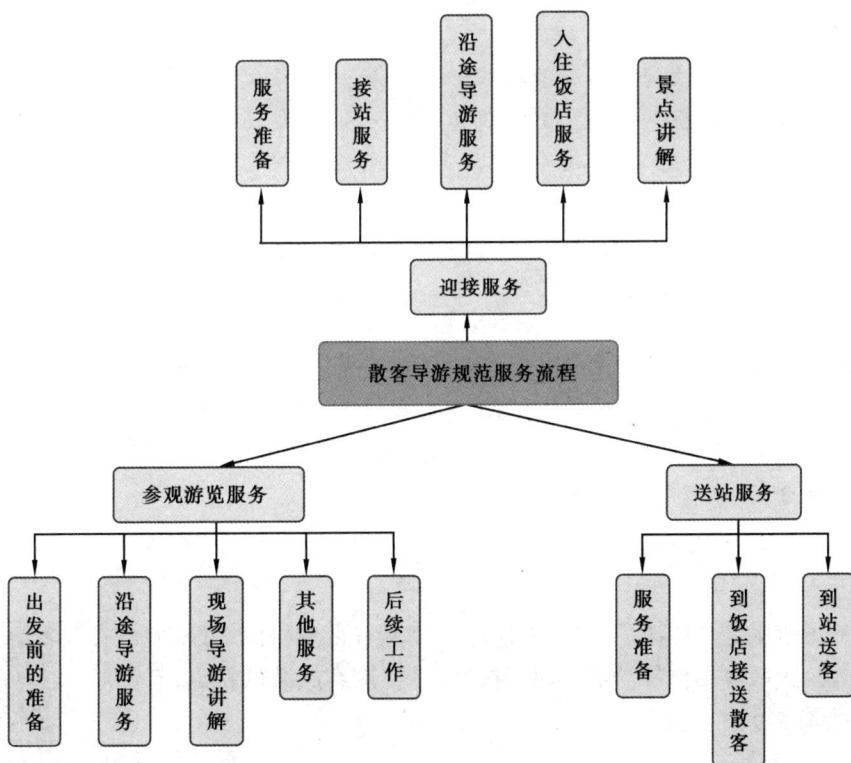

知识链接

散客旅游是旅游行业进入更高层次、更新阶段的必然产物，20世纪80年代以来，世界旅游市场就已出现"散客化"的旅游潮,欧美主要旅游发达国家的散客市场份额已达 70% ~ 80%。近年来,随着我国居民生活水平的提高和旅游活动的普及,散客旅游也逐渐成为国民旅游的主流形式。作为服务对象,散客相对于团队更加灵活多样、变化无常,因此对导游服务也提出了更高的要求。

任务一 迎接服务

任务情景

四川某旅行社导游小雅接待了一个由安徽、上海、北京等地旅行社零星组织的散客旅游团。其中有 13 位客人来自上海的 3 家旅行社,5 位客人来自安徽的 2 家旅行社,2 位客人来自北京某旅行社。

【案例1】

四川某旅行社导游小雅接待了一个由安徽、上海、北京等地旅行社零星组织的散客旅游团。其中有 13 位客人来自上海的 3 家旅行社,5 位客人来自安徽的 2 家旅行社,2 位客人来自北京某旅行社。团队主要游览九寨沟、黄龙两处景区。但从第一天早晨出发起,团队矛盾就十分尖锐。

住宿时必须有一位上海人与安徽人住一间客房,但上海人宁可要一间三人房,也不愿与不认识的安徽人住;游览时,上海、北京、安徽客人分别行动,导游很难组队。而且一旦安徽人迟到,上海人就吵个不停,而上海人迟到,安徽人也会不服气地吵闹;客人之间还因为争抢前排座位发生抓扯,让小雅十分头疼。

更重要的是,由于各地旅行社与客人签订的合同有所不同,如北京客人行程中包括了都江堰水利工程,安徽客人的费用中包含了烤全羊晚会,导致北京客人游览都江堰水利工程时,上海、安徽客人无事可做,又不愿自费游览,苦苦等候了 3 小时,见了导游就叫苦不迭;而当小雅安排安徽客人的烤全羊晚会时,北京、上海人都表示不愿参加,小雅无奈只好为客人退费(正常情况下一次烤全羊至少得有 10 个人参加才保本),导致安徽客人大骂导游违背合同,吵着要投诉。小雅一路都在处理矛盾,一路都被客人埋怨。

试从材料分析,散客导游工作的难点在哪里。

任务分析

散客的导游服务与旅游团相比,在服务程序上有很多相似之处,但也有其特别之处。为散客提供导游服务时,导游应掌握散客旅游的特点,有针对性地提供优质服务。

步骤一:服务准备。

在接受了散客导游服务的任务后,导游应认真做好迎接散客的准备工作,包括认真阅读接待计划、做好出发前的准备和联系交通工具。

案例1评析

1.认真阅读接待计划

①明确迎接的日期；

②航班(车、船)抵达的时间；

③散客人数及每位客人的姓名；

④下榻的饭店；

⑤有无航班(船、车次)及人数的变更；

⑥提供哪些服务项目；

⑦是否与其他客人合乘一辆车下榻饭店。

2.做好出发前的准备

①知道散客的姓名和联系方式；

②欢迎标志、地图、宣传资料；

③导游证/电子导游证、胸卡、导游旗、票据、证件；

3.联系交通工具

①核实车辆、确认司机姓名及联系方式；

②约定见面时间、地点；

③了解旅游车辆的车型、车牌号。

步骤二:接站准备。

接站时要为散客提供热情友好的接待,让其有宾至如归之感。

1.提前到达接站地点

如迎接乘飞机来的散客或散客团,应提前30分钟到达机场,在国际或国内到达出口处等候;如迎接乘火车来的散客或散客团,应提前30分钟到达车站,在出站口等候。

2.迎接散客

接待散客比接待团队游客要困难,因为人数少、出港游客很多,稍有疏忽就会出现漏接的情况(客人自行乘车到饭店或被别人接走)。因此在航班(车、船)抵达时刻,导游应通过电话、短信或其他社交软件联系客人,并与司机在不同的出口,站在易于被散客发现的位置举牌等候,以便其前来联系,导游也可根据游客的民族特征上前询问。

①如确认已迎接到该迎接的散客,应:

a.主动问候；

b.介绍自己姓名和所代表的旅行社；

c.表示欢迎；

d.给予必要协助；

e.询问其行李件数并进行清点；

f.帮助提取行李,引导客人上车。

②如没有接到应接的散客,应:

a.立刻拨打应接散客的手机号码；

b.如客人未接电话,则应立刻询问机场、车站、码头的工作人员,确认乘坐本次航班、列车、轮船的游客已全部进港或隔离区内无未出港游客,导游(如有可能与司机一起)在最大范围内至少寻找 20 分钟;

c.若确实找不到应接的散客,导游应与计调部或散客部联系,报告迎接情况,核实该散客抵达的航班、车次、船次有无变化。当证实迎接无望时,经计调部或散客部同意方可离开现场。

d.对未在机场、车站、码头接到散客的导游来说,应前往散客下榻的饭店前台,查看散客是否已入住饭店。如果散客已经入住饭店,必须主动与其联系,并表示歉意。

步骤三:沿途导游服务。

在从机场、车站、码头至下榻饭店的途中,导游应进行沿途讲解,如介绍所在城市概况、下榻饭店的地理位置和设施,沿途景物和有关注意事项等。

步骤四:入住饭店服务。

在散客抵达饭店后,导游应协助其尽快办理入住手续,并热情介绍饭店的服务项目和入住的有关事项,与散客确认日程安排与离店相关事宜。

1.协助办理住店手续

①按照接待计划向散客说明饭店将为其提供的服务项目;

②告知散客离店时需现付的费用及项目;

③记下散客的房间号;

④核对行李并催促行李员将行李运送到散客房间。

2.确认日程安排

①办理入住手续后,与散客确认日程安排;

②将填好的安排表、游览券及下一站的飞机、火车、汽车票等交给散客,并让其签字确认;

③如散客还有送机(车、船)服务,导游要与其商量好离站时间和送站安排。

3.提前订购机票

若散客将乘飞机赴下一站,且不需要旅行社为其代购机票时,导游应叮嘱其提前订购机票。在散客确认乘机时间并告知导游后,导游应及时向散客部或计调部报告,以便提前派人、派车为其提供接机服务。

4.推销旅游服务项目

询问散客在本地停留期间及是否需要旅行社代办其他事项。

5.后续工作

迎接散客完毕后,导游应及时将同接待计划有出入的信息及散客的特殊要求反馈给散客部或计调部。

📖 技能评估标准

序号	考核内容	考核要求	分值	评分标准	扣分	得分	备注
1	熟悉接待计划	人数、性质、身份、要求	20	有一项不合格扣2分，本项最多扣8分			
2	景区知识准备	景区名称、建筑风格、历史沿革、民间传说、特色、相关学科知识、个人见解	40	有一项不合格扣2分，本项最多扣14分			
3	接团能力准备	讲解技巧、应变能力	20	有一项不合格扣2分，本项最多扣4分			
4	物质准备	导游图册、讲解工具或器材、规定着装、佩戴标牌	20	有一项不合格扣2分，本项最多扣8分			
合计			100				

任务二 参观游览服务

🔭 任务情景

经过十多个小时的车程，小王带领的旅游团终于顺利抵达藏区。

【案例2】

经过十多个小时的车程，小王带领的旅游团终于顺利抵达藏区。在"格桑花餐厅"用完晚餐后，时针已指向晚上十点，周围一片漆黑，客人们都疲惫不堪，大家都想快点住进酒店休息，为明天的游览积蓄体力。可是车上的客人分属于不同的等级，标准等级的客人入住某二星级饭店，经济等级的客人入住没有星级的×饭店，豪华等级的客人则将前行20千米入住某四星级饭店。

当小王将第一批客人送到二星级饭店后，其他客人纷纷表示就地入住算了，不想走了。尤其入住某四星级饭店的客人更不愿再走，因为明天他们还得比其他客人早起再返回此地，他们希望就地入住，旅行社退还差价。说实话，导游和司机也极不情愿再这么往返折腾，于是同意了客人的要求，就在二星级饭店订好房间，然后打电话给入住的四星级饭店谎称汽车坏在途中无法赶到，请酒店取消预订。

没想到的是，该四星级饭店以房间已过了确认时间，现在时间很晚，根本不可能卖出去为由，不同意取消预订，并表示不管住不住，费用照付。既然这样，小王也只好请这部分客人退掉二星级饭店房间，收拾行李，赶往原定住所。经过这一折腾，客人气不打一处来，骂了饭店后骂旅行社,骂得小王脸上白一阵红一阵,很不自在。

试对上述案例进行评析。

任务分析

参加散客旅游的游客一般文化水平高,旅游经验比较丰富,对旅游服务的要求也比较高。散客小包价旅游团和组合旅游团,由于其成员往往来自不同的国家和地区,彼此语言不通,风俗习惯各异,游览中相互无约束,缺乏凝聚力,集合起来很困难。针对这些散客的特点,导游需要具有较高的综合素质和工作责任心,能倾听游客的意见,做好组织协调工作。

步骤一:出发前的准备。

①出发前,导游应做好相关的准备工作。如携带游览券、导游小旗、宣传材料、游览图册、导游证、胸卡、名片等;

②与司机联系集合的时间、地点,督促司机做好有关的准备工作;

③提前15分钟抵达集合地点引导散客上车;

④如果是散客小包价旅游团,散客分住不同的饭店,导游应协同司机驱车按时到各饭店接散客;

⑤散客到齐后,再驱车前往游览地点,导游须按照规定接待计划中的路线和景区(点)带团游览。

步骤二:沿途导游服务。

散客的沿途导游服务与全包价旅游团大同小异。

①如果导游接待的是临时组合起来的小包价旅游团,初次与散客见面时,应代表旅行社、司机向散客致以热烈的欢迎,表示愿竭诚为大家服务,希望大家予以合作,多提宝贵意见和建议,并祝大家游览愉快、顺利;

②导游除做好沿途导游之外,还应向散客强调在游览景点中注意安全。

【案例3】

地陪导游王小姐在陪同一对老年夫妇游览故宫时工作认真负责,在两个半小时内向游客详细讲解了午门、三大殿、乾清宫和珍宝馆。老人提出了一些有关故宫的问题,王小姐说:"时间很紧,现在先游览,回饭店后我一定详细回答你的问题。"游客建议她休息,她都谢绝了。虽然很累,但她很高兴,认为自己出色地完成了导游讲解任务。然而,出乎她意料的是,那对老年夫妇不仅没有表扬她,反而写信给旅行社领导批评了她。她很委屈,但领导了解情况后认为老年散客批评得对。

1.为什么说老年散客批评得对?

2.应该怎样接待老年散客?

步骤三:现场导游讲解。

①抵达游览景点后,导游应对景点的历史背景、特色等进行讲解,语言要生动,富有感染力;

②对于散客,导游可采取对话的形式进行讲解,这样显得更亲切自然。

游览前,导游应向其提供游览线路的合理建议,由其自行选择,但需要提醒其记住上车时间、地点、车型、车牌号;

③游览时,导游应注意观察散客的动向和周围的情况,以防散客走失或发生意外事故;

④游览结束时,导游要随车将散客一一送回各自下榻的饭店。

步骤四:其他服务。

①由于散客自由活动时间较多,导游应当好他们的参谋和顾问,向他们介绍当地的文艺演出、体育比赛或饭店开展的活动,请其自由选择,并表示愿意协助进行安排;

②如果散客要外出购物或参加晚间娱乐活动,导游应提醒其外出时注意安全,并引导他们去健康的娱乐场所;

③若是全程私人定制旅游,要根据散客的喜好和需求定制旅游行程,为散客提供个性化的服务。因此导游在设计行程时,应全方位根据散客需求,在食、住、行、游、购、娱各方面灵活设计,精心安排。在陪同散客的过程中,真正为散客考虑,服务周到全面,让散客真正省心又开心。

步骤五:后续工作。

①若接待任务书或委托书中注明参观游览需现场收费,导游应向散客收取现金或请其在线支付,并及时将收取的金额交旅行社财务部;

②接待任务完成后,导游还应及时将接待中的有关情况反馈给散客部或计调部,或填写"零散客登记表"。

技能评估标准

序号	考核内容	考核要求	分值	评分标准	扣分	得分	备注
1	迎接旅游团	集合地点、了解游客情况	10	有一项不合格扣2分,本项最多扣4分			
2	致欢迎词	介绍自己、情绪饱满、语言得体、肢体语言适度、祝游览顺利	20	有一项不合格扣2分,本项最多扣10分			
3	交代游览路线及注意事项	景区的构成部分、游览线路、所需时间、游览注意事项等	20	有一项不合格扣2分,本项最多扣8分			
4	讲解景区概况	名称来历、历史沿革、主要特色、景区品位、主要景点概况	30	有一项不合格扣2分,本项最多扣10分			
5	带客游览并提供讲解服务	全面介绍沿途景点、语音语速、预留观赏及拍照时间、留意游客动向	20	有一项不合格扣2分,本项最多扣8分			
合计			100				

任务三　送站服务

任务情景

地陪导游小韩带领香港旅游团一行 28 人游览 W 市。按照旅行社计划安排,旅游团在 W 市游览六个景点,安排两家商店购物。行程结束后,一行人正在前往机场的路上。

【案例4】

地陪导游小韩带领香港旅游团一行 28 人游览 W 市。按照旅行社计划安排,旅游团在 W 市游览六个景点,安排两家商店购物。然而在游览过程中,小韩擅自增加购物点,安排游客去她朋友新开业的珍珠馆。领队委婉提醒小韩不妥,但小韩仍我行我素。到珍珠馆门前,许多游客不愿下车,小韩便说:"请大家给点面子,进去看看,不购物也没关系。"游客们这才懒洋洋地进去。行程结束,快抵达机场时,在小韩致欢送词后,领队依照惯例,给小韩一个内装小费的信封。小韩接过后,当着游客的面拆开,一看里面装的是 50 元人民币,心里极不舒服。她让游客在车上等一会儿,自己下了车。

不一会儿,小韩手上拿着一大把零钱回到车上。她解释说:"各位朋友,我刚才已经说了,感谢大家在 W 市期间对我工作的支持和配合",说着扬扬手里的钱,"大家的心意我领了,这小费我不收,钱来自大家,我把它还给各位。"说完,小韩将这 50 元零钱逐一分发到游客手上。游客手上拿着这些钱,眼睛却怔怔地,车厢里的气氛顿时凝固。几位反应较快的游客马上拿出 50 元,甚至 100 元给小韩,表示这是他们个人给小韩的一点小心意,请别嫌少,但更多的游客用责怪的眼神看着领队。

请问小韩在处理整个事件中有哪些不妥之处?你认为正确的处理措施应该怎样?

任务分析

当散客结束在本地的活动后,导游应根据接受的送站任务为他们提供送站服务,确保他们安全、顺利地离开当地。

步骤一:服务准备。

1.详细阅读送站计划

①详细阅读送站计划,明确所送散客的姓名或散客小包价旅游团人数、离开本地的日期、所乘航班(火车、轮船)以及下榻的饭店;

②有无航班(火车、轮船)与人数的变更;

③是否与其他散客或散客小包价旅游团合乘一辆车去机场(车站、码头)。

2.做好送站准备

①导游必须在送站前 24 小时与散客或散客小包价旅游团确认送站时间和地点;若散客不在房间,应留言告知再次联络的时间,然后再联系、确认。要备好散客的机(车、

船)票。

②同散客部或计调部确认与司机会合的时间、地点、车型、车牌号。

③如散客乘国内航班离站,导游应掌握好时间,提醒散客提前 2 小时到达机场;如散客乘国际航班离站,必须提醒散客提前 3 小时到达机场;如散客乘火车离站,应提醒散客提前 1 小时到达车站。

步骤二:到饭店接送散客。

①按照与散客约定的时间,导游必须提前 20 分钟到达散客下榻的饭店,协助散客办理离店手续,交还房间钥匙,付清账款,清点行李,提醒散客带齐随身物品,然后照顾散客上车离店。

②若导游到达散客下榻的饭店后,未找到要送站的散客,导游应到饭店前台了解散客是否离店,并与司机共同寻找,若超过约定时间 20 分钟仍未找到,应向散客部或计调部报告,请计调人员协助查询,并随时保持联系,当确认实在无法找到散客时,经计调人员或有关负责人同意后,方可停止寻找,离开饭店。若导游要送站的散客与住在饭店的散客合乘一辆车去机场(车站、码头),要严格按照约定的时间顺序抵达饭店。

③途中如果遭遇严重交通堵塞或其他极特殊情况,需调整原定的时间顺序和行车路线时,导游应及时打电话向散客部或计调部报告,请计调人员将时间上的变化通知散客,或请其采取其他措施。

步骤三:送站工作。

①在送散客到机场(车站、码头)途中,导游应向散客征询在本地停留期间或游览过程中的感受、意见和建议,并代表旅行社向散客表示感谢。

②散客到达机场后,导游应提醒和帮助散客带好行李和物品,协助散客办理机场税,一般情况下,机场税由散客自付,但送站计划上注明代为缴纳机场税时,导游应按照计划办理,回去后再凭票报销。

③导游在同散客告别前,应向机场人员确认航班是否准时起飞,若航班推迟起飞,应主动为散客提供力所能及的服务和帮助。

④若确认航班准时起飞,导游应将散客送至隔离区入口处,同其告别,热情欢迎他们下次再来。若有散客将再次返回本地,要同散客约好返回等候地点。散客若乘国内航班离站,导游要待飞机起飞后才可离开机场。

⑤若送散客去火车站,导游要安排好散客从规定的候车室上车入座,协助散客安顿好行李后,将车票交给散客,然后同其道别,并表示欢迎其再来。

步骤四:结束工作。

由于散客经常有临时增加旅游项目或其他的情况,需要导游向散客收取各项费用,因此,在完成接待任务后,导游应及时结清所有账目,并将有关情况反馈给散客部或计调部。

技能评估标准

序号	考核内容	考核要求	分值	评分标准	扣分	得分	备注
1	提前到站	按送站要求提前到站	10	不能按送站要求抵达车站,扣2分			
2	欢送词	符合欢送词特点、有致谢语、惜别语、感谢语、祝福语等	10	欢送词太简单、不符合基本要求的扣分,最多扣4分			
3	登车驶离	带领团队离开车站(机场、码头)	20	不能处理登车的各种突发状况的,最多扣2分			
4	游客意见反馈单	分发意见反馈单,服务质量参考游客评价	10	游客反馈单"良好"的不扣分,"一般"的扣1分,"不合格"的扣2分			
5	遗留问题处理	办理游客委托事宜	20	不能全面合理地处理遗留问题的扣分,最多扣3分			
6	导游工作日志填写	客观规范填写导游工作日志	10	填写日志不规范的扣分,最多扣3分			
7	归还物品	归还导游旗、反馈单、票据等	10	归还物品有遗漏的扣分,最多扣2分			
8	总结	梳理工作经验,形成总结	10	总结不深刻的扣分,最多扣2分			
合计			100				

工作领域二

技能服务

项目六　导游带团技能

思政目标

培养学生热爱旅游职业,热爱导游岗位,全心全意为旅游者服务的意识;遵守职业道德,面对困难敢于挑战,具有创新精神和创业能力。

实施目标

①熟悉导游带团技能;
②能熟练应用带团技能,提高工作能力。

任务导图 ···

导游主导地位和形象塑造

导游的协作技能

导游带团技能

导游的心理服务技能

重点游客的接待技能

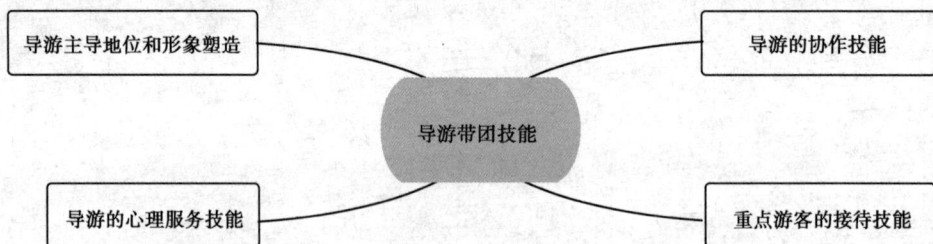

任务一　导游主导地位和形象塑造

任务情景

团队 TSN7-20190816 团(30 人)由来自台湾大学中文系和美术系的教授及优秀大学生组成。8 月 16 日 14:30 从西安咸阳机场出发,抵达乌鲁木齐,行程为丝绸之路 12 日汽车旅行,途经西安、天水、兰州、西宁、武威、张掖、酒泉、敦煌、哈密、吐鲁番、乌鲁木齐,在此期间由甘肃天水大自然国际旅行社接待,社里派你负责全程接待该团。

任务分析

在团队抵达前,要做好接团的准备工作,包括业务准备,物质准备,专业知识准备以及心理准备,此团来自台大中文系及美术系。接团专业知识:要求文史地知识广而精,对丝路文化、石窟文化等专业知识有深度的了解,有良好的诗词曲赋等知识。

任务操作

步骤一：确立在旅游团的主导地位。

旅游团队是由素不相识、各种各样的游客组成的临时性团体,极具松散性。导游在带团过程成功确立自己在旅游团中的主导地位,是带好一个旅游团的关键。导游取得了游客的信任,才能发挥凝聚力、影响力和调控力,和游客成为朋友才能同他们友好相处。

1.真诚、热情

导游服务的特点之一是周期性短。每接一个团与游客接触的时间都不长,做全陪导游十几天,做地陪导游只有几天,不能"日久见人心"。因此,导游只有迅速与游客建立良好的人际关系才能顺利工作。真诚对待游客是建立良好关系的感情基础,"人心换人心"有诚则灵,有诚意才可靠。只有当导游的真诚被游客认可,才能赢得游客的好感与信赖。

2.树立威信,工作有序

导游服务与其他服务不同,由于它是一种引导、组织游客进行各种旅游活动的积极行为,因此导游必须是旅游团的主导者。要对旅游团有"驾驭"能力,善于让游客的行为趋于一致,让旅游团的活动按计划进行,减少盲目性和随意性,确立自己在旅游团中的威信,控制旅游团的内容、时间和节奏,主导游客的情绪和意向,让一个临时组成的松散的旅游团体能有序游览。

步骤二：换位思考,宽以待客。

换位思考即导游若以"假如我是游客"这种设身处地的思维方法,则很容易理解对方的所想、所愿、所求和所为,做到"宽以待客,想方设法满足游客的要求",理解他们的"过错"或"苛刻要求"。由于存在物质条件、生活水平的客观差距,往往游客在客源地很容易办到的事情到旅游目的地就很难办到,甚至成了"苛刻要求"。这就要求导游能对游客提出的种种要求换位思考,能平心静气地对待,努力寻找其中的合理成分,尽力实现游客的要求,即使是"苛刻要求"也能正确对待,冷静处理。

步骤三：个性服务与细微服务。

个性化服务是导游人员在做好旅行社接待计划要求的各项规范化服务的同时,针对游客个别要求而提供的服务。导游应该明白,每位游客都希望导游一视同仁,同时又希望导游给予自己一些特别关照。因此导游既要提供规范化的服务去满足游客的一般要求,又要根据每位游客的情况提供个性化服务,有针对性地满足游客的特殊要求。这样做会让游客感到受到了"导游心中有我"的优待,因此产生满足感,增加对旅游活动的信心,更重要的是会拉近导游与游客之间的情感距离。个性化服务虽然不是全团的共同要求,不涉及全团的利益,而是针对个别游客的个别要求,有时甚至是游客旅途中的一些生活小事,但做好这类小事往往会达到事半功倍的效果,给全团的影响会大大超过小事本身,让游客目睹导游求真务实的作风和为游客分忧解难的精神,从而对导游产生信任。导游不要忽视为游客提供的细微服务,一句话,一个动作,帮助游客做一件小事往往会产生预想不到的效果。

提供个性化服务和细微服务做起来并不容易,关键在于导游要将游客"放在心中",眼中"有活儿",主动服务。导游要努力了解游客,了解他们的心情、好恶、要求、期望和困难,用热情主动的服务尽力满足其要求。规范化服务、个性化服务和细微服务的完美结合才是优质的服务。

步骤四：树立良好形象。

树立良好形象是指导游要在游客心中确立可信赖、可以帮助他们和有能力带领他们安全、顺利地在旅游目的地进行旅游活动的形象。导游作为旅行社的代表，其良好的形象对旅行社的管理水平和服务水平具有积极的宣传作用，因此在游客心目中树立良好的形象是获得游客认同，吸引与团结游客，高质量完成导游工作的前提和条件。

1.树立良好的第一印象

对于游客来说，遇到一个好的导游就会带来一次愉快成功的旅行。反之，肯定会是一次不成功甚至失败的旅行。因此游客每到一地，总是怀着一种新奇的忐忑不安的心情，用审视的甚至近于挑剔的目光"称量"他们的导游。迎接游客是导游与游客接触的开始，导游给游客的首次印象对游客心理有重大影响。第一印象的好坏常常构成人们的心理定势，不知不觉成为判断一个人的依据，特别是短期接触。正可谓"先入为主"，导游给游客留下的第一印象往往会左右游客在以后的旅游活动中的判断和认识。良好的第一印象可为以后导游服务的顺利开展铺平道路。警示：有一些年轻的导游往往忽视自己在游客面前的形象，满不在乎，匆匆上阵，不做任何准备，杂乱无章，结果使自己处处被动。

导游从在机场、车站第一次接触游客起就必须注意树立自己的形象，要庄重、态度热情、充满自信、办事稳重干练，不仅要注意形象和态度对游客心理的影响，而且要以周密的工作安排、良好的工作效率给游客留下美好的第一印象。从机场到饭店的交通工具、行李运送、住房、用餐都要做安排妥善，迅速满足游客的要求，同时还应特别注意在细微之处关心游客。如提醒游客再检查一下随身携带的行李物品，就近上一下洗手间。导游在接团前如能记住团里游客的特征、姓名，迎客时能叫出他们的名字，游客就会迅速消除初到异地时的疑虑和茫然感，增强安全感和信任感。这是导游服务成功的良好开端，也为以后在服务中遇到问题时能圆满处理奠定了一定的感情基础。但是，导游真正的第一次"亮相"是在致欢迎词的时候，只有在这时，游客才会静下心来，"掂一掂导游的分量"，他们用审视的目光观察导游的衣着装束和举止风度，用耳倾听导游的讲话声音、语调，判断其用词是否得体，态度是否真诚等，然后通过思考对导游做初步的判断，也正是在这个时候，领队、全陪导游和游客才会逐步消除对地陪导游的陌生感、隔离感，而决定是否与之密切合作。因此，地陪导游必须全力致好欢迎词，因为它可以迅速缩短导游与游客的心理距离，增进感情，创造一种良好的旅游气氛。

2.保持良好的形象

有些导游只在接团的第一天注意一下自己的形象，给游客留下不错的第一印象，但他们忽略了保持和维护自己的形象，与游客接触的时间稍长一些就放松了对自己的要求，比如不修边幅，说话不注意，承诺不兑现，迟到等。于是在游客中的威信逐渐降低，工作自然不好开展。导游必须明白良好的第一印象不会"一劳永逸"，应在以后的服务中注意维护和保持自己的良好印象，因为形象的塑造是一个动态过程，要贯穿导游服务全过程。为适应游客心理上对导游的期望，导游要始终自信、精神饱满、衣着得体、沉着果断、办事利落、讲解知识丰富、语言得体。警示：切忌不懂装懂、狂妄自大、说话随便，对游客的承诺一定要兑现。总之，要自始至终用令游客满意的行为来加深、巩固良好形象。同第一印象一样，导游留给游客的最终印象也非常重要，若导游给游客的最终印象不好，就可能导致前功尽弃，一趟游程下来，尽管导游已感到很疲惫，但外表上仍然要保持精神饱满而且热情不减，这一点会令游客对整个游程抱肯定和欣赏之心，同时导游要针对游客此时开始想家的心理特点，提供周到的服务，不厌其烦地帮助他们，如选购商品、捆扎行李等。致欢送词时要对服务中的不尽如人意之处深表歉意，诚恳地请他们代为问候亲人。此时导游以诚相待是博取游客好感的最佳策略。在仪表方面要与迎客时一样着正装，送别时要行注目礼或挥手示意，一定要等飞机起飞、火车启动、轮船驶离后才可离开。良好的最终印象能使游客对即将离开的旅游地和导游产生恋恋不舍之情，从而激起再游的动机，并可起到良好的宣传作用。

【示例】

致欢迎词

尊敬的台湾同胞，各位台大的教授们：

下午好！欢迎各位踏上这片神奇的土地，漫漫的丝绸之路，古老的石窟文化，悠悠的历史，是此次旅行的主题，而我作为一名丝绸之路旅游线上的导游——李琦，愿和各位朋友一起在这十二天中感受"大漠孤烟直，长河落日圆"的壮丽风景。公元前139年张骞骑着骆驼开凿了丝绸之路，走了1年时间，而今天由我们旅游大巴王师傅为大家提供驾车服务，在他快捷、安全、热情、周到的服务中，我们只用十二天就能走完丝路，各位不会再经历"羌笛何须怨杨柳，春风不度玉门关"的情境。我们将以最优质的服务和大家共度十二天，愿大家开心愉快，谢谢。

技能评估标准

序号	考核内容	考核要求	分值	评分标准	扣分	得分	备注
1	确立在旅游团的主导地位	导游能在旅游团中很快地确立主导地位	40	不能很好地控制团队，组织能力差的扣分，最多扣40分			
2	个性服务与细微服务	导游能很好地展示自己独特的个性化服务，细微服务到位，游客满意	30	没有个性化服务，细微服务不能凸显，游客不满意的扣分，最多扣30分			
3	树立良好形象	个人形象好，亲和力好，能代表旅行社形象	30	不注重个人形象，游客第一印象不好，亲和力不强的扣分，最多扣30分			
合计			100				

任务二 导游的心理服务技能

任务情景

团队 TSN7-20190816(30 人团)8 月 20 日抵达青海西宁参观青海湖、塔尔寺,一名客人接到了一个电话后,情绪消极、低落,你从其他客人口中得知此人因论文课题出了点小问题而着急,无心观景。

任务分析

找出客人心里不开心的原因,对症下药,进行疏导。

任务操作

步骤一:把握心理服务的要领。

①尊重游客。尊重游客,就是要尊重游客的人格和愿望。

②微笑服务。导游若想向游客提供成功的心理服务,就得学会提供微笑服务,要笑口常开,"笑迎天下客"。只有养成逢人就亲切微笑的好习惯,才会广结良缘,事事顺利成功。

③使用柔性语言。导游在与游客交往时必须注意自己的语言表达方式,与游客说话要语气亲切、语调柔和、措辞委婉、说理自然,常用商讨的口吻与游客说话。

④与游客建立"伙伴关系"。

⑤提供个性化服务。个性化服务是导游在做好规范化服务的同时,针对游客个别要求而提供的服务。

步骤二:了解游客的心理。

①从国籍、年龄、性别和所属阶层等方面了解游客。

②从游客所处的地理环境来了解游客。

游客由于所处的地理环境不同,对于同一类旅游产品会有不同的需要与偏好,他们对那些与自己所处地理环境迥然不同的旅游目的地往往情有独钟。

③从游客的出游动机来了解游客。

④从游客不同的个性特征了解游客。

⑤通过分析各阶段旅游活动中游客的心理变化,了解游客。

步骤三:调整游客的情绪。

1.补偿法

补偿法是指找出游客不快的原因,迅速加以弥补,从而使游客的需要得到满足,情绪好转。如游客丢失物品,神情沮丧,导游应迅速同各方联系,迅速找回。如果是由于导游解说不清,游客听不懂解说内容造成骚动、不满意,导游则应扼要地重复一次,或旁征博引,加以解释。

2.分析说服法

由于某种不可改变的原因造成游客不快,而又无法补偿时,导游应着重加以分析,讲清道理,争取游客的理解与合作,缓和或消除否定性情绪。由于交通工具拥挤等原因而不得不改变日程,常常会引起游客不满,甚至大嚷大叫,愤怒抗议。导游应耐心地向游客解释造成改变日程的客观原因,并表示歉意;分析改变日程的利弊,强调有利的一面;或强调改变日程后新增游览项目的有趣之处,这往往能达到较好的效果。

3.转移注意力法

转移注意力法是指在游客产生烦闷或不快情绪时,导游运用转移注意力的方法使游客不再注意不愉快、不顺心的事,而注意愉快的事情,转忧为喜。比如,由于游客对参观什么内容意见不统一,有人因此不高兴,或者在游览中不小心碰坏了照相机,或者触景生情,产生令人伤感的回忆或联想等,导游除了说服、安慰游客以外,还可通过说些民间故事、讲笑话、组织唱歌、学说本地话或幽默生动地解释等方式来活跃气氛,使其注意力转移到当前有趣的活动上来,忘却不快,拥有愉快的心情。

4.暗示法

暗示法在旅游过程中是一种控制或影响游客心理的有效手段。游客的情绪由于身在异国他乡,时时处于动荡之中,特别容易受导游的支配或影响。导游可以充分利用有利时机,通过自己的言语、表情、手势、行为和威望影响和改变游客的心理活动。有的游客在参观中对所看见的内容表示怀疑、茫然或带有偏见,如果导游带着亲切、自然的微笑和友好、自信的态度,进行绘声绘色的讲解,并表现出通今博古、见多识广的才智来,就容易使游客的心理受到暗示,在不知不觉中改变原来的认识和情感,达到导游讲解的目的。

比如发生意外事故,游客恐慌忙乱时,导游镇定自若的神情和有条不紊的指挥,能使游客情绪很快安定下来,觉得导游是他们可以信赖的保障。反之,如果导游自己都惊慌失措,游客就会感到害怕,甚至把发生意外和游览被打断的责任归于导游,变得怒气冲冲,或对导游产生冷漠、不信任的情绪。

技能评估标准

序号	考核内容	考核要求	分值	评分标准	扣分	得分	备注
1	把握心理服务的要领	尊重游客,微笑服务,使用柔性语言,提供个性化服务,与游客建立"伙伴关系"	30	不尊重游客,对游客态度生硬,不能与游客建立良好关系的扣30分			
2	了解游客的心理	从国籍、年龄、性别和所属阶层、地理环境、出游动机、不同的个性特征等方面了解游客	30	不能很好地按照考核要求所规定的几个角度了解游客心理的扣分,最多扣30分			
3	调整游客的情绪	会运用补偿法、分析说服法、转移注意力法、暗示法调整游客的情绪	40	不能运用补偿法等方法调整游客情绪的扣分,最多扣40分			
合计			100				

任务三　导游的协作技能

子任务一　导游与领队的协作

任务情景

一个从日本来中国丝绸之路旅游的 20 人团队 10 月 6 日抵达天水,参观麦积山石窟,地接社派你负责本次团队天水一地游任务,该团领队为日本朝日新闻社专职领队,曾多次到过麦积山,其他地陪导游反映其喜欢抢话筒。

任务分析

外国领队是外国旅行社的派出人员,专门负责监督各地的接待质量,协调团队与各地旅行社、当地导游的各种关系,以确保团队的参观游览活动顺利进行。

任务操作

仅从外国领队的职能看,不能说他是来"挑刺儿"的。如果因为"挑刺儿"把各方关系整"毛"了,使团队参观受到影响,恐怕领队也会吃不了兜着走。对于地陪导游来说,一个旅游团来到当地,如何把团带好,让客人高兴而来,满意而归,才是他应该先考虑的问题。由于领队与地陪导游有共同目的,这也是领队与地陪导游之间制约双方的基本原则和"大前提",因此应做到以下几点:

步骤一:尊重领队,主动争取配合。

带领旅游团到中国来旅游的领队,多数是职业领队,在海外旅行社任职时间较长并受过专业训练,对我国的情况尤其是我国旅游业的情况相当熟悉。领队从组团出发到散团都和游客在一起,多数领队服务周到细致,十分注意维护组团社的信誉和游客的权益,与游客语言相通,感情相通,游客十分信任和依赖领队。此类领队是我方旅行社(组团社、接待社)长期合作的海外客户代表,也是旅游团中的"重点客人",对他们一定要尊重。尊重领队就是遇事要与他们多磋商。旅游团抵达后,对该团的活动日程安排一定要征求领队的意见,如无原则问题应尽量考虑采纳他的建议和要求,因为领队比我方的导游更了解团内游客的情况,同时游客又对他十分信任,领队的意见和建议可以理解为全体游客的意见。在遇到问题处理故障时,全陪导游、地陪导游更要与领队磋商,如果能争取他的理解和支持,游客的工作就好做了。

步骤二:关心领队,支持领队的工作。

职业领队常年远离家庭,远离家乡,远离自己的祖国,在异国他乡履行自己的使命,重复着同一条路线,进行着重复性的工作,十分辛苦。无论他心情如何,身体舒服不舒服都要"奔波在外",热情为游客服务。由于他的"特殊身份",游客只会要求他如何满足自己的要求,如何关心自己,而很少甚至不会主动关心领队。因此,我方的导游如果对领队在生活上表示些关心,他会很感动;在工作上给予他支持,他会很感激。当领队的工作不顺利或游客有误解时,全陪导游、地陪导游应主动助其一臂之力,我方能办到的尽量帮助联络,做不到的多向游客做解释工作,比如说明事情原因不在于领队,而在于我方硬件条件或不可抗力因素等,为其解围。支持领队的工作并不是取代领队,我方导游还应把握有度。领队也是旅游团中的一员,在"重点人物"生活上要给予适当照顾,提供方便,但要掌握分寸、注意场合,否则会引起游客的误会和心理上的不平衡。

步骤三:坚持原则,避免正面、公开冲突。

海外旅游团的领队中也不乏工作不熟练、常出"新点子"、个性比较突出、难合作、比较挑剔或好显示自己者。无论遇到哪种领队,遇到何种情况和问题,我方导游人员都要沉着、冷静、坚持原则、分清责任;对违反合同内容的部分和不合理的要求不能迁就;对于某些"过火"言辞或出现带侮辱性的语言不能置之不理,要有理、有利、有节地讲清道理,使之主动道歉,但要注意方法,不能"逼到绝路",因为以后还要合作。

步骤四:技高一筹,掌握主动权。

旅游团成员对领队工作的评价好坏,会直接影响着领队的得失进退。于是有的领队可能为讨好游客"抢话筒",自我表白没完没了。有的领队还会指手画脚,当着全团游客的面"出主意",使游客产生"领队如果不说,地陪导游就不干"的感觉,使地陪导游的工作比较被动。遇到类似的情况地陪导游应采取措施变被动为主动,对"抢话筒"的领队,地陪导游既不能马上反抢,也不能听之任之,最好的办法是先让其"亮相"一番,可记住他讲话中的错误和不足,在适当的时候给予纠正,让游客感到"还是地陪讲得好"。导游也要正视自己知识储备方面的不足,抓紧时间查资料或向别人求教,想方设法在本团离开之前,在适当的时机向全团游客补充讲解,以求完满。

步骤五:争取多数游客的理解和支持。

有时领队提出的做法行不通,我方导游无论怎样耐心解释、说明,领队仍坚持己见。这时全陪导游和地陪导游就要向全团讲明情况,争取旅游团内大多数游客的理解和支持,但要注意,即使领队的意见被证明不妥也要让领队有"台阶"下,适当给领队留面子,维护领队的自尊和威信,而不能对其表示冷漠和疏远。在我方导游与领队的合作共事中,相对而言,我方应处在主导地位,把握好工作、友情和原则三者之间的关系,彼此尊重、相互学习、勇担责任。

总结起来,地陪导游与领队在配合时应该注意以下五个字,即"敬""捧""让""抗""晾"。前两个字"敬"与"捧"是指在正常工作状态下,地陪导游应持的态度,后三个字"让""抗"和"晾",则是指在领队置团队利益于不顾的特殊场合中,地陪导游应采取的工作方式。

【示例】

一个外国领队每年数次带团来华,每次都不与当地导游配合,有意拖延参观日程,不给游客安排购物时间,却让游客到自己在香港开设的商店内购物(这是他在得意之时向全陪导游透露的),因此与地陪导游屡屡发生冲突。

话说这一天他带团来到 G 市就被前一次与他合作的地陪导游认出,并告知了此次接他的导游。下了飞机,地陪导游安排游客上车,一路上热情地向游客介绍当地情况。进入市区后来到第一个景点。因为当时没有停车场，地陪导游便向领队建议团队先回饭店（饭店离景点不远），放下手提行李，稍作休整后再乘车来此参观，领队表示同意。于是地陪导游带团先回到饭店办理入店手续，在分发钥匙之前，地陪导游问领队何时请游客下楼集合，领队却表示，今天不参观了，反正还有三天时间。当时正值雨季，难得遇见当天是晴天的好天气。此时地陪导游将手中的文件夹往桌子上一摔，大声说："这太过分了！"这时，所有的游客都惊呆了，不知道发生了什么事情，地陪导游遂将"一百个"应该在今天下午参观第一个景点的理由向游客一一作了陈述，得到大多数游客的支持。不少人对地陪导游说："他又搞这种'名堂'！我们来中国不是来考察饭店的，刚刚三点钟，就把我们圈在饭店里，真不知道他想干什么！"领队冲着地陪导游大喊，声称要投诉他，而地陪导游对该领队在游客心目中的地位已了解，就不再与他"过招"。

余下的三天里，地陪导游时刻以游客的利益为重，有事便在车上与大家协商，总能得到大家一致的赞同；而领队就被晾在一边，即使他想挑点事端，地陪导游也不瞅他。三天过去了，该团愉快地结束了在 G 市的参观游览活动，地陪导游满意，游客满意，只有领队不满意。临分手时，全体客人还给地陪导游留下一封热情洋溢的表扬信，感谢他在该团接待中做出的杰出成绩。

子任务二　导游与司机的协作

🔭 任务情景

台湾 TSNT-20200810 团由作为全陪导游的你与司机王师傅共同接待。8 月 16 日的行程是参观塔尔寺、青海湖。而一行人至湟中县去参观塔尔寺时，遇到了堵车。

任务分析

当天日程参观塔尔寺、青海湖，行程本来就紧张，客人都是台胞，向往着大陆的山山水水，其中塔尔寺是藏传佛教的精华，青海湖是我国最大的咸水湖，两个景点都是青海的精品，不能舍弃任何一个，而堵车不知何时才能疏通，此时必须和司机立即协商解决。导游应该尊重司机，倾听司机的意见，司机毕竟熟悉路况，驾车多年，经验丰富。最终，司机王师傅和导游协商，先掉头去青海湖，回来再去塔尔寺，这样既避免了堵车耽误时间，又不影响客人的景点参观。

🔨 任务实施

步骤一：及时通报信息。
①旅游线路有变化时，导游应提前告诉司机；
②如果接待的是外国游客，在旅游车到达景点时，导游用外语向游客宣布集合时间、地点后，要记住用中文告诉司机。

步骤二：协助司机做好安全行车工作。
①保持旅游车挡风玻璃、后视镜和车窗的清洁；
②不要与司机在行车途中闲聊，影响驾驶安全；

③遇到险情,由司机保护车辆和游客,导游去求援;

④不要过多干涉司机的驾驶工作,尤其不应对其指手画脚,以免司机感到被轻视。

步骤三:与司机研究日程安排,征求司机对日程的意见。

导游应注意倾听司机的意见,从而使司机产生团队观和被信任感,积极参与导游服务工作,帮助导游顺利完成带团的工作任务。

子任务三　导游与旅游接待单位的协作

🔭 **任务情景**

一甘肃平凉旅游团 7:00 从平凉出发,下午参观麦积山,原计划 13:30 抵天水,午餐后 14:30 参观麦积山。由于六盘山上大雾,客人 16:00 才抵达,而麦积山石窟 16:30 就会关闭景区入口,客人将不能如愿参观麦积山,第二天的行程又要赶 6:30 赴西安的火车,无法调整。

⚙ **任务分析**

此行程中非人力因素(大雾)造成团队不能按正常计划完成参观。但导游不能以此为借口,而要本着"游客至上,服务至上"的原则,做好与景区的协调工作。地陪导游小张迅速与麦积山文物管理所所长取得联系,请求所长派人值班,延长时间,最终让客人能够欣赏到麦积山的美景。团队客人在离开天水时,留下了热情洋溢的感谢信,感谢小张超常的服务,精彩的讲解。

🔨 **任务实施**

步骤一:及时协调,做好衔接工作。

导游在向游客提供导游服务的过程中,要与饭店、车队、机场、车站、景点、商店等部门和单位打交道,主动协调好旅游供给关系对保证旅游服务的整体形象和质量十分重要,其中任何一个接待单位或某一环节出现失误和差错,都会影响游客的满意程度。导游尤其是地陪导游在服务工作中要善于发现和沟通,使各个接待单位的供给正常有序。比如,旅游团活动日程变更涉及用餐、用车时,地陪导游要及时通知供餐、供车单位和饭店有关部门并进行协调,以保证旅游团的食、住、行能很好地衔接,供给有序。

步骤二:遇到困难,争取协作单位的帮助。

导游服务工作流动性大,工作内容繁杂,有时只是导游一人在外独立带团,当有意外、紧急情况发生时,只靠一个人的力量很难解决问题,因此导游要善于利用各地旅游接待单位的协作关系,争取得到他们的帮助。比如,车站、机场有两个旅客出口,在迎接一名游客时容易出错,为避免漏接,地陪导游可请司机师傅协助在另一个出口举接站牌帮助迎接;离站时游客到达机场后才发现自己的贵重物品遗放在饭店客房内,导游可请求饭店协助查找,找到后将物品立即送到机场。

技能评估标准

序号	考核内容	考核要求	分值	评分标准	扣分	得分	备注
1	与领队的协作	尊重领队、关心领队、支持领队的工作、掌握主动权	30	不能与领队很好地协作，领队不满意的扣分，最多扣30分			
2	与司机的协作	与司机沟通及时，与司机研究日程安排，征求司机对日程的意见	30	不能与司机很好地配合，影响游客行程满意度的扣分，最多扣30分			
3	与旅游接待单位的协作	及时协调，做好衔接工作，遇到困难，争取协作单位的帮助	40	协调能力弱，遇到困难和问题不能与相关单位很好地协作的扣分，最多扣40分			
合计			100				

任务四　重点游客的接待技能

子任务一　对儿童的接待

任务情景

8月份有一个夏令营的团队 TSN7-20200812 团（30 人），都是育生小学的五年级学生（大多数年龄在 9~10 岁），参观的线路是北京双卧梦想清华 7 日游，重要景点：故宫，长城，清华大学校园，科技馆。社里派你负责本次接团工作。

任务分析

这些孩子们基本都是第一次出门，对外面的世界非常感兴趣，并且多为独生子女，生活自理能力差，生活起居需要多照顾。

任务实施

在游客中，经常有携带未成年子女旅游的情况，尤其是国内游客出游的目的，很大程度上是让孩子增长见识。导游人员应注意儿童的生理、心理特点，做好接待。

步骤一：重视安全。

儿童活泼好动，又没有足够的安全意识和自我约束能力，对儿童应特别注意其安全，尤其是人身安全，防止走失。在游览过程中，遇到地滑、危险的路段，要提醒并协助家长关注儿童安全;在旅游车行驶途中,要提醒儿童不要把头、手伸出窗外;行走途中,要多次清点人数,防止儿童走失;讲解时,针对儿童特点,选择一些有趣的童话故事来吸引他们,使他们精力集中,不致到处乱跑。

步骤二:关照生活。

儿童有其自身的生理特点,如个子矮,对环境的适应力差等。在用餐时,导游要事先提醒餐厅,准备儿童餐椅和餐具,以减少用餐时的不便。住宿时,按照相应的收费标准督促饭店落实儿童用具。遇到天气变化,要及时提醒家长注意儿童衣服的增减,夏季要让孩子多喝水。

步骤三:区别标准。

在交通、住房、用餐等方面,对儿童的收费有不同的标准,导游一定要注意按相应的标准区别对待。如交通方面,机票的购买是按年龄来区分的,而火车票、船票、汽车票、门票大多按身高购买相应的票种;住房和用餐方面,儿童是否单独占一床位或餐位,要按合同的标准来执行。

步骤四:注意细节。

对于儿童,导游应把握以下细节和原则:

①不宜突出个别儿童,冷落了其他孩子。

②不宜因某些项目对儿童免费或优惠而视其为负担。

③不要给儿童买食物和玩具。

④导游不要单独带儿童外出,即使家长同意也应谨慎行事。

⑤儿童生病时,不能将自己随身携带的药品给其服用,也不宜建议服什么药,而应请医生诊治。

子任务二　对高龄游客的接待

任务情景

社里自联"夕阳红"新北京新奥运双卧七日北京之旅,此团客人均为 60 岁以上老人。

任务分析

此团客人年龄偏大,在日程、饮食等各方面与常规团不同。

任务实施

自古以来,我们中华民族就有尊敬老人的优良传统。因此,面对这些高龄游客,导游最好、最有说服力的做法就是表现出谦恭尊敬的态度,给予体贴入微的关怀,提供不辞辛苦的服务。导游在接待高龄游客时应做到:

步骤一:旅游时放慢速度。

①适当放慢行走的速度。高龄游客自己感觉身体不错时,才出国或到外地旅游,但毕竟年龄不饶人,大多数人腿脚不太灵活,力不从心。为了安全起见,地陪导游在带团游览时,一定要放慢脚步,照顾走得慢或落在后面的高龄游客,选台阶少、较平坦的地方走,以防摔倒碰伤。

②放慢讲解速度。导游人员在向高龄游客讲解时,应适当放慢速度,加大音量,吐字要清楚,必要时多重复。

步骤二：耐心解答问题。

由于国情不同，外国游客大多对中国的情况如风俗、隐情等了解甚少，老年游客喜欢提问题，好刨根问底，再加上年纪大，记忆力不好，一个问题经常重复问几遍。遇到这种情况，导游不应反感，要耐心，不厌其烦地给予解答。

步骤三：预防高龄游客走失。

①进景点游览之前要反复强调上车地点。每到一个景点，地陪导游要不怕麻烦、反复告诉高龄游客旅游路线及旅行车停车的地点（各景点不同，大部分景点都不在同一地点上下车）。外国的老年人不愿意给别人添麻烦，不愿总被别人认为自己年龄大、是团队的负担等，所以当他们体力不支、行走困难、感觉疲劳时，就想先回到车上。

②提前嘱咐高龄游客。老年人，尤其是高龄老年人，最担心找不到团队。一旦走失，孤独无助的感觉比一般游客更厉害。因此要告诉他们一旦发现找不到团队，千万不要着急，要在原地等待，不要到处乱走，导游会按原路来找。

步骤四：多做提醒工作。

①此类游客由于年龄大，记忆力减退，动作较迟缓，视力欠佳，因此地陪导游每天应重复讲解第二天的活动日程并提醒注意事项。如预报天气情况，提醒增减衣服，走路较多，需穿旅游鞋，以及第二天的出发时间等。进入游客较多的旅游景点时，一定要多次提醒他们提高警惕，带好自己的随身物品。

②提醒准备适量的零钱。外国游客对人民币不熟悉，加上年纪大，视力差，使用起来有困难。为了使用方便或不被不法之人蒙骗，提醒其准备适量的小面值人民币。提前提醒不要与私人换外汇（因为老年人更容易被切汇，或换到假币。在实际工作中此类事情屡屡发生）。由于饮食习惯和生理上的差异，带高龄老人的团，地陪导游应当增加去卫生间的次数。

步骤五：采取多种措施以保证和尽快恢复高龄游客的体力。

①适当增加休息时间。参观游览时上、下午尽量安排中间休息一次；如果条件允许，在晚餐和看节目之前，安排回饭店休息一会儿，晚间活动不要回饭店太晚。

②劳逸结合，灵活安排日程。导游应考虑老年人的生理特点和身体情况，对高龄团队的活动日程一定不要安排得太紧，活动量不要过大，项目不宜过密。要考虑到老人的爱好，在不减少项目的情况下，做到选择便捷路线和有代表性的景观，少而精，不需面面俱到，细看、慢讲为宜。带高龄老人团千万别用激将法和诱导法，以免体力消耗过大，发生危险。

③选择安全停车地点。晚间看节目或用晚餐前，提醒司机将车停在有灯光、没有台阶和障碍物的地方，以免摔伤。

子任务三　对宗教界人士的接待

任务情景

台湾道教朝圣团 TSNT-2020（8 人团）9 月 17 日来大陆，行程是西安骊山、平凉崆峒山、天水卦台山、西宁土楼观、格尔木昆仑山、玉虚峰、西王母瑶池九日之旅，社里派你为该团全程导游。

任务分析

台湾道教团每到一景点就要进行叩拜。接待难度大、要求高,对导游的应变、体能、知识都是一个考验。

任务实施

来华的游客中有宗教界人士,他们以游客的身份来华旅游,同时进行宗教交流活动。他们大都友善,但特殊要求多。因此对于接待宗教界人士,导游应注意以下几点:

步骤一:学习了解我国的宗教政策,掌握有关基本情况。

步骤二:提前做好准备工作。

认真分析接待计划,了解接待对象的宗教信仰及其职位。对接待对象的宗教教义、教规等情况要有所了解和准备,以免在接待中发生差错。

步骤三:满足特殊要求。

一般宗教界人士在生活上都有些特殊的要求和禁忌,导游应设法给予满足。

①饮食方面的禁忌和特殊要求:一定要提前通知饭店、餐厅,做好准备。

②有些伊斯兰教界人士用餐时,一定要去有穆斯林标志牌的餐厅用餐,地陪导游要认真落实,以免引起误会。

步骤四:尊重游客的宗教信仰及习惯。

在接待过程中,要特别注意其宗教习惯和戒律,处处尊重游客的宗教信仰和习惯。例如:如果是信仰天主教人士组成的旅游团,每天早晨开车前,他们会在车上讲经、做祈祷,这时,地陪导游、司机应主动下车,等他们祈祷完毕,再上车开始一天的游览活动。不要向对方宣传"无神论",避免涉及有关宗教问题的争论。更不要把宗教、政治、国家之间的问题混为一谈,随意评论。

子任务四 对有特殊身份和地位游客的接待

任务情景

奥地利驻华大使奥利斯先生于 9 月 20 日来甘肃敦煌参观,你作为地陪导游负责接待。

任务分析

上述情景中,奥利斯先生驻华多年,深深地被中国文化所吸引,并在石窟艺术方面有深厚的文化功底。

任务实施

有特殊身份和地位的游客指:外国在职或曾经任职的政府高级官员、对华友好的官方或民间组织团体的负责人、社会名流、在国际国内有一定影响的各界知名人士、某些国家的皇室或贵族成员、国际或某一国著名的政治家、社会活动家、大企业家等。这些游客除游览外,往往还有其他任务或使命。他们以普通游客的身份出现,但日程又与普通游客不同,比如:与中央领导人或有关负责人的会见等活动。做好这些人的接待工作,对扩大我国对外影响力,加强中国人民与世界各国人民之间的友好往来,具有十分重要的意义。

步骤一:知识要渊博,准备要充分。

这些身份较高的游客人品好,素质高,知识面也很广。因此导游要提前做好相关的知识准备工作,如专用术语、行业知识等,以便能选择交流的话题,并能流利地回答他们提出的问题。

步骤二:要有自信心。

导游不要因为对方地位较高而胆怯,往往越是身份高的人越懂得尊重别人,他们待人接物非常友好、客气,十分尊重他人的人格和劳动。胆怯时自己心理压力大,会影响本人能力的发挥,反倒效果不好。

步骤三:多请示、汇报,按照有关规定接待。

在接待此种旅游团(游客)时,由于他们有时要与中央领导人或有关负责人会谈,因此游览日程、时间变化较大,地陪导游一定要灵活掌握,随时向有关领导请示、汇报,协助安排会见的时间。

技能评估标准

序号	考核内容	考核要求	分值	评分标准	扣分	得分	备注
1	对儿童的接待	重视儿童安全,对儿童生活关照,注意细节	25	不熟悉儿童接待标准,不注重安全,不注重细节的扣分,最多扣25分			
2	对高龄游客的接待	旅游时放慢速度,耐心解答问题,预防高龄游客走失,多做提醒工作	25	对高龄游客不耐心,不做提醒工作,不按老年人的身体状况安排活动的扣分,最多扣25分			
3	对宗教界人士的接待	学习了解我国的宗教政策,尊重游客的宗教信仰及习惯	25	不熟悉我国的宗教政策,不尊重游客的宗教信仰及习惯的扣分,最多扣25分			
4	有特殊身份和地位游客的接待	知识要渊博,准备要充分,要有自信心,多请示、汇报,按照有关规定接待	25	没有足够的自信,知识准备不充分,接待有特殊身份和地位的游客时表现不好的扣分,最多扣25分			
合计			100				

项目七　导游讲解技能

思政目标

　　培养学生生态环境保护意识,传播中华传统文化,坚定文化自信,抒发热爱祖国、热爱家乡的情怀。

实施目标

①熟悉导游讲解要求;
②掌握常用导游讲解方法和技巧;
③掌握常见自然景观和人文景观的讲解方法和技巧,并能够熟练运用。

任务导图 ‥‥‥‥‥‥‥‥‥‥‥‥‥‥‥‥‥‥‥‥‥‥‥‥‥‥‥‥‥‥‥‥‥‥‥‥‥

知识链接 ‥‥‥‥‥‥‥‥‥‥‥‥‥‥‥‥‥‥‥‥‥‥‥‥‥‥‥‥‥‥‥‥‥‥‥‥‥

导游讲解要做到"八有"

①言之有物。内容充实,有说服力,不讲空话、套话。
②言之有理。摆事实,讲道理,以理服人。
③言之有据。有根有据,不胡编乱造,不弄虚作假。
④言之有情。语言友好,富有人情味,对游客亲切、温暖。
⑤言之有礼。语言文雅,谦虚敬人,礼貌待人。
⑥言之有神。语言形象,声音传神,引人入胜。
⑦言之有趣。说话生动、幽默、风趣。
⑧言之有喻。适当比喻,生动易懂,使人印象深刻。

导游讲解的
原则与要求

任务一　导游讲解常用技法

任务情景

天水大自然旅行社地陪导游小王接待一广东旅游团,按照行程安排,旅游团将在天水停留2日。小王要使整体行程中的讲解生动、引人入胜,可以采取哪些方法?

导游讲解
常用技巧

任务分析

导游讲解是一种艺术,讲解得好就像和朋友聊天,导游才能成功地抓住游客的注意力。俗话说"风景美不美,全靠导游一张嘴",先不说这句话对不对,但它反映出导游的讲解是非常能够影响游客的旅游感受的。所以说,一名成功的导游能够针对不同游客的需求特点,灵活运用各种导游讲解技巧,让整个旅游活动轻松愉快,让游客满意。因此,小王需要了解广东旅游团人员构成、天水主要游览景点的特点,结合使用几种在带团过程中常用的导游讲解技法,以达到生动、引人入胜的效果。

任务操作

步骤一:掌握常用的十种导游讲解技法。

1.概述法

概述法是指导游就旅游城市或景区的地理、历史、社会、经济等情况向游客进行概括性的介绍,使其对即将参观游览的城市或景区有一个大致的了解和轮廓性认识的一种导游方法。这种方法多用于导游接到旅游团后坐车驶往下榻饭店的首次沿途导游中,也适用于游览较大的景点之前,在入口处、示意图前进行的讲解。

【示例】

颐和园位于北京西北郊,距市区10多千米,是我国保存最完整的皇家园林。它始建于1750年,当时的中国正值清朝盛世时期,执掌朝政的是乾隆皇帝,他凭借自己对中国园林的理解和至高无上的权力,耗费大量国库银两,以"兴修水利"和"为母祝寿"之名,连续施工15年,建成了这座规模巨大的皇家御园"清漪园"。1860年,它与圆明园一起,被侵入北京的英法联军焚毁;1888年,慈禧皇太后又将其重建,并改名为"颐和园"。

颐和园主要由万寿山和昆明湖组成,占地面积290公顷,其中水面面积约占四分之三。园内有大小建筑3 000余间,约7万平方米。园林布局分为三个部分,即朝政办公区、帝后生活区和风景游览区。

我们今天的游览线路是:首先从东宫门进入朝政办公区,然后绕过仁寿殿,游览帝后生活区。从乐寿堂西侧进长廊,到达排云殿后上山,到佛香阁、智慧海,再从原路返回。不愿上山的,可在排云殿前等候。全团集合好后,再沿长廊西行。乘船游览昆明湖,从南湖岛上岸,过十七孔桥,到新建宫门。

2.分段讲解法

分段讲解法是指针对那些规模较大、内容较丰富的景点，导游将其分为前后衔接的若干部分来逐段进行讲解的导游方法。一般来说，导游可首先在前往景点的途中或在景点入口处的示意图前介绍景点概况（包括历史沿革、占地面积、主要景观名称、观赏价值等），使游客对即将游览的景点有个初步印象，达到"见树先见林"的效果。然后带团到景点按顺序进行游览，进行导游讲解。在讲解这一部分的景物时，注意不要过多涉及下一部分的景物，目的是让游客对下一部分的景物充满期待，并使导游讲解环环相扣、景景相连。

例如，用"分段讲解法"介绍长江三峡，乘船自西往东游览长江三峡，导游就可将其分为五个部分来讲解。

【示例】

在游船观景台上介绍长江三峡概况："长江三峡是瞿塘峡、巫峡和西陵峡三段峡谷的总称，西起重庆奉节的白帝城，东至湖北宜昌的南津关，全长约193千米。峡谷两岸悬崖绝壁，奇峰林立，江流逶迤湍急，风光绮丽。瞿塘峡素以雄奇险峻著称，巫峡向以幽深秀丽为特色，西陵峡则以滩多水急闻名。这种山环水绕、峡深水急的自然风光由历次造山运动，特别是'燕山运动'使地壳上升、河流深切而成，是大自然的鬼斧神工留下的山水谐和的经典之作，它与峡谷沿岸众多的名胜古迹相互融合，使长江三峡成为闻名遐迩的中国十大风景名胜之一，并被中外游客评为'中国旅游胜地四十佳'之首。"

船进瞿塘峡时，导游介绍："瞿塘峡是长江三峡第一峡，从重庆奉节的白帝城到巫山的大溪镇，全长约8千米，是长江三峡中最短也最雄奇险峻的峡谷。瞿塘峡中，高达1 300多米的赤甲山、白盐山耸峙峡口两岸，形成一陡峻的峡门，称为夔门，素有'夔门天下雄'之称……"

船过巫峡时，导游再讲解："巫峡是长江三峡第二峡，从重庆巫山县大宁河口到湖北巴东县官渡口，绵延42千米。巫峡口的长江支流大宁河全长300多千米，著名的'小三峡'就位于其中。'放舟下巫峡，心在十二峰'，巫峡中景色最秀丽、神话传说最多的是十二峰，其中最为挺拔秀丽的是神女峰，峰顶有一突兀石柱，恰似亭亭玉立的少女……"

船到西陵峡时，导游进一步介绍："西陵峡为长江三峡第三峡，西起湖北秭归县的香溪口，东至湖北宜昌的南津关，全长76千米，历来以滩多水急著称，西陵峡西段自西向东依次为兵书宝剑峡、牛肝马肺峡和崆岭峡三个峡谷；西陵峡东段由灯影峡和黄猫峡组成……"

最后再向游客讲解举世闻名的三峡工程。

3.突出重点法

突出重点法是指导游讲解时不面面俱到，而是突出某一方面的导游方法。一处景点，要讲解的内容很多，导游必须根据不同的时空条件和对象区别对待，有的放矢地做到轻重搭配、重点突出、详略得当、疏密有致。导游讲解时一般要突出以下四个方面：

（1）突出景点的独特之处

例如，西岳华山虽不是五岳之首，在五岳中却独具特色。华山是五岳中海拔最高的山峰；以险而闻名于天下，常言道"自古华山一条路"，一路行过，必经千尺幢、百尺峡等绝险要道，不少地方真可谓是"一夫当关，万夫莫开"；华山也是五岳中唯一为道教所独占的名山；导游在讲解时可突出华山在五岳中的这些独特之处。

（2）突出具有代表性的景观

例如，游客去云冈石窟游览，主要是参观第五、第六窟及五华洞和昙曜五窟。导游如果把这些窟的艺术特色讲解透彻了，就可以使游客对云冈石窟的整体艺术特点有基本的了解。

（3）突出游客感兴趣的内容

例如，在游览故宫时，面对以建筑业人士为主的旅游团，导游除一般介绍故宫的概况外，要突出讲解中国古代宫殿建筑的布局、特征，故宫的主要建筑及其建筑艺术，还应介绍重点建筑物和装饰物的象征意义等。如果还能将中国的宫殿建筑与民间建筑进行比较，将中国的宫殿与西方宫殿的建筑艺术进行比较，大大提高导游讲解的层次，就更能吸引人。面对以历史学家为主的旅游团，导游应突出讲解故宫的历史沿革及在中国历史上的地位和作用，还有在故宫中发生的重大事件。

（4）突出"……之最"

例如，三峡工程是世界上施工期最长、建筑规模最大的水利工程；三峡水电站是世界上最大的水电站；三峡工程泄洪闸是世界上泄洪能力最强的泄洪闸。突出讲解三峡工程的价值，使国内游客产生自豪感，外国游客产生敬佩感，从而给中外游客留下深刻印象。不过，必须实事求是，言之有据。

【示例】

在讲解北京颐和园的园中之园——谐趣园时，导游应把讲解的重点放在"趣"字上。

"时"趣。谐趣园四季景色不仅变化明显，而且各具特色。春天一池春水，波平如镜，柳枝低拂，绮丽多姿；夏天池中荷叶团团，粉红玉白的花朵随风摇曳，玉蕊琼英，香气袭人；秋天池水凝碧，曲栏水榭侧映水中，绿柳青蒲相映入画；冬天池水凝胶，曲径积雪，白雪压满树枝，廊檐一片银装。

"水"趣。园中有三亩方塘，碧波粼粼，满湖清水，来无影，去无踪。玉琴峡溪水叮呼悦耳，犹如琴韵。

"桥"趣。园中各式小桥有七八座之多，长者10米有余，短者不足2米，而最引人注目的则是那座由庄子和惠子在池边辩论而得名的"知鱼桥"。

"书"趣。园内涵远堂东侧小亭内有一石碑，名为"寻诗径"，是诗人们留恋风景寻求诗句之处，而湛清轩内仍留有乾隆的题词。

"楼"趣。谐趣园西北处有一"瞩新楼"，从园外由西往东看，此建筑只是一座三开间平房，而在园内站在湖边由东往西看时，此屋就变成了一座建筑别致、清静优雅的二层楼房。

"画"趣。园内建筑上绘有几百幅内容不一、画法洗练的苏式彩画，有的以花草山水见长，有的以人物故事取胜。大门两侧，南边绘有一幅以桂林山水为题材的工笔山水画，远山近水，层次分明；北边画有一幅熊猫玩耍图，一老一少，风趣逗人。东廊上画有四只形态逼真的鹊，涵远堂后廊上，佛门僧人与顽童嬉戏的图画，令游客哑然失笑。

"廊"趣。园内知春亭、引镜、洗秋、饮绿、澹碧、知春堂、小有天、兰亭、湛清轩、涵远堂、瞩新楼、澄爽斋等亭、楼、堂、斋、轩、榭，由三步一回、五步一折的曲廊相连接，错落相间，玲珑可爱。谐趣园是我国园林建筑中用廊最为巧妙的杰作之一。

"仿"趣。谐趣园是仿照无锡惠山的私家名园寄畅园建造的皇家园林。仿建中有所创新，创新中又不失原貌，可谓是谐趣园源于寄畅园，又高于寄畅园。

4.问答法

问答法是指在导游讲解时,导游向游客提问题或启发他们提问题的导游方法。使用问答法的目的是活跃游览气氛,激发游客的想象思维,促使游客和导游之间产生思想交流,使游客获得参与感或自我成就感。问答法包括自问自答法、我问客答法、客问我答法和客问客答法四种形式。

(1)自问自答法

导游人员自己提出问题,并作适当停顿,让游客猜想。导游并不期待他们回答,只是为了吸引他们的注意力,促使他们思考,激起兴趣,然后做简洁明了的回答或生动形象的介绍,还可借题发挥,给游客留下深刻的印象。

(2)我问客答法

导游人员要善于提问题,但要从实际出发,适当运用。需要游客回答的问题要提得恰当,要预估到他们不会毫无所知,也要估计到会有不同答案。同时还要诱导游客回答,但不要强迫。游客的回答不论对错,都不能打断,更不能笑话。

(3)客问我答法

导游人员要善于调动游客的积极性和他们的想象思维,欢迎他们提问题。对他们提出的问题,即使是幼稚可笑的,导游也绝不能置若罔闻,千万不要笑话他们,更不能显示出不耐烦,而是要有选择地将回答和讲解有机结合起来。不过,导游在面对游客的提问时,不要他们问什么就回答什么,一般只回答一些与景点有关的问题,注意不要让游客的提问影响你的讲解,打乱你的安排。

在导游实践中,导游要学会认真倾听游客的提问,善于思考,掌握游客提问的一般规律,并总结出一套相应的"客问我答"的导游技巧,以求随时满足游客的好奇心。

(4)客问客答法

导游人员对游客提出的问题并不直截了当地回答,而是有意识地请其他游客来回答问题,也称"借花献佛法"。

【示例】

如导游在带游客游览西湖时,可以提问:"各位游客,大家知道西湖的水为什么这样清澈纯净吗?"一般情况下,游客都能够配合回答出来,即使回答不完全或回答有误,游客的兴趣也因此被调动起来,导游可根据情况进行纠正或补充。"这就要从西湖的成因讲起:西湖在12 000年以前还是与钱塘江相通的浅海湾,耸峙在西湖南北的吴山和宝石山,是环抱这个海湾的两个岬角。后来由于潮水的冲击导致泥沙淤塞,把海湾和钱塘江分隔开来,到了西汉时期(公元前202年—公元8年)西湖的湖形已基本固定,西湖真正固定下来是在隋朝(581—618年),地质学上把这种由浅海湾演变而成的湖泊叫潟湖。此后西湖承受山泉活水的冲刷,又经历过历代由白居易、苏东坡、杨孟瑛、阮元等发动的五次大规模的人工疏浚治理,终于从一个自然湖泊演化为风光秀丽的半封闭的浅水风景湖泊。"

5.虚实结合法

虚实结合法是指导游讲解时将典故、传说与景物介绍有机结合,即编织故事情节的导游方法。所谓"实"是指景观的实体、实物、史实、艺术价值等,而"虚"则指与景观有关的民间传说、神话故事、趣闻轶事等。

"虚"与"实"必须有机结合,但以"实"为主,以"虚"为辅,"虚"为"实"服务,以"虚"烘托情节,以"虚"加深"实"的存在。

【示例】

武夷山风景秀美。玉女峰位于九曲溪二曲溪南,因其酷似亭亭玉立少女而得名。玉女峰突兀挺拔数十丈。峰顶花卉参簇,恰似山花插鬓;岩壁秀润光洁,宛如玉石雕就,乘坐竹筏从水上望去,俨然是一位秀美绝伦的少女。据说,很早以前武夷山是个洪水泛滥、野兽出没的地方。百姓辗转沟壑,无以为生。后来,从远方来了位叫大王的勇敢青年带领大伙劈山凿石,疏通河道,终于治服了水患。被疏通的河道就是今天的九曲溪,挖出来的沙石,便堆成了三十六峰,九十九岩。从此,人们过上了好日子。一天,玉女驾云出游,被武夷山美景所迷,并下凡与大王相亲相爱。不幸此事被铁板鬼知道密告了玉帝,玉帝大怒,下令捉拿玉女归天,玉女不从,定要与大王结为夫妻。铁板鬼便施展妖法将他俩点化成石,分隔在九曲溪两岸。铁板鬼为讨好玉帝,也变成山岩横亘在两恋人之间,日夜监视他俩。这就是现在的铁板嶂。从此,两人只好凭借镜台,泪眼相望了。浴香潭相传是玉女沐浴的地方;潭中的"印石"是大王送给玉女的定情信物。也许在远方,你会认为这是一个神话,但如果你真的到武夷山一游的话,我相信你会进入神话般的人间仙境。

6.触景生情法

触景生情法是指导游讲解时见物生情、借题发挥的一种导游方法。

触景生情贵在发挥,要自然、正确、切题地发挥。导游要通过生动形象的讲解、有趣而感人的语言,赋予"死"的景物以生命,注入情感,引导游客进入游览对象的特定意境,从而使他们获得更多的知识和美的享受。

【示例】

金銮殿香烟缭绕,殿前鼓乐喧天,广场上气氛庄严肃穆;皇帝升殿,文武百官三跪九叩,高呼万岁万万岁。末代皇帝溥仪三岁登基时被这隆重的场面吓得直哭,闹着要回家,而他的父亲连说"快完了、快完了,别哭、别哭"哄他。大臣们认为此话不祥,说来也巧,3年后清朝真的灭亡了,我国2 000多年的封建统治结束了。

7.制造悬念法

制造悬念法是指导游在讲解时提出令人感兴趣的话题,但故意引而不发,激起游客急于知道答案的欲望,使其产生悬念的导游方法,俗称"吊胃口""卖关子"。这种"先藏后露、欲扬先抑、引而不发"的手法,一旦"发(讲)"出来,则会给游客留下特别深刻的印象。

【示例】

女士们,先生们:

你们好!欢迎大家来承德避暑山庄观光游览。避暑山庄位于承德市区北部,是我国现存最大的古典皇家园林。

避暑山庄是清代康、乾盛世的象征。作为山庄缔造者的康熙、乾隆都曾六下江南,遍历天下景物之美。在修建避暑山庄时,博采众家之长,融合中国南北园林风格为一体,使避暑山庄成为中国古典园林艺术的总结与升华。我国园林专家们说,整个避暑山庄就是祖国锦绣河山的缩影。专家们为什么会这样说呢?这个问题我想还是请各位游览了避暑山庄之后再来回答。不过,我这里先给大家提个醒,这原因与避暑山庄的地形有关。各位,避暑山庄到了,请大家下车,现在我就带领大家一睹它的风采。

8.类比法

类比法是指导游讲解时用风物对比,以熟喻生,以达到类比旁通的一种导游方法。导游用游客熟悉的事物与眼前景物进行比较,既便于游客理解又使他们感到亲切,从而达到事半功倍的讲解效果。类比法可分为以下两种:

(1)同类相似类比

同类相似类比是将相似的两个事物进行比较,便于游客理解并产生亲切感。

【示例】

将北京的王府井比作日本东京的银座、美国纽约的第五大街、法国巴黎的香榭丽舍大街;参观苏州时,将其称作"东方威尼斯"(马可·波罗称苏州为"东方威尼斯");讲到梁山伯和祝英台或《白蛇传》中许仙和白娘子的故事时,将其称为中国的罗密欧和朱丽叶等。

(2)同类相异类比

同类相异类比是将两种同类但有明显差异的风物进行比较,比出规模、质量、风格、水平、价值等方面的不同,以加深游客的印象。

【示例】

在世界范围内,从公元前6世纪到公元前3世纪的300年,东西方文化竞相争辉。我们完全可以把楚文化与同时期的古希腊文化并列为世界文明的代表。楚国的青铜冶炼、铸铁、丝绸、漆器早于古希腊,许多科学技术处于领先地位。在音乐艺术方面,楚人也在古希腊人之上。在哲学方面,两者各有所长。中国传统哲学的重要根基在老子和庄子,而老子和庄子都是楚国人。1993年,在湖北荆门郭店村,郭店一号楚墓出土的竹简本《老子》甲、乙、丙三篇,受到国际汉学界的高度关注。在国家政体建设、货币制度方面,楚国则比古希腊更为完善。古希腊人在理论科学、造船航海、体育竞技、写实艺术、建筑技术等方面要比楚人擅长。可以这么说,楚文化和古希腊文化从不同方向登上了世界古文明的光辉殿堂。

想要正确、熟练地使用类比法,要求导游掌握丰富的知识,熟悉客源国,对相比较的事物有比较深刻的了解。面对来自不同国家和地区的游客,要将他们知道的风物与眼前的景物相比较,切忌做不相宜的比较。

9.妙用数字法

妙用数字法是指导游讲解时巧妙地运用数字来说明景观内容,以促使游客更好地理解的一种导游方法。导游讲解中离不开数字,因为数字是帮助导游精确地说明景物的历史、年代、形状、大小、角度、功能、特性等方面内容的重要手段之一,但是使用数字必须恰当、得法,如果运用得当,就会使平淡的数字焕发光彩,产生奇妙之感;否则,就会令人索然无味。运用数字忌讳平铺直叙,因为导游讲解不同于教师上课,一味地描述多大、多小、多宽等,大量的枯燥数字会使游客厌烦。所以使用数字要讲究"妙用"。

【示例】

北京天坛祈年殿殿内柱子的数目,据说也是按照天象建立起来的。其中内围的四根"龙井柱"象征一年四季春、夏、秋、冬;中国的十二根"金柱"象征一年十二个月;外围的十二根

"檐柱"象征一天十二个时辰。中层和外层相加的二十四根柱子,象征一年二十四个节气。三层总共二十八根柱子,象征天上二十八星宿。再加上柱顶端的八根铜柱,总共三十六根柱子,则象征三十六天罡。

10.画龙点睛法

画龙点睛法是指导游用凝练的词句概括所游览景点的独特之处,给游客留下突出印象的导游方法。

【示例】

俗话说"桂林山水甲天下"。桂林这一带的山有个特点,就是在平坦的大地上和江边,一座座拔地而起,危峰兀立,各不相连。

我们现在在桂林市的市中心,这边有一座危峰。它叫独秀峰,奇峰突起,犹如一支擎天大柱,被称为"南天一柱"。接下来呢,我带领大家乘着木舟去观赏桂林最美的一条江,叫漓江。大家能看出漓江的水有什么特点吗?对,漓江的水出奇地静,静得我们根本感觉不到它在流动,漓江的水清澈见底,可以看见有许多美丽的鱼儿游来游去,漓江的水还非常绿,绿得简直可以与无瑕的翡翠相媲美。

大家请看,这一个景点就是"象山水月"。它由象山与水月洞合成。这个象山又叫象鼻山,因为它酷似一只正在江边吸水的大象。象鼻山那探入水中的长鼻,与其山体形成了一个圆圆的洞穴,名"水月洞",洞内十分的光滑。

导游讲解常用的方法技巧还有很多,如点面结合法、引人入胜法、虚实联想法、谜语竞猜法、知识渗透法等,它们都是导游在工作实践中提炼、总结出来的。在实际工作中,各种导游方法和技巧都不是孤立的,而是相互渗透、相互依存、相互联系的。导游在学习众家之长的同时,必须结合自己的特点融会贯通,在实践中形成自己的导游风格和导游方法,并视具体的时空条件和对象,灵活、熟练地运用,这样才能获得良好的导游效果。

步骤二:运用常用导游讲解技巧进行景点讲解训练。

【案例分析】

深圳仙湖植物园导游词

(景区概况)

说起植物园,几乎全国各地都有,是吧?这次带大家去的深圳仙湖植物园却与众不同。它建于1983年,1988年5月1日正式开放,占地面积约8 800亩(1亩=666.67平方米),根据地形、植被和名胜被划分为六大景区。这里有野生植物1 500多种,热带植物400多种,尤其宝贵的是植物园收集并保存了濒临灭绝的珍贵物种140多种,如水杉、夏蜡梅等。大家刚才边走边看,每种植物均挂有牌子,介绍其科属、学名、产地、用途,我们既可以观赏名贵珍品,也可以学习园林知识,乐在其中。

有人说:名字这么好听——仙湖,有没有什么故事呢?没错,相传远古时期有三位美丽的仙女从天上下凡,一路风尘,经过深圳东北部梧桐山西坡时,三位仙女被这里的幽雅景色深深吸引,尽管景色宜人,但是这里久旱成灾,稻田干涸,水贵如油,百姓正遭受饥荒之苦。三位善良的仙女怜悯之心顿起,她们决定在这里隐居,为百姓祈雨赐福。只见三位仙女围成一个圈,衣衫轻轻一摆,一场大雨从天而降。奇妙的是大雨过后,三位仙女围圈的地方,成了一个碧绿的湖泊,后人把它命名为"仙湖",期盼它永远为百姓消灾赐福。

深圳仙湖植物园与普通植物园的不同之处就是"一树一寺,一林一馆"。

（邓小平手植榕树）

神话传说永远是美丽的,因为它虚无缥缈。然而,在深圳仙湖植物园,却有一个比神话传说更美丽的故事,时隔多年一切仍历历在目,勾起人们对一位伟人的回忆和怀念。1992年春天,我国改革开放的总设计师邓小平来南方视察并发表了一系列重要讲话,为中国新一轮改革开放浪潮拉开了序幕,为中国这艘历经风雨的东方巨轮指明了前进的航向。那年的2月22日上午,和煦的阳光照在碧波荡漾的仙湖上,邓小平同志在中央、省市领导的陪同下,兴致勃勃地游览了仙湖植物园,对此地的自然景色和园林布局赞不绝口,指示"要把植物园办好,植物园大有可为",之后他在仙湖旁亲手种下一棵高山榕,这棵树不但为植物园增添了一个游览的好景点,而且成为这一历史事件的见证。人们说,这是"仙湖"的福气。您看,这棵郁郁葱葱的榕树就是伟人留给我们的永久记忆——前人栽树,后人乘凉,请大家和它照相留念吧。

（弘法寺）

在仙湖植物园的北区,有一座深圳市区唯一的寺院——弘法寺。弘法寺的前身是"仙女庙",是为了纪念传说中的三位仙女而建成的。1985年"仙女庙"重建时改名为"弘法寺"。它是岭南最年轻的寺院,建筑面积1万多平方米,有藏经阁、大雄宝殿、天王殿、钟鼓楼等建筑。弘法寺的特色之一在于它香火之旺,每逢节假日,许多善男信女到弘法寺朝拜,特别是春节期间,通往弘法寺的路上,人流与车流交汇,一定要实行交通管制才行。另一大特色是弘法寺的和尚,他们大多是佛学院的毕业生,现任方丈是印顺大和尚,拥有佛学博士学位,他重视佛教教育与僧才培养,加强与世界各地佛教界的交流。目前弘法寺由中国佛教协会直接管理,成为加强港澳台与海外佛教徒联系的纽带。

（化石森林）

接下来我将向您强力推介仙湖植物园内的一处特殊的森林——迄今为止我国唯一的一座化石森林。以深圳的亚热带海洋性气候条件,这里是不可能有化石的,但是深圳人敢想敢干,"九五"期间,投资一千多万元,在一万多平方米的土地上造就了一个可能。什么样? 让我们去瞧一瞧。在蓝天白云下,一棵棵褐色的古老树干,或站或躺,有200多棵,最重的有9吨,最高的有6米,看着它们,就像和历史在做无声的交流,让人备受震撼。世界旅游组织的官员来此调研时感慨地对园长说:"这就是你们对外最大的卖点!"

（古生物博物馆）

在化石森林的旁边,有一座独特的建筑——深圳古生物博物馆,它是仙湖植物园的又一个中国第一——国内第一座古生物博物馆。走进馆内,你就会被带入遥远的地质历史时代,从地球的形成、生命的起源到人类的出现,在短时间里,你就能轻易地穿越时空隧道,感受地质历史中生命的兴盛与衰亡。目前,馆内收藏有从古生代到中生代以及新生代的各类标本。您看这边,这是第一次公开展出的井研马门溪恐龙,它长20米,是世界上脖子最长的动物。再看那边,有在哺乳动物进化史上有重要地位的张和兽,是最早发现的中生代时期完整的哺乳动物化石。这一切都给了我们亲密接触科学与历史的机会。

游客们,在欣赏了"一树一寺,一林一馆"后,是否对仙湖植物园有了一个深刻的印象?是否感觉此植物园非彼植物园,的确非同一般呢?这就是深圳的土地,一个不断创造奇迹的地方,希望您喜欢这里,欢迎您的再次光临。

请思考:仔细阅读该篇导游词,指出其中使用了哪些导游方法。

技能评估标准

序号	考核内容	考核要求	分值	评分标准	扣分	得分	备注
1	语音语调	语音清晰,语速适中,节奏合理	10	语音清晰3分,语速适中4分,节奏合理3分			
2	表达能力	语言准确、规范,表达流畅、有条理,具有生动性和趣味性	10	语言流畅规范3分,表达有条理3分,具有生动性2分,具有趣味性2分			
3	讲解技巧	能根据不同景点内容及游客采用不同讲解技巧,在本次练习中至少使用7种以上技巧	70	每使用一种讲解技巧10分			
4	讲解内容	景点信息正确、准确,要点明确,无明显错误	10	景点信息准确3分,要点明确3分,讲解内容无明显错误4分			
合计			100				

任务二　自然景观讲解技法

自然景观是指一切具有美学和科学价值、具有旅游吸引力功能和游览观赏价值的自然风光景象。简单地说,自然景观是指大自然自身形成的自然风景,如地貌景观、水体景观、生物景观以及天象气候景观等。

子任务一　山地景观讲解

任务情景

地陪导游小王接一北京旅游团游览华山,怎样才能够讲解生动、引人入胜?

任务分析

我国地大物博,幅员辽阔,各种类型的地貌景观齐全且发育成熟,山地类旅游景区数量众多,质量上乘,在导游带团中讲解得也最多。作为自然景观的山地,是指以具有美感的、典型的山岳自然景观为主体,渗透着人文景观之美、环境优良的山地空间综合体。俗话说"看景不如听景",导游就是传播美景的使者,华山属于山地景观,要使讲解生动,小王首先需要掌握一般山地景观的特点以及所包含的讲解要素,再结合华山的特点灵活运用各种导游讲解技巧,才能达到生动、引人入胜的效果。

任务操作

步骤一:掌握山地景观讲解技巧。

1.突出山地景观的类型和成因

山地景观有五种类型,分别是花岗岩名山景观、岩溶山水景观、丹霞山地风光、砂岩峰林峡谷地貌和火山地貌景观。

华山导游讲解词

花岗岩名山在我国有黄山、华山、泰山、衡山、九华山、三清山、天柱山等。这些景区的导游就要告诉游客这些名山景观特点是主峰明显,群峰簇拥,峭拔危立,雄伟险峻。花岗岩是由地幔上部的酸性岩浆,侵入到地壳内部的破裂层,经冷却后凝结而成的。花岗岩形成后,又受地壳上升运动的影响,使花岗岩地层和它上面原有地层同时上升成为山,当它上面的原有地层被全部风化侵蚀掉以后,便成为单一的花岗岩山体。花岗岩体在地壳升降运动中,在高温高压的作用下,常常发生断裂上升而成为断块山,如果断裂的强度大,上升的幅度便很高,如果断裂的角度大,则上升后形成的坡度就很陡,如果这两个条件同时具备,便形成如前所述的花岗岩山地景观。

花岗岩岩体在由岩浆到冷凝成花岗岩的过程中,会出现很多相互垂直的裂隙(节理),正是这些岩石裂隙,将花岗岩体分割成许多接近长方体或正方体的岩块,这些岩块垒叠而成山体。在长期的风化侵蚀影响下,岩体主要是沿着裂隙而被破坏和崩溃的,结果形成悬崖陡壁,孤峰突起或石柱林立的景观。

当游人驻足在普陀山的"二龟听法"和"磐陀石",抑或是九华山"观音峰",对这些景点提出质疑时:"这个花岗岩山体的景致为什么是球状而不是长方体或正方体呢?"景点导游就要从花岗岩的成分构成给游客科学地解答这些特殊景致的成因,即要告诉游客花岗岩主要由石英、长石、云母等许多坚硬的粒状矿物晶体组成,但当它裂隙分割成岩块之后,其棱角便逐渐模糊起来,甚至方形石块被风化为球状石块,这种现象叫作球状风化。球状风化是花岗岩体最普遍的自然现象,球状风化的结果,常形成馒头状的主峰和各种形态的石块,形成浑圆的石墩、石蛋、石柱、石壁以及许多令人叹为观止的奇景,如黄山的"猴子观海""仙人指路",这种景观在花岗岩丘陵地区尤为普遍,如厦门的"万石岩""鼓浪屿",海南岛的"南天一柱""鹿回头"等。我们大家见到的"二龟听法""磐陀石""观音峰"均属此类。

如果你是一位张家界或武陵源景区的景点导游,则要向游客讲解这两处风景区是典型的砂岩峰林峡谷地貌。这种地貌发育在纯石英砂岩构成的山区,其形成的过程是滨海海滩的沉积经过挤压胶结而成砂岩,因受地壳上升运动而成陆地,又经过剧烈的地壳上升运动而进一步抬升成丘陵山地。后来经过雨水的长期冲刷切割,高山不断风化、侵蚀,岩层逐渐崩解剥落,河谷慢慢深切,河流又将风化而成的泥沙运往遥远的大海,于是便形成了一大片紫红色石英砂岩峰林和一条条纵横深切的沟谷,故称砂岩峰林峡谷地貌。由于它的地层基本

上保持了原始水平状态,各岩层之间不易发生重力滑动,所以能形成坡度不大,但却能高耸入云的座座山峰,如金鞭岩、梭镖岩、定海神针、五女拜寿、天书宝匣等造型景观。这一景观的特点是:奇峰林立、造型生动、沟谷纵横、植被茂密。更神奇的是这一景观与云雾、植物、水等配合构成的综合景观美,这也正是张家界、武陵源景区成为世界自然遗产的原因。大家看到的张家界砂岩峰林峡谷与繁茂的原始次生林所组成的美丽而神奇的天然画卷的确让人叹为观止。

2.突出山地景观因地、因时、因山而异的造景功能

所谓因地造景是指山地风景的总特征是直接或间接由该山地的地貌特点构建起来的,即某个景观的美感是由形态、数量、规模、组合方式及分布的空间位置造成的。这便是通常人们总结的山体景观雄、险、秀、幽、旷、奥、奇七方面的特征,比如华山天下险,险在华山五座山峰座座如立,这种垂直断裂上升的首要条件决定了华山风景险峻的总特征。而峨眉山天下秀,秀在其山体轮廓线波状如眉,轻快流畅,云雾缭绕着连绵起伏、植被茂密的山体。登临岳阳远眺,平畴无垠,水面坦荡,视野开阔,可极目天际,只见"孤帆远影碧空尽,唯见长江天际流"的旷远之美。有些山地不止一个风景总特征,可能有两个或两个以上的风景总特征,景点导游务必要"指点迷津"。如讲解河南省伏牛山脉的石人山景区就要点出其"雄""秀"的双重特征:雄在主峰拔地冲天,端然稳坐于群山之间,显得稳重磅礴,秀在植被茂密,遍山杜鹃。

因时造景的功能是指山体景观在一年四季交替,阴、晴、雨、晦天气现象和各种动态环境变化时生成不同景观。所谓"春山如翡,夏山如翠,秋山如金,冬山如银",如泰山四大奇观的东看旭日东升,西观晚霞夕照,北望黄河金带,南看云海玉盘。景点导游要能够带领游客去听雨打芭蕉、风起松涛、幽林鸟语、寂夜虫鸣,看流云飞瀑、雨后飞虹。

因山而异的造景功能是指同为山地,山景会因山体的属性、位置、地貌形态、纬度位置、相对高度等不同而景色各异。明朝文学家杨慎在《艺林伐山》一书中对我国山地的概括是:"玲珑剔透,桂林之山也;巉嵯窾空,巴蜀之山也;绵延庞魄,河北之山也;俊俏巧丽,江南之山也。"这是山景因山而异的典型写照,导游若能作如此对比讲解,便会诱发游客更大的游兴。清代魏源在观赏五岳后,曾写道:"恒山如行,岱山如坐,华山如立,嵩山如卧,唯有南岳独如飞。"这种横比增添了游览的广延性,游客听了如此讲解就会感到导游服务物超所值。

3.突出山地与其他自然因素的配合

宋代著名画家郭熙说:"山无云则不秀,无水则不媚。"所以讲解山体景观时,一定要突出与该山体结合最紧密的其他自然因素。如山地森林公园的特点是"山借树为衣,树借山为骨""山以草木为毛发"。杭州西湖"九溪烟村"秀丽、幽静、幽深、幽雅的景色便是由山、路、泉、树等配合而成的"重重叠叠山,曲曲环环路,叮叮咚咚泉,高高下下树"的写照。

4.突出与人文因素的配合

我国的名山很少是纯自然景观,更多的是历史文化名山。导游在讲解时一定要注意联系历史、宗教、文化、现实、特产等人文因素,让山体景观中的悠远历史、灿烂文化、丰富遗产和景观一起留存在游客的心中。

步骤二:找一篇山地景观的导游词并对其进行分析。

【示例】

各位游客,现在我们已经到达黄山风景区南边重镇汤口镇。在这里我先向大家介绍一

下黄山风景区的概况。

　　黄山,位于中国安徽省南部,属中国南岭山脉的一部分,全山面积约 1 200 平方千米。黄山山系中段是黄山的精华部分,也就是我们游览的黄山风景区,面积约 154 平方千米,位于黄山市境内,南邻歙县、徽州区、休宁县和黔县,北连黄山市的五县、五区。黄山在唐朝以前叫黔山,黔是黑色的意思,因为山上岩石多青黑色,古人就给它起了这个名字。传说我们中华民族的先祖轩辕黄帝在完成中原统一大业之后,来到这里采药炼丹,泡温泉浴,因而得道成仙。唐明皇李隆基很相信这个说法,就在天宝六年(747 年)下了一道诏书,将黔山改名黄山。意思是这座山是黄帝的山。从那以后,黄山这个名字就一直沿用到现在。

　　游客们,你们不远千里甚至万里来到这里,不就是要亲眼看一看黄山之美吗?是的,黄山美如画,可说是天下第一奇山,能够登临它,亲眼看看它,确实是人生的一大乐事。在很久很久以前的漫长地质历史时期,大自然的无穷神力塑造了黄山绝美的风采和种种奇特的景观,令人倾倒,令人心醉。黄山之美,就美在奇峰,这里奇峰竞秀,峰峰称奇,各具神韵。黄山奇峰到底有多少,还没有一个确切的统计数字。历史上先后命名的有 36 大峰、36 小峰,近年又有 10 座名峰入选《黄山志》。这 80 多座山峰的高度绝大多数都在海拔千米以上,其中莲花峰最高(1 864.8 米),光明顶次之(1 841 米),天都峰排行第三(1 810 米),这三大峰与风姿独秀的始信峰(1 683 米)并称为黄山"四大奇峰",各位若能登上其中之一,也算不虚此行了。黄山之美,还美在"四绝":奇松、怪石、云海、温泉。

　　下面,我就给大家讲讲这"四绝"。

　　各位游客,说起黄山"四绝",排在第一的当然是奇松。黄山松奇在什么地方呢?首先是奇在它无比顽强的生命力,你见了不能不称奇。一般来说,凡有土的地方就能长出草木和庄稼,而黄山松则是从坚硬的花岗岩石缝里长出来的。黄山到处都生长着松树,它们长在峰顶,长在悬崖峭壁,长在深壑幽谷,郁郁葱葱,生机勃勃。千百年来,它们就是这样从岩石中迸裂出来,根儿深深扎进岩石缝里,不怕贫瘠干旱,不怕风雷雨雪,潇潇洒洒,铁骨铮铮,你能说不奇吗?其次,黄山松还奇在它那特有的天然造型。总体来说,黄山松的针叶短粗稠密,叶色浓绿,枝干曲生,树冠扁平,显出一种朴实、稳健、雄浑的气势,而每一株松树在长相、姿容、气韵上又各不相同,都有一种奇特的美。人们根据它们的不同的形态和神韵,分别给它们起了贴切自然而又典雅有趣的名字,如迎客松、黑虎松、卧龙松、龙爪松、探海松、团结松等,它们是黄山奇松的代表。

　　黄山的第二"绝"便是怪石。黄山到处都可以看到形态各异的岩石,这些怪石的模样儿千差万别,有的像人,有的像物,有的像某些神话传说和历史故事中的场景和人物,活灵活现,生动有趣。在 121 处名石中,知名度比较高的有"飞来石""仙人下棋""喜鹊登梅""猴子观海""仙人晒靴""蓬莱三岛""金鸡叫天门"等。这些怪石有的是庞然大物,有的则奇巧玲珑,有的独立成景,有的几个组合或同奇松巧妙结合成景。还有些怪石因为观赏位置和角度变化,模样儿也就发生了变化,成了一石二景,如"金鸡叫天门"又叫"五老上天都","喜鹊登梅"又叫"仙人指路",都是移步换景的结果。

　　黄山的第三"绝"就是云海。虽然在中国其他名山也能看到云海,但没有一处能比得上黄山云海那样壮观和变幻无穷的。大概就是这个缘故,黄山还有另外一个名字,叫"黄海",这可不是妄称,是有历史依据的。明朝有位著名的史志学家叫潘之恒,在黄山住了几十年,写了一部 60 卷的大部头书——黄山山志，书名就叫《黄海》。黄山的一些景区、宾馆和众多景观的命名，都同这个特殊的"海"有关联，而且有些景观若在云海中观赏，就会显得更加真切，韵味也更足。"黄海"这个名字可说是名副其实。

各位游客，最后向大家介绍一下温泉。我们常常游览的温泉是前山的黄山宾馆温泉，古时候又叫汤泉，从紫石峰涌出。用黄山命名的温泉景区，是进入黄山南大门后最先到达的景区。黄山温泉水量充足，水温常年保持在 42 ℃左右，水质良好，并含有对人体有益的矿物质，有一定的治疗价值，对皮肤病、风湿病和消化系统疾病确有一定的疗效。但是只能浴，不能饮，过去说它可以饮用是不科学的。其实，黄山温泉不止一处，在黄山北坡叠嶂峰下，还有一个温泉叫松谷庵，古称锡泉。它与山南的宾馆温泉水平距离 7.5 千米，标高也近，南北对称，遥相呼应。

游客朋友，黄山四季分明：春天青峰滴翠，山花烂漫；夏季清凉一片，处处飞瀑；秋天天高气爽，红叶如霞；寒冬则是银装素裹，冰雕玉成。黄山确实是一个旅游、避暑、赏雪的绝好去处，欢迎大家再来黄山游览观光。

技能评估标准

序号	考核内容	考核要求	分值	评分标准	扣分	得分	备注
1	语音语调	语音清晰，语速适中，节奏合理	10	语音清晰 3 分，语速适中 4 分，节奏合理 3 分			
2	表达能力	语言准确、规范，表达流畅、有条理，具有生动性和趣味性	10	语言流畅规范 3 分，表达有条理 3 分，具有生动性 2 分，具有趣味性 2 分			
3	讲解技巧	能根据不同景点内容及游客采用相应讲解技巧，突出山地景观的特点	70	能突出该山地景观的类型和成因 10 分；能突出山地景观的造景功能 20 分；能突出该山地景观与其他自然因素的配合 20 分；能突出该山地景观的人文因素，彰显文化内涵 20 分			
4	讲解内容	景点信息正确、准确，要点明确，无明显错误	10	景点信息准确 3 分，要点明确 3 分，讲解内容无明显错误 4 分			
合计			100				

子任务二　水体景观讲解

任务情景

地陪导游小王接一旅游团游览郑州黄河游览区,怎样讲解才能够生动、引人入胜?

任务分析

我国水体旅游资源极为丰富,江河湖海,流泉飞瀑,类型齐全,各具特色。一个好的导游应该学会在讲解共性的同时突出各种不同水体景观的特点。在讲解各种类型的水体塑造景观时,不但要联系除水以外的其他各种自然造景因素,还应该认真地了解和联系有关的人文造景因素。要使讲解生动,小王首先需要掌握一般水体景观的特点以及所包含的讲解要素,再结合郑州黄河游览区的特点灵活运用各种导游讲解技巧,才能达到生动、引人入胜的效果。

任务操作

步骤一:掌握水体景观讲解技巧。

1.突出水体本身的造景功能

水是构景的基本要素,在构景中有形、影、声、色、光、味等形象生动的特点。

(1)形态美

地球上的水体有多种形态,风韵各异,海洋、江河、流泉、瀑布和外流湖泊以动态为主;内陆湖或部分淡水湖则以静态为主;受地形和季节的影响,有些水体又会呈现出有动有静、动静结合的特点。这些形态能对游客产生很强的吸引力。例如,"一滩复一滩,一滩高一丈,三百六十滩,新安在天上"这首诗,就是描绘新安江的形态美的。又如,"欲把西湖比西子,淡妆浓抹总相宜"则道尽了杭州西湖的形态美,这两句诗把西湖形象化、人格化、女性化了,因而更具情趣,也更富有旅游吸引力。同样,"蠡湖雄,西湖秀",前者象征范蠡,后者象征西施,不但把湖泊形象人格化了,更令游客想起了春秋时代的吴越之战和范蠡、西施之间的微妙关系,把自然美和人文美巧妙地结合起来,从而感受到历史文化美的熏陶。

(2)倒影美

由于水是无色的透明体,因此在光线的作用下,万物映入皆成影。山、石、树、花、白云、蓝天、飞禽、走兽、各种建筑乃至人的活动等都会在水中形成倒影,从而使水上水下、岸边桥头、实物与虚影相互辉映,构成美不胜收的画面;如遇微风轻拂,微波缓慢荡漾,则使倒影之美更富情趣。宋代蓟北处士描写桂林象鼻山水月洞的诗曰:"水底有明月,水上明月浮。水流月不去,月去水还流。"这是水月洞夜间倒影的形象写照。清代袁枚的"江到兴安水最清,青山簇簇水中生。分明看见青山顶,船在青山顶上行",则是兴安江白昼倒影的形象写照。"鱼在天上游,鸟在水底飞"则是九寨沟镜湖的倒影景观美。

（3）声音美

水体在内营力、外营力的作用下，或受坡度影响而流动时，可发出各种声音，人通过听觉，感知它的存在，并体验到不同的声音美，这是游客在旅游过程中获得的重要乐趣之一。如泉水的叮咚声、溪流的潺潺声、河湖的浪涛声、瀑布的轰鸣声、海啸的雷鸣声等，清浊徐疾，各有节奏。节奏感很容易为人所接受并能引起共鸣，同时声音美对人的情绪也颇具影响。如山间或溶洞中滴水的叮咚声，音色优美，速度均匀，有平稳感；山间溪流的淙淙声，音调悠扬，刚柔适中，有流畅感；江边惊涛的拍岸声，音色粗犷，速度急剧，有雄伟感；海上的涛声、风声、雨声、雷声等交织而成的和声，节奏急促，紧张有力，有高昂浑壮感。

某些景象虽然并无声音，人们却能感到声音的存在；某些场合，短暂的寂静，更烘托出声音的美，即"此时无声胜有声"；在另一些场合下，声音又有助于营造幽静的气氛，这便是所谓的"蝉噪林愈静，鸟鸣山更幽"的景观。

总之，水体运动所发出的各种声音，给游客营造了特定的情与境。例如，"禹门三级浪，平地一声雷""到处莺歌燕舞，更有潺潺流水""叮叮咚咚泉，高高下下树""远若素练横江，声如金鼓，近则亘如山岳，奋如雷霆"，它们分别是瀑布、溪水、流泉和海潮带给人们的情与境。

（4）色彩美

水本无色，但透入水中的光线，受到水中浮悬物或水底沉积物的影响，以及水分子的选择吸收与选择散射的共同作用，会呈现出不同的颜色，给人以色彩美的享受。例如，渤海、黄海呈黄色，东海呈蓝色，南海呈深蓝色；海在晴空万里的天气条件下呈湛蓝色，在阴云雨罩的天气条件下呈灰暗色；黄河水呈黄色，黑龙江水呈黑褐色，鸭绿江水呈鸭绿色，白龙江水多呈白色；九寨沟的五彩池、五花海和火花海等，则呈现多种色彩。

（5）光像美

水体自身的运动，在光线的作用下能产生美妙无比的光学现象，令人赏心悦目。例如，普陀山的夜晚，激荡在海浪波峰上的浪花，在市区灯光的照耀下，不时闪烁出大片红黄色的微光；站在重庆朝天门码头上观看山城夜景，市区和江轮上的灯光，还有天上的星光，倒映于长江和嘉陵江的水体之中，交织成大片大片的光的海洋，使人难辨是灯光、星光，还是水光，呈现出一派梦幻般的光景；宋代范仲淹赞洞庭湖景色"上下天光，一碧万顷"。著名的水体美景还有诸如九寨沟的火花海，黄果树瀑布的"昼有彩虹，夜有月虹"的奇观等。在日光、月光和灯光的作用下，海洋、江河、湖泊、瀑布等水体呈现出来的各种光学景象是多么美妙与神奇。

（6）水味美

水本是无色、无臭、无味的液体，但有些河、溪、湖、泉等水体，其水质清冽甘甜，有些还含有丰富的有益于人体健康的微量元素，成为吸引游客的重要旅游资源。

2.突出水体与自然人文景观因素的配合

水体之美不仅源于各类水体景观本身，更在于它与各种造景因素的相互配合。造景因素既包括自然因素的地貌、动植物、天气、气候因素，也包括了人文因素中的建筑、历史和人类活动。

如水与地形配合，加上历代文人墨客游览的题记、流传的诗句和诸多历史故事，结合民间传说及悬棺之谜所构成的长江三峡景区就是最好的典范。行驶在长江之上，吟诵着"朝辞白帝彩云间"的千古绝唱,听人娓娓讲述白帝城托孤的三国故事,欣赏着两岸雄、奇、险、秀、幽的山体美景,小三峡惊现"两岸猿声啼不住"、人与自然和谐共存的生态。仰望悬棺,思索人们祈求升天的轮回心理,看三峡库区沸腾的现代化建设场景,这多种因素的相互配合,怎不叫人兴叹呢?

又如扬州瘦西湖,以瘦小清秀的水体为主要特征,乾隆南巡时,当地盐商在湖两岸竞相构建园林别第,形成了"两岸花柳全依水,一路楼台直到山"的风景画廊。

步骤二:找一篇水体导游词并对其进行分析。

【**示例**】

各位游客,现在我们要去游览的是新疆的喀纳斯湖景区。喀纳斯是蒙古语,意为"美丽富饶、神秘莫测"。喀纳斯湖位于新疆阿勒泰地区布尔津县境内北部,距县城150千米,是一个坐落在阿尔泰深山密林中的高山湖泊。环湖四周原始森林密布,阳坡被茂密的草丛覆盖,来自奎屯、友谊峰等山的冰川融水和当地降水,从地表或地下泻入喀纳斯湖。湖面海拔1 374米,面积约45平方千米,湖水最深处达180多米。现在这里以湖为中心建立了喀纳斯湖自然景观保护区,总面积达5 588平方千米,保护区自上而下的冰川恒雪带、山地冻雪带、高山草甸带、山地草原带等垂直分布。提到喀纳斯景区,就要提到它的很多唯一:这里是中国唯一和四国接壤的自然保护区,是中国唯一的北冰洋水系——额尔齐斯河最大支流布尔津河的发源地,喀纳斯湖还是我国唯一的南西伯利亚区系动植物分布区,生长有西伯利亚区系的落叶松、红松、云杉、冷杉等珍贵树种和众多的桦树林,兽类、鸟类、两栖爬行类动物以及鱼类、昆虫类在此繁衍生息,更是生机无限。

各位游客,请看前面那座高山,它叫友谊峰,海拔4 374米,终年积雪,是我国与蒙古、俄罗斯、哈萨克斯坦的界山,也是喀纳斯湖湖水的发源地。喀纳斯湖形成于距今约20万年前的第四纪冰川时期,湖面海拔1 374米,四周群山环抱,湖面最宽处约2 600米,湖水最深处188米,湖水面积44.78平方千米,自北向南犹如一个长长的豆荚蜿蜒流淌在长约25千米的喀纳斯峡谷里。湖周是苍翠的针阔混交林,与辽阔的山间草原连成一片,春天草原上繁花盛开,芳草萋萋。近处云雾似洁白的飘带,缠绕山间,远处皑皑冰峰,层林苍苍,沟壑滴翠。七八月份,登上海拔2 030米高的观鱼亭俯瞰喀纳斯湖光山色,你会为湖面多姿多彩的奇景所惊叹,在蓝天白云下,偌大湖面宛如硕大的调色盘,湖水的颜色一块深、一块浅、一块蓝、一块绿,变幻万千,美不胜收,喀纳斯的"宝光"独具魅力。"宝光"俗称"佛光",它与天下独秀的喀纳斯湖光、山舞银蛇的冰川、绿草如茵的草原、浩瀚无垠的森林、轻盈飘荡的山间薄雾融为一体,交相辉映,让你如临仙境。当旭日东升或夜幕降临,乘船或站在第四道湾平台上探寻湖心秘密,倘若有幸,你还可以看到像小船一样时隐时现的神秘"湖怪"。

各位游客,喀纳斯湖吸引游客的主要原因就是神秘的"湖怪"。据当地图瓦族民间传说,喀纳斯湖中有巨大的怪兽,能喷雾行云,常常吞食岸边的牛羊马匹。这个传说,从古到今,绵延不绝。近年来,有众多的游客和科考人员从山顶亲眼看到了长达数十米的黑色物体在湖中漫游,成群结队、兴风作浪,因此,"湖怪"被传得沸沸扬扬,神乎其神,这又为美丽的喀纳斯湖增加了几分神秘色彩。1985年7月下旬,新疆大学动物学教授向礼陔率领的考察队在湖边工作时,突然发现数十条巨型鱼在湖面出现,两天后袁国映带领的新疆环境科学研究所的考察队也在"一览亭"上观察到了湖中的巨型鱼群,并拍摄了许多照片和一段录像,从而开始了喀纳斯湖"湖怪"之谜的研究。喀纳斯湖的神秘大概和湖怪的传说有关。一些专家经过考察推断，所谓"湖怪"其实是那些喜欢成群结队活动的大红鱼，这是一种生长在深冷湖水中的"长寿鱼"，其寿命最长可达200岁以上，而且行踪诡秘，没有经验的人是很难捕捉到它的。当地的图瓦人并不相信这种说法，在他们的传说中，"湖怪"能吃掉整头牛，但湖怪到底长什么样，谁也说不清。他们的先辈还有过两次捕捉湖怪的尝试，但都以失败而告终。所以至今图瓦人不到湖里打鱼，也不在湖边放牧。至于"湖怪"与大红鱼(哲罗鲑)是不是一回事，至今还是个谜。喀纳斯湖水中生长哲罗鲑、细鳞鲑、江鳕雪、阿尔泰鲟等珍稀鱼类，特别是著名的哲罗鲑，体长可达2~3米，重达几百千克，因鱼体呈淡红色，俗称大红鱼。大红鱼是典型的淡水冷水性食肉性鱼类，性情十分凶猛，人们曾在6千克的鱼腹中发现过两只野鸭，这种鱼可以长得很大，1984年有人曾捕到一条重达38千克的大红鱼，这样大的鱼出现在高纬度的高山湖泊，在全世界都实属罕见。喀纳斯湖中巨型鱼的发现，引起了国内外从事鱼类研究的科学家们的关注，也引起了世人的极大兴趣。

各位游客，看完了"湖怪"，我们现在看一条怪堤。在喀纳斯湖最北端的入湖口，有一条千米枯木长堤，它是喀纳斯湖奇观之一。涨洪水时枯木长堤会漂起来，按理来说，这些枯木会向下漂游，但是多年来，它却奇怪地逆流而上，长长地横列在喀纳斯湖的上游六道湾处。据说有人把枯木扔到下游五道湾里，那枯木还是执着地回到老地方，与枯木长堤连为一体。这是为什么呢？每当洪水季节，河水将上游大量的枯木携带漂入湖口，强劲的谷风在遇到喀纳斯湖南面的巨大山体后，风力变向，推动着漂入湖水中的浮木逆流上漂，日积月累地在湖口会聚堆形成一条百余米宽、两千米长纵横交错的"千米枯木长堤"。

喀纳斯湖另一奇观是变色，被称为"变色湖"。春夏时节，湖水会随着季节和天气的变化而变换颜色。从每年的4—5月湖面开化到11月冰雪封湖，湖水在不同的季节呈现出不同的色彩，4—5月的湖水，冰雪消融，湖水幽暗，呈青灰色；到了6月，湖水随周围的植物泛绿，呈浅绿或碧蓝色；7月以后为洪水期，因上游白湖湖水的大量补给，湖水由碧绿色变成微带蓝绿的乳白色；到了8月湖水受降雨的影响，呈现出墨绿色；进入9—10月，湖水的补给明显减少，周围的植物色彩斑斓，一池翡翠色的湖水光彩夺目。关于变色湖的形成，除了与季节变化所引起上游河水所含矿物成分的多少有关外，与周围群山植物随季节变化的不同色彩倒映在湖中的倒影，以及阳光角度变化和不同季节的光合作用对湖水的影响也有一定关系。

各位游客，卧龙湾位于去喀纳斯湖途中的布尔津县，距县城140千米，距喀纳斯湖10千米。湖四周森林茂密、繁花似锦、绿草如茵，湖中小岛景色秀丽，湖的进水处巨石砥中流、激浪拍巨石、玉珠飞溅，湖的泄水口有座木桥飞架东西，站在桥上向北看是水平如镜的卧龙湾，向南看是奔腾咆哮的喀纳斯河，由卧龙湾前行1千米就到了月亮湾，喀纳斯河水流经这里形成了一个长达4千米的"之"字，河湾静谧得好似一弯月牙，河水随着一日之间光照的不同，变换着不同的色彩。最绝妙的是河中心的两个河心洲，酷似两只仙人的大脚印，运气好的话，还能看到五个大脚趾头，传说中这两个大脚印是当年成吉思汗率军西征在此涉水过河时留下的痕迹，现在还经常看到转场路过此地的牧民下马匍匐在地顶礼膜拜。

最后，祝大家乘兴而来，满意而归。

技能评估标准

序号	考核内容	考核要求	分值	评分标准	扣分	得分	备注
1	语音语调	语音清晰,语速适中,节奏合理	10	语音清晰3分,语速适中4分,节奏合理3分			
2	表达能力	语言准确、规范,表达流畅、有条理,具有生动性和趣味性	10	语言流畅规范3分,表达有条理3分,具有生动性2分,具有趣味性2分			
3	讲解技巧	能根据不同景点内容及游客采用相应讲解技巧,突出水体景观的特点	70	能突出该水体景观形、影、声、色、光、味、奇等造景功能50分;能突出水体景观与其他自然、人文因素的配合,突出该景点的文化内涵20分			
4	讲解内容	景点信息准确,要点明确,无明显错误	10	景点信息准确3分,要点明确3分,讲解内容无明显错误4分			
合计			100				

子任务三　动植物景观讲解

任务情景

地陪导游小王接一旅游团游览洛阳牡丹园,怎样讲解才能够生动、引人入胜?

任务分析

　　动植物不仅可以单独成景,还可与山地、水体、建筑和现代技术组合成各种大型景观与景区。我国的动植物资源极其丰富,以动植物景观为主体的旅游景区遍布全国各地,几乎每个中心城市或其周边地区都有各种各样的野生动物园和植物园,成为城市居民节假日观光、休闲与旅游的主要去处。因此,学习动植物景观导游讲解大有用处。牡丹园属于动植物景观,要使讲解生动,小王首先需要掌握一般动植物景观的特点以及所包含的讲解要素,再结合洛阳牡丹园的特点灵活运用各种导游讲解技巧,才能达到生动、引人入胜的效果。

洛阳牡丹园

任务操作

步骤一：掌握动植物景观讲解技巧。

1.突出植物的造景功能

（1）形

由于植物种属繁多，千姿百态，风格殊异，故其观赏价值特别高。观花要讲究花姿花形；看叶有单叶、复叶、全叶、裂叶之别；论树形有挺拔雄健、婀娜多姿之分；论果形有圆形、扁形和线形之异；此外，人们还通过嫁接培育等技术，创造出各种别致诱人的观赏植物，给人以种种形态美的享受。

（2）色

色彩是物体的基本属性，对人的感官最富刺激性。色彩是形式美的重要因素，也是美感的普遍形式。色彩是生机的表征，能给人以激励。不同的色彩能使人产生不同的特定的心理反应。植物的茎、叶、花、果都有不同的色彩，给人以多种色彩美，其中最基本的色彩是绿色——"生命之色"。颜色对人们的心理和生理作用，以及对游客健康的影响，是衡量它的美感价值的一个重要方面。绿色环境能让人们拥有愉悦的精神状态，从而保持旺盛的精力，这是当今世界各国日益重视"绿色旅游"的原因。此外，一般植物的花、叶、果实呈现出的各种各样的颜色，以及因缺乏光合作用而呈现的黄色、白色等，都是受各种色素影响的结果。而当这一系列的颜色相互调和时，便构成自然界五彩缤纷的色彩美。其中也包括了一些特殊的且为人们公认的色相景观，如北京的"香山红叶""居庸叠翠"，东洞庭山中的"仙桥枫叶"，均成为当地名景。

（3）香

植物的茎、叶、花、果不仅可装饰自然景观，有的还散发出沁人肺腑的芳香，给人以嗅觉美，从而调节精神，有益于身心健康；某些植物的特异芳香，不仅使人精神振奋，还诱使人们亲自尝试体验，如香气嗅一嗅，香境游一游，香茗饮一饮，香果吃一吃，既能闻香，又能尝香，吸引力颇大。除上述的实用价值外，有些还有很高的审美价值，如武夷山流香涧溪峭壁上兰花涧边的石蒲，清香阵阵，令人陶醉；九寨沟原始森林中的特异芳香，令人精神一振，流连忘返。

（4）声

自然界中许多植物在外力作用下可以发出美妙悦耳的声音，如雨打芭蕉、林海松涛、空谷回音，各有节奏，不同声响，给人以美的享受。

（5）古

古是指植物生存的时间漫长。某些古树名木不但记录了它自身存在的生长史，同时也反映了当地的自然环境和历史环境的特点，因而它不但具有文物科研价值，同时还具有旅游观赏价值。古树名木越古，吸引力越大，保护价值越高。当古树名木具有奇特形态时，其旅游价值更高，名气也会更大。我国具有旅游价值和文物价值的古树名木难以数计，它们常与古寺庙、古陵墓及山岳风景区融为一体,共同构成各风景区的主要观赏对象。如被誉为"世界柏树之父"的陕西黄陵的"轩辕柏"(树围 10 多米,高 20 米,树龄有 4 000 多年)、台湾有"阿里山神木"之称的古红桧树(高 52 米,树围 23 米,树龄在 3 000 年以上),还有广西贵县南山寺的"南山不老松",太原晋祠的"周柏",嵩山嵩阳书院的"汉将军柏",浙江天台山国清寺的"隋梅",北京北海的"唐槐",北京中山公园的"辽柏",南京工学院内的"六朝松",成都杜甫草堂的"罗汉松",九华山的"凤凰松",黄山的"迎客松""送客松",庐山的"三宝树"等,都是知名度很高、大多有掌故传说流传、为人们所向往的游览对象。

(6)幽

幽是绿色植物最重要的造景功能,幽的含义颇多:一是森林茂密,给人"幽深"之感,如再配以深谷,可组成幽谷景观,更增加"深"的含义;二是植物以其葱郁的形象,给人以"幽暗"之感;三是植物通过其生长空间,给人以"幽静""静谧""僻静"之感;四是植物以其上述各种因素的综合,给人以"幽雅"之感,尤其和城市喧嚣之地相比,更显得植物的造幽功能,能给人以幽深、幽暗、幽静、幽雅等幽幽美感。

(7)光

光是指植物表面的光泽,它给游客带来美感。它也指带光泽的植物在阳光作用下所呈现的各种光亮现象。所谓"浮光跃金",讲的就是色彩之变化。在构景中,不同时辰的日光、月光可构成许多奇妙的景色。如有的植物具有蜡质光泽,有的则具有半透明状态的光泽。

(8)影

影是指植物在阳光和月光的照射下,特别是斜射下所形成的影子。它与水体形成的倒影美是不同的概念。光线构成的树影、花影随光线斜射的角度而使景物影子的长度发生形变,使景点的意境更高,如"月移花影上栏杆",就是在斜射中所形成的景象。若是月夜,竹影婆娑,更有"捕风捉影"之趣。

(9)奇

奇是指植物的形态奇特和生理奇特。例如,西双版纳会流油的树"布罗香",黑龙江、吉林两省交界处会产盐的树"木盐树",云南临沧县会长白菜的树"白菜树"。又如,陕西山阴县有一棵高大的"三层果树"——主干为栗子树,上层是桂花、松柏,中层是核桃、大枣、橘子,下层是石榴、桃树,"八树一体",春季千姿百态,鲜花不一;秋季果实累累,飘香浓郁;冬季松柏苍翠,郁郁葱葱。湖北省鹤峰县的"三树一木",主干罗棋桑上长有 8 米多高的盐肤木和22 米多长的柏树。河南光山县净居寺有株古银杏树,高 24 米,树围 6.77 米,分枝处生出三种树木:黄连木、桧柏、桑树,"四树一体",各显其姿。这些都是自然界绝妙的奇景,具有极大的旅游吸引力。

(10)寓意关

我国自古就有通过植物来寄托自己的感情和理想的民族传统。如借苍松表示高洁、刚强、长寿;用竹表示刚直、清高、虚心;以梅表达坚骨、孤高;以荷表示洁身自好。周敦颐在《爱莲说》一文中说:"予谓菊,花之隐逸者也;牡丹,花之富贵者也;莲,花之君子者也。"他指出了菊花、牡丹花和莲花的寓意美。

其实,在我国古代,人们就将松、竹、梅誉为"岁寒三友";将玫瑰、蔷薇、月季誉为"园中三杰";将报春花、杜鹃花、龙胆草誉为"三大名花";将山茶花、梅花、水仙花、迎春花称为"花中四友";又称山茶、腊梅、水仙、迎春花为"雪中四友";称兰花、菊、水仙、菖蒲为"花中四雅";称梅、兰、竹、菊为"四君子"(也有人将梅、兰、竹、菊与松合称"五君子")。此外,中国的名花还有各种誉称,如,牡丹——花王,梅花——花魁(又称雪中高士),芍药——花相,兰花——花祖(又称空谷佳人),月季——花中皇后,水仙——凌波仙子,菊花——花中隐士,莲花——花中君子,海棠——花中仙女,山茶——花中妃子,桂花——花中月老,吊钟——百花盟主等。

2.突出动物的特性

(1)奇特性

奇特性指动物在形态、生态、习性、繁殖、迁徙及活动方面的奇特性、逗乐性。游客观赏后可感受奇特美和怪诞美。如我国高雄"蝴蝶山谷"的蝴蝶会和大理蝴蝶泉的蝴蝶会,长江中下游的扬子鳄(动物的活化石),主产于南方各省的大鲵(娃娃鱼),东北地区的东北虎和麋鹿(尾巴似马,角似鹿,蹄似牛,颈似骆驼),海南的坡鹿,云南的金丝猴,广西的黑叶猴,海南和云南的长臂猿,湖南衡山龙池的"蛙会",等等。

(2)珍稀性

特有的、稀少的,甚至濒于绝灭的动物,往往成为人们关注的中心。如武夷山的"角怪",峨眉山的"弹琴蛙",亚热带山区的娃娃鱼,爬行类的扬子鳄、鳄蜥、象龟,鸟类中的褐马鸡、朱鹮、丹顶鹤、黑颈天鹅、鸳鸯、绿孔雀等。另外,兽类中的大熊猫、金丝猴、长臂猿、白唇鹿、东北虎、白豚、野马、野牛、犀牛、野象、四不像、梅花鹿、羚牛等,都是集观赏价值与保护价值于一身的珍稀动物。

(3)表演性

在人工饲养和训练下,某些动物会模仿人类动作或在人们指挥下进行某些技艺表演。我国古代就有斗鸡、驯熊、耍猴、耍蛇、养鸟、放鹰、赛马等以训练动物为特色的娱乐活动。今天,这些活动,如马戏团的猴、马、羊、狗、虎等表演,对游客仍有极强的吸引力。

步骤二:找一篇植物或者动物的导游词并对其进行分析。

【示例】

各位游客,你们见过白虎和澳大利亚的"国宝"考拉吗?这些动物在其他动物园是很难见到的,要一次全都观赏到,那就更难了。然而,只要到了广州长隆旅游度假区的香江野生动物世界,我们就可以一睹它们的风采啦!

香江野生动物世界是亚洲最大的野生动物园,以大规模的野生动物种群放养和自驾车游览观赏而享誉中外。整个园区占地面积2 000多亩,汇集了来自世界各地的460多种、2万多只珍禽猛兽,其中有许多是世界珍稀濒危动物,如大熊猫12只、白虎150多只、亚洲象24头,以及黑犀牛、倭河马、大食蚁兽等,大多数动物都是在园内繁殖与驯养的。香江野生动物世界还是国内唯一拥有澳大利亚"国宝"考拉的动物园，有澳大利亚引进的三公三母六只考拉，它们把香江野生动物世界当成了"幸福家园"，迅速进入"蜜月"，三只母考拉先后当上了"妈妈"，其中一只还生下了双胞胎，成为50年来全球唯一一只成功繁育双胞胎的考拉。

各位游客，动物世界分为乘车游览区和步行游览区两个部分。在乘车游览区，游客可以开着自己的车，自由穿行于野生动物之间，享受与动物近距离接触的乐趣；而没有开车的游客则可乘坐园内的森林小火车来游览。现在，请大家跟我一起去乘坐小火车，因为要与动物近距离接触，请大家一定要注意安全。

各位游客，小火车前方要经过消毒池，为我们的车辆进行消毒，避免将有害细菌带入园区，危害动物朋友的健康。同时也请各位游客朋友来到园区时，不要随意丢弃垃圾杂物，也不要随意向动物抛投食物。好啦！现在请大家坐好扶稳，让我们放松心情，放飞想象，从最近的亚洲莽原出发，到遥远的东非草原去，领略最最纯粹的大自然吧！

各位游客，接下来，我们马上要拜访的是一位傻呵呵的动物明星，现在请大家一起来猜猜看，那憨态十足的究竟是什么动物呢？各位请看我们的左前方，这就是我们的国宝"大熊猫"。我们现在看到的是棕熊，棕熊体重可达800千克，走起路来一摇一晃，憨态可掬，所以人们叫它"大笨熊"。然而，凡事可不能光看外表，其实它一点都不笨，爬树、摘果、游泳、捕鱼样样都行，可算是动物界中的全能冠军哦！虽然它上树的本领很高，但下树的动作实在不敢恭维，它通常采取的办法就是抱着脑袋，扑通一下掉下来！棕熊还善于游泳和在湍急的河水中捕鱼，别看它平时动作慢条斯理，走路的时候总是同一侧的前后两腿一起并进，但奔跑时的速度却相当快，有时可以轻而易举地追赶上猎物。棕熊是熊家族中的大个子，其中阿拉斯加棕熊是熊家族中体型最大、最凶猛、最珍贵的一种。虽然棕熊视力不好，但嗅觉灵敏，行动敏捷。小棕熊特别喜欢直立行走，就像小孩学习走路一样，活泼可爱，互相之间常常嬉戏，打闹时就像两个相扑手在比赛一样。棕熊的体型大，力气也非常大，常常一巴掌就可以把大型猎物打出几米以外，所以连老虎都不敢惹它。（不相信吗？请看我们送给它的"玩具车"就知道了！）

各位游客，现在大家看到的是黑熊。黑熊的体形中等，长得肥胖而敦实，也就是我们常说的狗熊，它的颈下胸前有一条明显的白色月牙状斑纹，是其体表的一个重要标志，由于视力很差，我们也叫它黑瞎子。它的视力虽然不好，但嗅觉和听觉却较灵敏，行动谨慎而缓慢，如果发现可疑的情况，会立即停下来，用后足站起，环视四周，一旦发现有危险，便迅速地逃入密林之中。黑熊平时性情比较温顺，不善争斗，从不主动伤害人和牲畜。它好奇又好学，爬树、游泳样样都行。你们看，在这次动物运动会上，黑熊不仅参加了它所擅长的短池自由泳比赛，还参加了跳绳、自由体操等项目，能不能取得好的成绩让我们拭目以待。

各位游客，熊是杂食性动物，它们除吃肉以外，还以蘑菇、苔藓和植物的根、茎、嫩芽、果实、种子等为食，并且能咬掉树皮吸吮树汁，但是它们更爱吃蜂蜜，常去捅毁野蜂的窝，因此被野蜂追赶，蛰得鼻青脸肿，一边跑一边用前掌乱抓头部，并且痛得直叫。熊有冬眠的习惯，但由于南方的气候四季不分，加上园内春夏秋冬有吃有住，所以它改掉了冬眠的习惯。

📖 技能评估标准

序号	考核内容	考核要求	分值	评分标准	扣分	得分	备注
1	语音语调	语音清晰,语速适中,节奏合理	10	语音清晰3分,语速适中4分,节奏合理3分			
2	表达能力	语言准确、规范,表达流畅、有条理,具有生动性和趣味性	10	语言准确、规范3分,表达有条理3分,具有生动性2分,具有趣味性2分			
3	讲解技巧	能根据不同景点内容及游客采用相应讲解技巧,突出山及动植物景观的特点	70	能突出植物景观形、色、香、声、古、幽、光、影、奇、寓意方面的造景功能,40分;能突出动物景观奇特、珍稀、表演的特性,30分			
4	讲解内容	景点信息准确,要点明确,无明显错误	10	景点信息准确3分,要点明确3分,讲解内容无明显错误4分			
合计			100				

任务三　人文景观讲解技法

人文景观是指人们在日常生活中,为了满足一些物质和精神等方面的需要,在自然景观的基础上,叠加了文化特质而构成的景观,包括历史古迹、建筑设施、宗教文化、风俗风情等。人文景观的美,除了外在的形式美之外,更多的是蕴含在景观之中的内在美,因此对人文景观的讲解要侧重于挖掘它的内在美。

子任务一　宗教建筑讲解

🎥 任务情景

张掖大佛寺

地陪导游小王接一北京旅游团游览张掖大佛寺,怎样讲解才能够生动、引人入胜?

🧑 任务分析

我国宗教景观数量众多,颇具规模,许多宗教场所是重要的旅游胜地,宗教景观的讲解也成为导游的重要工作内容之一。张掖大佛寺属于宗教建筑景观,要使讲解生动,小王首先需要掌握一般宗教建筑景观的特点以及所包含的讲解要素,再结合大佛寺的特点灵活运用各种导游讲解技巧,才能达到生动、引人入胜的效果。

任务操作

步骤一:掌握宗教建筑景观讲解技巧。

1.佛教建筑艺术的讲解技巧

(1)佛教建筑艺术讲解要领

第一,要改变佛教建筑艺术类的导游讲故事多、讲知识,讲述的往往是些道听途说、似是而非的问题的不规范做法,讲好有关佛教建筑的基本知识和艺术风格。

第二,随着游客文化素质的提高,他们对佛教的一些知识,如寺院的大门到底是三门还是山门,佛的手印表示什么都想要了解,会提出问题,导游要适当讲解一些佛教常识,应准确回答游客的问题。导游自身要储备足够的佛学、佛教及佛教造像的基本知识。

第三,讲解中一定要注意点面结合,面要展得开,历史背景和轮廓要勾画清楚、明白;点要讲得深,讲得透,讲出特点,讲出美之所在。

第四,讲解中要注重共性和个性的结合,既要讲出中外同类景点的共性,更要在本地景点的个性特色上下功夫。

第五,佛教建筑艺术专业性强,但个人的情况却因文化修养、审美兴趣而有别,导游讲解中要注意与游客交流艺术感受,再现或部分再现艺术的创造意图,让游客有触觉到艺术的真实感受。

(2)佛教建筑艺术讲解注意事项

讲解佛教建筑艺术基本常识和艺术风格的重点应包括以下四个方面:

①龛窟。在岩石表面雕刻出来浅凹进去的阁称龛,在洞内雕塑的称窟,在岩石表层直接雕刻的称摩崖石刻。石窟是佛教建筑的一种,在我国东起江浙,西到新疆,南起云贵川,北到山西和辽东,至今仍保留着数以百计的石窟(刻)群,石窟(刻)不像木结构建筑的寺院,可以建在任何地方,它在山地开凿,故石质的恒久性和便于开凿性就成为其选址的根本条件。为获得优美的景色和方便生活用水,多数石窟(刻)依山面水而建。最初的石窟(刻)大多是利用天然洞穴,但天然洞穴适合建造石窟的并不多,加之天然洞穴规模和数量的不足,所以,石窟(刻)主要靠人工开凿。为了减少开山的石方,开凿洞窟往往选择陡坡和悬崖峭壁。开凿洞窟很复杂,工匠们经过多年摸索总结出一套经验:按照自上而下,自外而内的顺序,即先从门洞的上部开始,沿门洞引进水平线或中线,进入门洞后,再自上而下大面积开凿,先从岩面上放样施工,逐步向内推进。这样施工留下的缺口就成了洞窟的"明窗",是既大又深的洞窟的采光、通风之窗。此外,各地石窟(刻)开凿过程中对排水的处理都极为重视,有许多独特的创造,使得这些石窟(刻)在千年之后还保存完好。如乐山大佛在佛头的发髻里筑建了三条排水系统,让雨水从大佛的背后流泻,如果把这些东西讲给游客听,将陡增他们的游兴,他们会到处找各个石窟的排水道,同时也解决了游客们欣赏石窟时惊叹这些石窟是怎么开凿出来的各种问题。

②佛教寺院。这类建筑是佛教建筑最普遍的存在形式之一。寺,本为汉代从事某项具体工作的中高级官吏的通称。中国第一个佛教寺院白马寺,最初也不过是安置外国僧人的

地方,类似现在的国宾馆,后逐步演变为僧人居所的专称,成为僧人修持佛法和弘扬佛教教义的场所。印度佛教徒早期的活动场所多为山中的石窟或居室,其中放置着佛的象征物——塔,供僧人礼拜。随着希腊文化艺术和神话传说的传播,特别是造像艺术传入南亚次大陆后,印度佛教徒认识到造像艺术在弘扬佛法中宣传的优越性,于是大造各种佛像、菩萨像及神像。这样,由礼拜塔转向礼拜神像,安置佛的寺、殿自然就顺理而兴。西方的教堂是专用的,很难挪作他用,具有区别于民居民宅的鲜明建筑特征,而佛教一传入中国,走的就是改造官署、民宅为寺的路。

中国佛教寺院建筑与中华民族古建筑具有相似的特点:多为木结构建筑;斗拱是木架构的关键,大屋顶、飞檐与其他木结构古建筑相同;中心定位,均衡设计,以中轴线为主,成四合院布局,向纵深扩展;以正殿为中心,前后二殿为烘托,左右有配殿,多数是一正两厢,钟、鼓楼列于两侧;注意自然美和寺院周边环境,多见园林景观;重色彩和装饰,屋顶流丹溢彩、花墙非雕即画,藻井彩绘与诸菩萨相得益彰。

③佛塔。塔是佛教建筑的一种类型,我国古代译作浮图、佛图或浮屠,是用来供藏佛骨之处,带有僧人坟墓的性质。它的形式是在台基之上置一圆形覆钵,上立刹杆。因内有佛的舍利子,成为佛教徒礼拜的对象。以局部代全体,佛塔也称“刹”,后将佛寺亦称为“刹”。塔也随佛教一起传入了我国,塔传入我国后发生了很大变化。首先,用途增多。专藏舍利子的塔叫舍利塔,藏经卷、经书之用的塔称为藏经塔,建在城市的东南方位或水口处,以使文风鼎盛、财源广进等与风水相关的有文风塔、文星塔、文峰塔、奎星塔等。还有演变成完全与佛教无关作为风景点缀或实用性质的塔,如北大未名湖畔的博雅塔为水塔,杭州六和塔属导航塔。其次是塔的形制增多了。形状有圆、方、六角、八角、十二角,材质有木、砖、石、金属,在中国,几乎找不到完全一样的塔(双塔、三塔、列塔除外)。

汉化佛教的塔:主要包括地宫、塔身和塔刹三部分。地宫是中国式佛塔特有的结构,是用砖石砌成不同形状的地穴,大都建在地面以下,也有一半在地下,一半在塔内的。地宫主要用来埋藏佛舍利,还常埋有佛经、珍宝及其他器物。法门寺的地宫内就有舍利子和许多十分精美的唐代金银、丝织物等珍品。塔包括塔基和塔身两部分,塔基是整个塔的基础,覆盖在地宫上。塔身是塔的主体,内部分实心和空心两种。中空的一般能登临远眺。塔的层数也颇有讲究,但各佛经说法不一,其中也有矛盾之处,最多的一般是13层。塔刹就是塔的顶子,有尖、圆之分,有用石砌的,也有用金属制作的,形式多样。“刹”的意思是土田,代表一尊佛所掌管的一片国土,也称为佛国,佛寺称“刹”就是由这个含义而来的。塔刹也是由刹杆直贯串联的刹座、刹身(刹杆)和刹顶三部分组成的。

塔院是僧人的公墓,院中的塔都是墓塔,入塔的一般为高级僧尼,功德高低和影响大小不同决定塔的高低大小,墓塔数量众多称为塔林,如北京的潭柘寺、山东的灵岩寺和河南的少林寺皆有塔林。

④佛教建筑的艺术风格。佛教建筑多建于优美的自然风景区内,一是按其教义,应远避尘器,力求清静,利于修身养性;二是可借自然名胜来增强宗教色彩。故有“天下名山僧占多”之说。

佛教寺院一般和宫殿、官署民居一样,平面布局为院落式。汉化佛教明清以后,寺院皆具有此特征。佛寺的外门一般都建成三门并立,中间大、两边小,也有的在中间门栈中立二柱,使中间显得宽大,总称"三门"或"三解脱门",而中国的佛寺多建于山林之中,故又称"山门"。"三门"中的空门又叫不二法门。所谓不二,是指超脱于现实世界矛盾之外的佛说之门,即不问世事,专心潜修。还有一种讲法是"不二"指万事万物皆因缘和合而生,因缘一旦解体,事物就不复存在,一切都是虚无、都是空的,这一"绝对真理"是唯一不二的。进得"山门"("三门")后,佛教建筑多以一进一进的院落构成布局严谨的群体,而且多借助自然之势,力求每进院落渐次增高,如在主殿前常设有数十级乃至百余级台阶,利用地势的差异,来突出佛的崇高。佛殿建筑内部也不求其宽敞,而求其高。由此可见,佛教建筑内部的立柱或许并非完全出于建筑功能的需要,可能也是基于建筑艺术的考虑,用来增强建筑物高耸的感觉,突出超脱尘寰的效果。这种建筑格局辅以青烟缭绕的香火形成的神秘莫测的气氛和诸佛菩萨十指的"印相"给人的指引和暗示,使人们不由感到自己从肉体到精神都很渺小,心便不自主地皈依高大的佛。或许这正是佛教建筑风格真正的内涵。

【示例】

一位导游对敦煌莫高窟的讲解是这样开始的:各位游客,当我们登上北京八达岭的万里长城时,感受到了中华民族是伟大的;当我们来到西安秦始皇兵马俑坑,看到那庞大得与真人真马差不多大的数千武士兵马俑时,感受到了中华民族是有气魄的;我们在敦煌莫高窟参观,用一位西方艺术家的话来说:"这是一个让人明白什么是美的地方。"20世纪30年代,张大千先生辗转万里,去往巴黎,准备向绘画大师毕加索学画。毕加索对他说:"我不明白,为什么有这么多的东方人到西方来学画。照我看,东方有极丰富的艺术宝藏,将来绘画的出路是在东方,在中国。"张大千先生听从了毕加索的劝告,返回祖国,前往敦煌莫高窟,潜心揣摩,历时三年,终于成就为一代中国画大师……短短几句话,用比兴的手法,引发了游客对莫高窟的仰慕和兴致。

一位洛阳龙门石窟的导游在讲解龙门石窟时就用了点面结合的方法,简单概括了石窟总体特征后,花大力气找出重点,讲好重点。他告诉游客中国美学大师李泽厚在其著作《美的历程》中称龙门石窟高17米的卢舍那佛是"中国古代雕塑作品中的最高代表"。为什么大佛会获此盛誉呢? 他提出,一位西方雕塑家说:"康德曾指出,线的艺术要远高于色彩和块面的艺术。"中国学美术的学生是幸运的。比如,西方美院的学生搞素描,为米洛的阿弗阿芙洛蒂忒(即"断臂维纳斯")写生,必须自己先去提炼线条,然后才能描绘出她的姿态。而中国学生则不必,这些诸佛菩萨的线条早被那些无名的大师们提炼出来了,他们只需要照样描画、准确到位就可以了,省了多少摸索和练习,留下了更多的时间去潜心思考线条的走向。比如这尊卢舍那佛,不多的几根线条,就把佛的那种庄严、睿智、亲切、慈祥表达得淋漓尽致。中国佛教艺术从敦煌、云冈、麦积山到龙门石窟,最终完成了外来艺术中国化的进程。像奉先寺的这尊卢舍那佛,已经不再是云冈佛像那样的瘦骨清相,而是慈祥和蔼的健康丰满形象;不再是高不可攀的主宰世界的神灵,而是可以亲近可以请求的救世主宰。它既不同于高于人间的魏刻,又不同于不离人间的宋雕,而是不离人间又高于人间,高于人间又接近人间的新的典型。我们在云冈、麦积山感受到的是一种浑厚庄严、宏大深沉的崇高感,佛像让人敬畏、紧张且崇奉。但在这尊卢舍那佛跟前,我们感觉到的却是亲切、优美、慈祥,产生一种想要亲近的欲望,这种由天上到人间,从出世到入世,从虚空到实在的转变,正是中国儒家思想的曲折反映,正是艺术的觉醒、人性的觉醒。佛的形象还原为人的形象,彼岸世界还原为现实世界,这是佛教艺术在中国发展的必然。印度佛教艺术的风格已经远去了,那些扭腰、送胯、耸臀、胸部高挺等元素都完全排除,结构、线条、装饰以至眼神和笑容都彻底中国化了。中国佛教艺术经历了漫长的岁月,即漫长的接纳、改造、融合、消化过程,在龙门奉先寺的这尊卢舍那佛处最终完成了它的中国化进程,中国佛教艺术在这里也达到了一个光辉的顶点。哪怕只是为了亲眼看一看这尊佛,来一趟也是值得的……这种用全力把石窟的重点龛窟讲好的做法无疑是讲解石窟艺术景点的关键。

2.道教宫观建筑艺术的讲解要领

讲解的总原则和要求与佛教建筑艺术相近,只需突出道教的有关基本知识和道教建筑自身的特色即可。

向游客讲明,道教的建筑称为宫或观,与佛教寺院所供奉神像相比较,其殿堂设置与布局没有那么固定和严格,但它们的整体建筑风格大致相仿,区别在于宫观门前多建有华表,此外宫观院内还建有突出清修成仙意味的园林。需要讲解的宫观建筑风格的共性常识应包括宫观名称由来和建筑布局特征。

道教是中国土生土长的传统宗教,深受汉族古代文化意识的影响,在宫观建筑上,比佛教寺院更具有民族风格和民俗特色,其建筑称谓是逐步演变形成的。道教创立之初的活动场所谓"治",如汉末的五斗米道在巴蜀地区建立了二十四"治",它又称"庐"或"靖",也称静室,先为信徒省过之场所,后变成进行宗教活动的主要场所。南北朝时,道教的活动场所称为"仙馆"。北周武帝时改为"观",取观星望气之意。宫,原为封建社会帝王的居住场所。到了唐朝,皇室与道教信奉的始祖老子(李耳)同姓,唐朝皇帝认老子为自己的祖宗,所以祭祀自己祖先老子的道教建筑便堂而皇之以皇室建筑名称"宫"来命名了。

宫观的平面布局吸收了我国古代的阴阳五行学说,根据八卦乾南坤北,天南地北之方位,以阴阳子午线为中轴,坐北朝南,讲究对称。两侧日东月西,取坎离对称之意。其选址重视风水,以便于"聚气迎神"。结构也是中国传统的木结构体系,多楼阁,并常用戏台"酬神演戏",戏台往往与山门结合,上为戏台,下为山门。

宫观建筑群一般由神殿、膳堂、宿舍、园林四部分组成。神殿是宫观的主要宗教活动场所,一般由山门殿、灵官殿、上清殿、玉皇殿、三官殿等几部分组成,并依次排列在南北间的中轴线上。山门殿一般供奉青龙、白虎二神,灵官殿供奉王灵官,三清殿供奉道教最高神"三清",玉皇殿供奉玉皇大帝,三官殿供天、地、水三官。宫观前面大多建有影壁,表示藏风聚气或避邪之意,正殿两侧为东西配殿,供奉次要的道教尊神,同时这些配殿还设置有客堂、斋堂、厨房、仓房等生活用房。

步骤二:运用宗教建筑讲解技巧对某一宗教建筑进行讲解技能的训练。

【示例】

各位游客,你们看前面半山云里的山峰是否像一面展开的旗帜?这就是展旗峰,山麓间的千层殿阁就是紫霄宫了。紫霄宫是武当山唯一现存的重檐歇山顶结构的建筑,它凭借山势的壮丽,在欲扬先抑、先疏后密、首尾相顾、遥相呼应的建筑手法下,成为我国独具特色的一座道教宫殿。因为这块地方周围的冈峦天然形成了一把二龙戏珠的宝椅,明朝永乐皇帝就将它封为"紫霄福地"。透过中轴线往上看,层层崇台之上殿堂楼阁依山叠砌,栉比鳞次。中轴线两边建筑对称,布局巧妙,错落有致,丹墙碧瓦,雕梁画栋,富丽堂皇。大殿重檐之中立有一块"紫霄宫"三个大字的木制彩匾，为明代工匠所制。"紫霄"象征天上紫微星座，居中央为帝君。"紫霄宫"意为天地中央的紫坛。我们现在背朝大门来看，左是青龙背，右为白虎山，遥相呼应，负阴抱阳，前面两个小山凸，一个是小宝珠峰，一个是大宝珠峰，巧妙地构成了一幅二龙戏珠的图案。对面隐隐看见的是照面山，山下是紫霄洞，构成了一幅完美的风水宝地，所以贞观年间被封为七十二福地之一。

各位游客，现在我们进的第一个殿叫龙虎殿，当中供奉的是王灵官，只见他手持钢鞭，威风凛凛。传说中王灵官有三只眼，能识人间善恶，性情刚直，办事公道，铁面无私，故而专司守门之职。该殿内左有凶煞袭人的青龙神，右有面目狰狞的白虎神，皆为泥塑彩绘，造型生动，形象逼真，其作品出自元代著名雕塑家之手。现在，我们上第一个崇台，可以看见两边东西院下有龟驮御碑亭。说起龟驮御碑，还有个故事，说的是朱棣在靖难之役中，一次败阵到江边，可是江上没有船，正走投无路，突然，水里翻起浪花，现出一个巨龟，那龟竟然向他示意点头，这时朱棣大笑："天助我也。"于是他与姚广孝等大臣登上了巨龟，待追兵赶到时，他们已经登上了彼岸。朱棣上马时，巨龟发话了："你登基后，可别忘了给我册封。"朱棣会意点头，扬鞭策马而去。后来朱棣果然做了皇帝，一批有功之臣得到册封，在他退朝时，军师姚广孝提醒他："你是否忘了一位功臣？"朱棣恍然大悟，毫不犹豫地给那巨龟委以重任，让它专门驮御碑。大家会问，这神秘的巨龟到底是谁呢？它就是龙王的第八子赑屃，它有神力，善于负重，因此，皇帝才封它这个美差。你看这巨龟神态自若，那巨碑高 8 米，宽 4 米，厚 2.5 米，重 98 吨。武当山有十座御碑亭，修复了屋顶的就是这两个，重檐歇山式、旋子彩绘，建筑上非常讲究。

各位游客，上了这三道崇台，我们来到朝拜殿。这朝拜殿又是做什么的呢？明朝武当山册封为皇室家庙，不仅建筑格调等级森严，而且道教规矩十分严格，所有朝拜紫霄宫的四方信士只能在这里跪拜，而七品以上达官贵人才能进入四方大院，故名朝拜殿。朝拜殿又称十方堂，主要用来接待游历的道士挂单、留住事宜。现堂内供奉有真武、吕洞宾、张三丰神像。在这神龛的四周挂满了二十四孝图。大家可能会问，二十四孝图本是儒家文化，怎么会在道教庙观里呢？在道教史上，全真派创始人王重阳、邱处机，将儒、释、道三教融为一体，形成了新的教派，因此，道教文化中包含有浓厚的儒教思想。

各位游客，穿过十方堂，来到紫霄殿大院，仰望展旗峰，豁然开朗，那耸立在三层崇台之上的紫霄大殿巍然屹立，气势磅礴。1982 年，现代著名的世界建筑学家杨庭保先生，观后欣然命笔，写下了"紫霄精神"四个大字，并赞颂武当山古建筑群是中华民族的瑰宝。该殿为重檐歇山式庑殿，丹墙碧瓦，脊饰有龙凤宝瓶、仙人、天马、海马、狮子等大小鸱吻共 61 个，造型逼真，栩栩如生。按照建筑法式规定，像这样的大木大式做法，在明朝代表着皇权的最高等级。殿内面阔进深均为五间，俗称明三暗五式的建筑格调，檐柱间使用四扇三角六弯梭花格心扇门，可开可合，檐下斗拱均用旋子彩绘，又有仙人、荷花木雕艺术陪衬，显得更加绚丽多彩，这些图案描绘了许多道教故事和民间传说。

各位游客，到了大殿前仰望紫霄殿时，您是否感到自己变得渺小了？请大家注意大殿额坊上的三块巨幅匾额，上面刻着"始判六天""云外清都""协赞中天"等，字体浑然天成，笔画刚劲有力。"云外清都"，意思是说，紫霄宫如在云外之上的三清天：玉清元始天尊、上清灵官天尊、太清道德天尊（太上老君）道教三尊神像和真武大帝的安居之所；"始判六天"是清道光三年（1823 年）刻制的，意思是说，道教最先辨别断定宇宙为六重天，其后才有三十三天、三十六天之说，称最高为大罗天，最圣为三清天；"协赞中天"，刻制于民国 28 年（1939 年），其意是道众们同心同德，来赞颂天地中央的道教洞天福地。请看这副对联，上联是"金殿重辉，看鸟草恽飞，气壮山河维社稷"。金殿是指重修后的紫霄宫如同金殿，鸟草形容鸟张开了翅膀，恽指五彩羽毛的金鸡，维是巩固的意思，社稷，指古代土神和谷神，引申为国家的代称。下联是："帝容复整，仰龙章凤姿，光同日月炳乾坤"，帝是指紫霄宫内供奉的玉皇大帝、真武大帝神像，龙章凤姿是指他们身穿的龙袍，炳是指光明的意思，乾坤为天地之说。这副对联的意思是说，明代大修后的紫霄宫如同壮丽辉煌的天宫，它那气壮山河之势将有助国家巩固和国泰民安，修复后的帝容，神光普照，焕然一新，如日月同辉，天地一片光明，普度众生。

下面请大家随我进殿内参观。大殿进深 18.59 米，面阔 26.31 米，通高 18.69 米，整个大殿用 36 根巨柱排列顶立，如同东海龙王殿内的定海针，一丝不动，重檐屋顶用数百个斗拱将抬梁卯桦连接，十分坚固，前檐的 18 根柳筋斗拱是古代大木建筑独特做法，不仅使用了力学知识，而且把檐部装饰得更加壮观，殿内天花藻井及梁坊通体饰有龙凤、日月、云雷、海天、鸟兽、花卉，墙壁上及梁林间还有道教神仙人物典故和山水壁画 58 幅，工笔写意，气韵生动。正殿神龛中的神位排列有玉皇大帝神像和真武大帝不同时代的神像，两边站立的一位是手持经卷的金童，一位是手捧玉印的玉女，他们都是玉帝的侍从。传说真武得道成仙后，到了天宫被玉皇大帝封为亚帝，派他坐镇武当山，镇守北方，玉皇大帝忍痛割爱地将身边的两位侍从派给了真武大帝，并在武当山金殿内安住。次间两排神像是八大天君，均为铜铸鎏金，形神兼备，其工艺之精湛，在国内罕见。其他神龛里陈列的神仙各司其职，在这里就不一一介绍了。殿的后侧横放着的一根杉木，叫传音杉，亦叫飞来杉，传说是从四川飞来的，当年修建武当山时，这根杉树本来是想来紫霄大殿做栋梁之材，没想到在它飞到时大殿已经落成，后来真武大帝就让它在这里给善男信女传递福音，故名传音杉，如果您听到这杉树中的声音，您将会得到神仙赐，这就叫福音。

各位游客，我们踏进大殿，仿佛到了玉帝的金宝殿，见到玉帝正在临朝，文武群臣正在拜会的景象，这就是历经数百年的道场。无论清晨、傍晚、神的生日、喜庆节日，这里都要举行不同形式的法事活动。如今在武当山依然如初，凡在上殿时间，无论在紫霄宫，还是金顶皇经堂，随着一阵悠然飘忽的仙乐声音，经声袅袅，回荡云外，犹如飞升仙界。"清丽柔雅仙家乐，伴歌修持玄门功"，道众们就是在这样的环境中寻求修道欲仙的意境。

各位游客，道教的修炼方式通称为"仪范"。道教仪范分为三大类：一是戒律。戒律形式较多，有三戒、五戒、八戒、十戒等。如积功归根五戒：一者不得杀生；二者不得荤酒；三者不得口是心非；四者不得偷盗；五者不得邪淫。二是醮坛威仪和斋。"威仪"是斋法典式，"斋"是戒的建醮之前，也就是举行法事之前要"斋戒沐浴"，素食、清心。"醮"就是作法及做道场。醮的活动种类很多，如罗天大醮、黄醮、万寿醮等。宋代皇帝经常举办罗天大醮，明代皇家最喜建醮。《明史》载，明代有万寿醮、安神醮、生辰醮、祈年醮等醮法，《太岳太和山志》载，明代皇帝在武当山建醮大典活动最多。三是章表。"章表"是向神表达恳求的申奏文书，章表的用法也有区分，对道教最高尊神所呈进的叫"上表"，对一般神位所呈进的叫"上疏"。道教仪范将道教尊神、念经，到人们的行、住、坐、卧、吃等所有行为都包罗在内，举凡行为都有章可循。如过堂斋饭就有很大规矩，吃饭时不准大声喧哗，不准东张西望或嬉皮笑脸，不准大口吃饭,不准弄响碗筷,不准将米饭弄掉等,各项制度都十分严密。

　　游客们,请随我到紫霄宫父母殿参观。父母殿始建于明永乐年间,已废。现存殿宇为民国早期重建,硬山砖木结构,复合式顶,杂式木构架,小青瓦屋面,前檐为廊,后封檐,建筑风格与个性特点十分突出。殿内正间神龛内供奉的是真武大帝的父母,净乐国国王和善胜皇后,神龛镶有一副对联,上联是"父生天,天长地久",下联是"母长地,地久天长",意思是说,自古就有人将天地、日月、阴阳等比作父母,而真武的父亲也是降生于天,他被封为明真大帝,便与天地同久远了。真武的母亲出生于地,被封为琼真上仙,也就与天地同长久了。殿的左侧供奉的是观世音菩萨,在道教中称慈航道人,这里同样嵌着一副对联,上联是"紫竹林中呈妙像",下联是"白莲台上现玉容",横批是"慈航普渡"。殿内右边供奉的是三霄娘娘,分别是紫霄、云霄、琼霄。神龛两边对联上写着"三光映瑞群仙殿""霄云起祥百子堂"。三光指日、月、星。霄云指三仙女,其中一位是送子娘娘。意思是说,这父母殿如同日月星辰照光映瑞,是神仙居住的地方,殿内云霄娘娘现吉祥之兆,有求必应,子孙满堂。

　　好了,紫霄宫的讲解就要结束了,大家如有什么疑问请随时提出来,我尽最大努力向大家解说,谢谢大家!

技能评估标准

序号	考核内容	考核要求	分值	评分标准	扣分	得分	备注
1	语音语调	语音清晰,语速适中,节奏合理	10	语音清晰3分,语速适中4分,节奏合理3分			
2	表达能力	语言准确、规范,表达流畅、有条理,具有生动性和趣味性	10	语言流畅规范3分,表达有条理3分,具有生动性2分,具有趣味性2分			
3	讲解技巧	能根据不同景点内容及游客采用相应讲解技巧,突出宗教景观的特点	70	能熟知相关的宗教常识并正确讲解20分;能熟知相关的古建筑常识并结合宗教特色正确讲解20分;能熟练运用宗教景观讲解技巧30分			
4	讲解内容	景点信息正确、准确,要点明确,无明显错误	10	景点信息准确3分,要点明确3分,讲解内容无明显错误4分			
合计			100				

子任务二　园林讲解

任务情景

地陪导游小王接一甘肃旅游团游览颐和园,怎样讲解才能够生动、引人入胜?

微课
园林导游讲解

颐和园

任务分析

古人认为:"偌大景致,若干亭榭,无字标题,也觉寥落无趣,任是花柳山水,也断不能生色。"就是说任何一个景致优美、山水秀丽的地方,如果没有文化内容包含其中,这些景致也会顿时没了生气,只是一堆死物。所以如何传播这些文化精髓,使得游客在游览景点的时候能够真正领略到景区的魅力,是园林类导游讲解的关键所在。因此,在讲解时需理解古典园林导游的基本要点,设计合理的游览路线,了解北方园林、江南园林、岭南园林等中国典型园林的特点与讲解技巧,为全面掌握此类导游讲解知识打下坚实基础。颐和园属于北方皇家园林景观,要使讲解生动,小王首先需要掌握一般园林景观的特点以及所包含的讲解要素,再结合颐和园的特点灵活运用各种导游讲解技巧,才能达到生动、引人入胜的效果。

任务操作

步骤一:掌握园林景观讲解技巧。

1.要讲到园林中蕴含的哲理和构园法则

中国造园的最高准则是"虽由人作,宛自天开",即在造园时要顺应和理解自然,在造园中深化自然美而非人力胜自然,体现出庄子"天地有大美而不言",人与自然共和谐的"无为"境界。中国造园历来讲究"构园",构即构思,构思出让人玩味不已、流连忘返的既可游又可居之园。因为无论老百姓还是名士皆公认山水共存的环境是美之极,老百姓说:"有山无水单调,有水无山枯燥,有山有水美妙。"名人雅士言:"仁者乐山,智者乐水。"故中国造园非常讲究叠山理水,山水的相得益彰。同时极其重视处理动、静、虚、实、曲、直、显、隐的辩证关系,为我们创造出一个个复杂的、层见叠出的游览空间。正如一位导游所讲:"中国园林讲究以少胜多,以实带虚,经得起想象。由局部想象出全体,由具体形象感受到园艺家的志趣和追求,从而让我们感受到一个小庭院、一片大天地,隽永耐看,含蓄动人。"在中国园林中,都设置厅堂、亭榭、游廊。说是室外吧,分明有门、有窗、有顶;说是室内吧,却又满目苍翠,山水入怀。曲折的云墙是围还是引? 是引,何以阻断了人的视线;是围,却又引导我们寻路探出,渐入佳境。粉墙上的花窗是挡还是透? 说是透,为何又要用墙挡;说是挡,为何又要用窗泄。几块太湖石组合堆叠的是盆景还是丘壑? 是丘壑,为何那么玲珑剔透,无风无云;是盆景,却又可登可探,有山野之气。缓缓流出围墙的曲水,是尽头还是源头? 说是尽头呢,为什么却又源源不绝,绵绵而去,藏入石缝,一会儿又出现于汀矶;说是源头吧,却又为什么悄然而逝,一去不返。若说有尽,却往往绝处逢生,别有洞天,步移景异;若说无尽,却又发现自己已经到了围墙根上……凡此种种,都显示出中国园艺家们的高妙艺术,让我们处处感受到了中国园林的含蓄美,越品越奇。

2.要具备诗、文、书画、雕刻、音乐、哲学等方面的知识

导游先要自己知其所以然，然后让游客知其所以然。如颐和园的谐趣园中有知鱼桥，苏州沧浪亭有观鱼亭，都暗喻了《庄子·秋水篇》里的一个典故。苏州拙政园湖内广种荷花，主厅名远香堂，旁有荷风四面亭，是让世人明白园主"出淤泥而不染"的高洁志趣。扬州个园以竹为主，园名形胜，又喻主人虚心的节操。诸如此类，都需导游用心积累知识、体验生活。

3.要十分注意语言简洁、生动和诗意美

导游要能够把园林与提高人们的生活质量和生活品位结合起来。"立体的画，无声的诗"是陈毅对园林特殊造型艺术的概括。在如此诗情画意的情境之中，讲解语言如果拖沓冗长、平淡无味，倒不如"此时无声胜有声"。

4.要体现共性特征，突出个性色彩

以个性喻共性，让游客由一个园林而领会中国园林具体的神韵，导游的讲述应让游客如见一叶落而知天下秋。一位导游讲解重庆鹅岭公园时就很好地体现了这一点。他说："'望'是游园的重点，游、行、居都与望相连。因此，高处要设亭台，以便观景眺望；低处要造池、留矶，以便临流照影；近处要置回廊，以见其幽深；园中要设窗，以便能有画意。这个公园基本合乎这个规律。苏州网师园的殿春移，设计高妙，在屋后略置湖石，配以梅、竹等植物，从花窗望出去，花木扶疏、小枝横斜，一叶芭蕉，几竿修竹，半掩窗扉，若隐若现，极富诗情画意。正因为此，美国人才花了上亿美元，在纽约再建一个，改称'明轩'。我们鹅岭公园自然与其相距太远，但从窗框望出去，一样有花草、树木、青山、流泉，一样有画意、野趣，角度不同，景亦殊异，画境也就无限增多。廊引人随，步移景换，成为中国园林的重要特色。人们通过一门一窗与外界发生联系，从而体会到时间、空间的无限。杜甫所说的'窗含西岭千秋雪，门泊东吴万里船'讲的就是类似在中国园林中的感受……"

步骤二：运用园林讲解技巧对某园林进行讲解技能的训练。

【示例】

各位游客，我们现在已经来到了苏州四大园林之一的留园。留园属于私家园林，始建于明万历年间，距今已经有400多年。最初是万历年间太仆寺少卿徐泰时所建的东园。徐泰时曾任工部营缮郎中，参与营造万历帝的寿宫，即十三陵中的定陵。他为人耿直，终因得罪权贵，被弹劾回乡。由于长期在朝为官，他深感身心疲惫，因此回到苏州后，便不问政事，每天在自己的园中赏花弄草，吟风诵月，在自然的空间中尽情地修复其受伤的心灵。到了明清之际，东园已逐渐荒废。清乾隆年间，该园归吴县人刘蓉峰所有。他非常喜爱此园，得手后重新整修并加以扩建，同时取"竹色清寒，波光澄碧"之意，将园名改为寒碧庄。但由于园主姓刘，所以民间称为"刘园"。咸丰年间，苏州阊门外遭兵燹，园林周围街巷宅屋几乎毁尽，唯独该园幸存下来。同治年间盛旭人（其儿子即盛宣怀，清著名实业家、政治家、南洋公学创始人）购得，重修扩建，修葺一新，取留与刘的谐音，始称留园。科举考试状元俞樾作《留园记》称其为吴中名园之冠。留园内建筑的数量在苏州诸园中居冠，厅堂、走廊、粉墙、洞门等建筑与假山、水池、花木等组合成数十个大小不等的庭园小品。其在空间上的处理，充分体现了古代造园家的高超技艺、卓越智慧和江南园林建筑的艺术风格和特色。各位游客，请大家回头看一下刚刚经过的这扇黑漆大门，它很不起眼。大家是否会想留园的主人为什么有钱造如此精美的园林，却不把大门装修得豪华、气派一点呢？难道是买得起马，置不起马鞍吗？

答案当然是否定的。刚才已经讲过，苏州的园林很多都是辞官引退后回乡的官僚所建的私家花园。他们都是怀着"久在樊笼里，复得返自然"的心态，不爱人来客往的世俗应酬，喜欢闭门谢客，独自在自己的园中玩石赏月，经营花草，倾心自然，寄情山水，追求一种古代隐士的生活情趣。因此，苏州的私家园林均无气派显眼的高大门楼，其正门都力求淡化、简单，以求接近普通民居。

再请大家看这门厅正中屏门上镶嵌的一幅缀玉留园全景图。这是 1986 年，为纪念苏州古城建城 2 500 周年，由扬州工匠用 2 500 枚各类玉石薄片镶缀而成的。在全景图的上方高悬着一方匾额，上面写着"吴中名园"四个大字，点出了留园在苏州园林中的地位。这是由当代著名版本目录学家，前上海图书馆馆长顾廷龙先生所题写的。在全景图屏门背面刻有清代朴学大师俞樾先生所作，吴进贤所书的《留园记》。

各位游客，这两方小小的露天空间，苏州人称为天井。由于它们面积太小，所以人们称为"蟹眼天井"。这两方蟹眼天井在这里主要是为了采光而设计的。为了避免造景上的单调，在其下方各置一棕竹盆栽，丰富了此处的景观内容。各位游客，请看这个长方形的小院，名叫南院。由于庭院面积有限，不能大范围地造景，所以造园者就充分利用南面这堵高高的粉墙，来为游人设计了一幅立体的"国画"。这里布置了湖石，种上了金桂和玉兰。除了寓意"金玉满堂"外，还呈现出一幅以粉墙为纸、花石为绘的立体国画的画境。

各位游客，请看这扇窗。这是一扇没有任何图案设计的单纯的长方形漏窗，这种特殊的漏窗也叫空窗。此处如果没有这扇空窗的话，那么这里的采光就不足，就会显得昏暗。所以说，这扇空窗设计的主要目的是采光，和前面讲过的蟹眼天井同样原理。园林建筑哪怕只是一扇门一扇窗，在建筑设计时，也一定要考虑其造景功能。所以为了避免空窗的单调，就利用植物盆栽来映衬它，使它在具有采光功能的同时，又构成一幅生动的立体画，可谓一举两得。

各位游客，我们在不知不觉中已经走过了一条长长的走廊，这条长廊虽有数十米长，然而造园者巧妙地使廊、屋相接，并且在比较封闭的暗处设计了"蟹眼天井"来采光，用富于变化的建筑技巧使廊在空间上产生了明与暗、大与小的对比，使游人在不断变化的空间中，欣赏着各种布置独到的园林小品，在不知不觉中走完这段长廊。另外，从园林审美方面来看，这段长廊相对于秀美的中部远景来说，大有一种"欲扬先抑"的审美效果。因此，这段长廊不仅被园林专家评定为"留园三大名廊"之首，在整个苏州古典园林的廊形建筑中也是一处佳例。

穿过了"长留天地间"的门洞，我们看到前面的粉墙上有六扇窗图案，因此漏窗也俗称"花窗"。在便于通风和采光的同时，可使窗外的景色若隐若现地透进来，因此，花窗在园林建设中常作透景，或者叫漏景之用。此处六扇花窗将中部景色半遮半掩地透了出来，隐约可见，从而激发起游客的游兴，催人急于进园去领略窗外那片胜景。同时，从花窗中透出的园景，随着游客脚步的移动而不断地发生变化，这就是古典园林中的所谓"移步换景"之妙。当然，在通风采光和透景的同时，花窗本身的花格图案在园林造景中也起到了丰富墙面审美内容的作用。另外，在不同的光影照射下，花窗的花格呈现出多姿多彩的落影，为古朴的园林平添了几分活泼的生气。

各位游客，请大家看南面的这堵白墙。墙根处有一明式青石花坛。上面有山茶，旁边植有翠柳，花开之时，红色点缀，生机勃勃。花坛上方白墙上嵌有"古木交柯"砖匾一方。花坛上原有古柏、女贞两棵古树,枝接交错,苍劲虬曲,给人以高洁坚毅之感。"古木交柯"就是指古柏、女贞交枝连理之意。

各位游客,这里是赏留园春景最佳的地点——绿荫轩。这是一个小巧雅致的临水敞轩。它的西面原有一棵三百多年的青枫树,而东面又有榉树遮日,因此以"绿荫"为轩名。轩内匾额上"绿荫"两字,是著名书画篆刻大师吴昌硕先生的弟子、当代书画家王个簃所书。轩南墙壁上嵌有"华步小筑"石额一方。"华"即"花";"步"通"埠"。留园北面有山塘河通向"吴中第一名胜"——虎丘。虎丘自明清以来就以盛产茉莉花、玳玳花等名贵花木而闻名。以前,留园附近有装卸花木的河埠,所以这一带旧名为花步里,而留园主人将自己的园子称为"华步小筑",无疑是一种自谦。它也反映出中国传统文人尚隐逸、求中庸的处世哲学。这里的"花步小筑"四个字由清代学者钱大昕所书。其下方倚墙根所筑的湖石花坛中置石笋、种天竺,巧妙地形成了一幅立体国画的构图,而这"花步小筑"四字恰好是其点睛题跋。

各位游客,请看左前方,那里有一座体量高大的两层楼建筑,这就是取《水经注》中"目对鱼鸟,水木明瑟"之意来命名的明瑟楼。这里面有清澈明净的池水,楼边亦有青枫庇荫,环境清雅明净。明瑟楼底层因建筑外形像古代画舫前轮,所以取唐代杜甫《南邻》诗中"秋水才深四五尺,野航恰受两三人"之意,命名为"怡杭"。这里的"杭"通"航"。在明瑟楼南有一湖石假山,登临二楼的石阶就隐在其中。这里的一峰湖石上刻有"一梯云"三个字,取"上楼僧踏一梯云"之意。"梯云",即以云为梯。古人以为云是触石而生的,因此称石为云根。游人若在这云根盘旋之间拾级登临,一定会有步云成仙之感吧。

各位游客,绕过明瑟楼,我们来到了留园中部宽敞的露台上。这里濒临水池,每当盛夏时节,池内荷花盛开,是赏荷的绝佳之处。因此,这里也被称为荷花台。荷花台南面是紧靠明瑟楼而建的涵碧山房。这是中部花园的主厅,是取宋代理学家朱熹"一水方涵碧,千林已变红"的诗意来命名的。该厅几无装修,南北两面都不设墙,显得朴素大方,通畅明洁。厅内"涵碧山房"匾额上的篆书由旧时园主盛康请香禅居士潘中瑞所书。

厅南院中有一湖石牡丹花坛,旁边还种有玉兰、石榴、绣球等花木,春秋时节,繁花吐蕊,美不胜收。我们站在荷花台上还可以欣赏到布置独到的留园的中部山水。湖石与黄石参差而筑的中部假山上,山石嶙峋、古树参天,灵秀中透着一股阳刚。尤其是几棵荫可蔽日的古银杏、古樟树,与假山浑然一体,登临其间,会令人产生一种犹如进入了深山幽谷的感觉,在苏州各古典园林中,也称得上是一处"城市山林"的佳例。由于山体直逼水池,古树、假山与水面之间所呈现的高低视觉差得到了充分的体现。这就是古典园林造景中"以低衬高"的造景手法。另外,从山水布局来看,这里水虽居中,山居其侧,但在审美上,山的气势却远在水的生机之上,水在这里只是衬托山体气势的一个"配角"。与此相反,同为苏州园林代表作的拙政园,其中的主体假山虽以"一池三岛"的规制筑于水池的中央,但夺人眼目的仍然是那片富于变化的水面。在那里,山是造成水面掩、隔、破审美效果的一种道具。山成了水的陪衬,水的灵秀往往超过了山的敦厚。

各位游客,在涵碧山房西侧,可见一条长廊曲折逶迤于中部假山上。我们一般把这种依山高低起伏的长廊称为爬山廊。这条爬山廊不仅有上山廊和下山廊之分,而且还有倚墙的实廊与离墙的空廊相互呼应,整个廊始终处于高、低、明、暗等不同的地势和光线的变化过程中,令人感到妙趣盎然。同时,这条爬山廊的实用功能体现在以下几方面:①夏天遮阳,雨日挡雨;②联系景点之间的纽带,是一条天然的游览路线;③平缓而巧妙地将游客引到中部假山之上的"闻木樨香轩"。在爬山廊中部的西墙上,嵌有明代吴江松陵勒石名家董汉策所刻的"二王法帖"。"二王"是指近代大书法家王羲之、王献之父子。其中王羲之擅写草、隶、楷、行诸体,且分别自成一家,素有"书圣"之誉。这里的"二王法帖"中,主要有《奉橘帖》《快雪时晴帖》《送梨帖》等著名法帖。留园的"二王法帖"只集"二王"书法,历代名家所写的题跋均被省略。"二王法帖"始刻于明嘉靖年间,刻成于万历年间,历时两朝二十五年。据说以前留园的主人刘蓉峰爱石成癖,并且喜欢将古人的美诗篆刻在青石上嵌入墙壁。因此,这种长约一米,宽约四十厘米,石面上刻着文章诗词或名家书法的书条石就成了留园的一大文化特色,极大地丰富了留园作为古典园林的文化内涵。至今,留园共保存 370 多方书条石,堪称留园一绝。

各位游客,循着爬山廊,我们来到中部花园中最高建筑——闻木樨香轩。从建筑形式上看,这实际上是一个依廊而建的半亭,因四周遍植桂花而得名。轩前是一副对联:"奇石尽含千古秀,桂花香动万山秋。"这是一副状景联:此处千姿百态的湖石在桂花树的掩映下,显得玲珑而古朴,而每到秋风送爽时,则满山荡漾着桂花的香气。这里的"动"字用得极妙,将"香味"这一园林中的虚景写活了。不仅如此,"闻木樨香"还颇富禅意,它似乎在暗示人们,佛理就像这桂花香气一样,虽然我们看不见、摸不着,但它却无时不在,无处不在,只要用心参禅,人人都可以顿悟得道。

各位游客,出了闻木樨香轩东行,跨过山涧上的小石桥,沿石径曲折前行,可看到几棵有着一两百年树龄的古银杏挺拔于奇峰异石之间。银杏又称白果,是我国特有的珍稀物种之一,因从种植到结果的时间很长,所以又被称为"公孙树"。银杏树是雌雄异株的落叶乔木,果仁即白果,可以食用,也可入药,木材致密,可供雕刻之用。

在古银杏之间,可见一六角飞檐攒尖顶的小亭,这就是可亭。其意是可以供游人停留小憩之亭。亭中有一小石桌,是用出产于安徽灵璧县的灵璧石制成的。灵璧石历来被视为石中上品。

从可亭往南看,可与南面的明瑟楼、涵碧山房隔水相望。每当清风徐来,吹皱一池清水之时,对面的明瑟楼和涵碧山房便宛如一艘徐徐出航的画舫,随波动了起来。这里造园者用了写意的手法,为静止的建筑在审美上平添了一分动感,堪称苏州园林造景之一绝。同时,可亭与涵碧山房,居水池南北相对而立,无论从建筑体量的大小,地理位置的高低,还是从建筑形态的轻巧与敦实等诸多方面来看,都堪称一种绝佳的对景。可亭四周植有梅花,且宜观赏雪景,因此,可亭也被视为留园中部欣赏冬景之佳处。

在可亭北面的假山后有一段长 50 余米的花街铺地,用鹅卵石和碎瓷、石片、瓦片等各种材料筑成海棠花纹,犹如织锦铺地一般给人以美感。在这段花街铺地的北面有一条沿粉墙曲折而建的长廊,是中部假山上爬山廊的延续。它除了有前面讲过的联结景点、遮雨蔽日等廊的功能之外,还巧妙地遮挡了作为留园中部和北部分界的粉墙,从而淡化了北部与中部的分隔之感。

各位游客,通过平栏曲桥,我们来到了中部水池的小岛"小蓬莱"。传说渤海中有蓬莱、方丈、瀛洲三座仙山,秦始皇曾经派徐福前往求长生不死之仙丹,同时又在自己的宫院中仿造了三座仙山。此后,在水池中构筑三座"仙山",即所谓"一池三岛"就成了古典园林造园的常用造景手法。留园中部的水池略呈方形,比较规整,桥岛在划分水面的同时,还营造出旷、幽两种不同的水面效果。另外,在构筑中部假山时,特意在水池西部留有一条狭窄的山涧,令人产生池水源源不尽之感,使池水活了起来。

各位游客,留园的游览讲解到此结束,欢迎大家再来苏州!

技能评估标准

序号	考核内容	考核要求	分值	评分标准	扣分	得分	备注
1	语音语调	语音清晰,语速适中,节奏合理	10	语音清晰3分,语速适中4分,节奏合理3分			
2	表达能力	语言准确、规范,表达流畅、有条理,具有生动性和趣味性	10	语言流畅规范3分,表达有条理3分,具有生动性2分,具有趣味性2分			
3	讲解技巧	能根据不同景点内容及游客采用相应讲解技巧,突出园林景观的特点	70	熟知中国古典园林构园法则,并能结合所选景点具体讲解说明,20分;具备诗、文、书画、雕刻、音乐、哲学等诸方面的知识,并能在讲解中体现,20分;讲解语言具备生动性与诗意性特点,10分;体现中国古典园林共性特征的同时能突出所选园林景观的个性特点,20分			
4	讲解内容	景点信息正确、准确,要点明确,无明显错误	10	景点信息准确3分,要点明确3分,讲解内容无明显错误4分			
合计			100				

子任务三　博物馆讲解

任务情景

地陪导游小王接一旅游团参观湖北省博物馆,怎样讲解才能够生动、引人入胜?

湖北省博物馆

任务分析

博物馆是实物标本和辅助陈列品的科学组合,展示社会、自然历史与科学技术的发展过程和规律,或某一学科的知识,是人类物质文明和精神文明物化的体现。小王首先需要掌握一般博物馆景观的特点以及所包含的讲解要素,再结合湖北省博物馆特点灵活运用各种导游讲解技巧,才能达到生动、引人入胜的效果。

任务操作

步骤一:掌握博物馆景观讲解技巧。

1.告诉游客怎样有选择性地参观博物馆

目前,博物馆的数量很多,各种个性化的主题博物馆如服装、报纸、珍宝、茶、纸巾、鞋、啤酒等博物馆也相继开办起来,尤其像北京、上海、西安、天津等地,集中分布有各类博物馆。一般的游客想参观全部的博物馆,在时间和精力上都不现实,有选择性地参观一部分博物馆,是一种省时省力的方法。这就应该首先让游客懂得一些博物馆分类的基本知识,在此基础上,选择博物馆需要考虑的第一个因素是其是否具有代表性,如选择京都国立博物馆,便能看到一个国家现代化实力和民族精神的象征。矗立在华盛顿的史密森美国艺术博物馆建筑群,气势磅礴,布局协调而庄严,显示出这个国家的富有强大、人民的勤劳和自然条件的优越。每到一地,选择最能代表和反映该地历史、风情的博物馆参观,往往能起到提纲挈领的作用,让你能很快地对这一地区的历史、文化和风俗、现状有一个总体的、直观的也比较可信的印象。一般来讲,我国的省(市)博物馆和历史博物馆能起到这样的作用。

2.通过讲解让游客学会博物馆的语言、博物馆的陈列方式和展品内容

许多游客对于自己到博物馆看什么并不清楚,他们的乐趣和享受完全取决于能否在展览中看到那些他们熟悉的或是世界著名的东西,而对于博物馆反映出的整体内容和风格却视而不见,可谓"只见树木,不见森林"。他们在博物馆时浏览每一件展品而对每件展品都只是瞟上一眼。这种既非注视又非比较的参观,既耗费了时间,又搞得筋疲力尽,参观后除了一些零散的碎片状记忆,便什么也没有了。导游在引导游客参观博物馆时一定要克服为游客介绍每一个展品,讲述每一处陈列,走遍整座大楼而让游客分不清主次重点,更无全局概念的讲解方式。一是在参观前先介绍整个博物馆的概况和展馆布局,馆藏重点和特色,让游客在头脑中形成一个大体印象,以求在参观的过程中进行印证。二是让游客充分利用博物馆服务的各种条件,如幻灯、录像、视盘、触摸屏等,主动参与,克服陈列版图有限和陈列静止不变的不足,提升参观效果。三是带领游客突破个人与展品之间的距离,让他们在心灵上与文物产生交流,比如在重点文物前让游客驻足观望良久,让游客从不同角度去观赏、品味展品,再配以生动、富有情致的讲解,使游客对展品产生从陌生—感兴趣—喜爱—玩味不已到不愿离去的情愫。

3.注意掌握参观节奏和时间,避免参观疲劳

按心理学家的意见,单纯地参观一座博物馆,即使是大型博物馆,时间控制在2个小时为宜,参观过程中也要每半小时有一次小憩。心理学家还提醒讲解员们,人们从听觉获得的知识,只能够记忆15%,视觉获得的知识,能够记忆25%,如果视听结合,则能记忆65%。所以,讲解过程中应留有充足的时间让大家观看,去反复印证所讲述的展品特点。另外,避免疲劳的一个重要方法是选择合适的参观角度。博物馆的陈列一般都采取人工光照和自然光照两种方法,展品外往往罩有玻璃展柜,这样窗外的自然光线和室内的其他光源往往在展柜上发生反射,所以带领游客参观时,一定要将游客置于反射较小又能看清展柜中展品的角度停下来讲解。

4.要让博物馆这部最直观、生动的立体百科书的功能释放出来

让参观者获得知识和教育的同时,提高鉴赏能力,培养审美情趣。讲解员要把陈列品的发生、发展历程以及它们的作用、价值和艺术特征讲解出来。比如社会历史类陈列的陶器、瓷器和青铜器等就需要景点导游讲解以上诸方面的内容。

(1)陶器的讲解

陶器是新石器时代开端的标志,是先民们把黏土加水混合后制成各种器物,干燥后经焙烧产生质的变化所形成。它是人类文明发展的重要标志,是人类第一次利用天然物按照自己的意志创造出来的一种崭新的东西。

陶器在新石器时期的黄河流域和长江流域都有大量遗存,构成当时的人类文明。河南新郑的"裴李岗文化"、河北武安县的"磁山文化"和浙江"河姆渡文化"的代表是红陶。陶器具有原始性,器物主要以碗、罐、壶、钵、鼎、三足器为主,均为泥制红陶和夹砂红褐陶。其质地疏松,烧成温度为900 ℃左右,装饰有印纹、划纹和篦点纹等简单的纹样。发现于河南渑池的"仰韶文化"、青海大通的"马家窑文化"在河南、河北、陕西、山西、甘肃、青海等地均有分布,其代表是彩陶。彩陶上的代表纹饰是鱼纹、蛙纹和兽纹等动物纹饰,较多的是以夸张手法表现枝叶、花朵、稻谷的植物纹饰。人物纹饰极为少见,最著名的是青海大通县出土的一件极为精美的舞蹈纹彩陶钵。此钵口径宽29厘米,高14厘米,口沿的内壁上画有三组跳舞的人群,五人一组,手携着手,动作整齐,姿态优美。

山东章丘区龙山镇城子崖发掘的"龙山文化"的代表是黑陶和灰陶,还有烧成温度较高、击之可以发出类似金石声的白陶器。它的地域分布更为广泛,在河南、陕西、河北、江苏、辽东半岛等地陆续有所发现。其代表作品是将陶土淘洗,采用陶轮制坯,胎薄而均匀,晾干后入窑以1 000 ℃左右的高温来烧制,在烧窑的后期加入适量的水,使窑内产生大量的浓烟,烟中的碳粒黏附在器物的表面上,渗入坯体的孔隙,烧成的器物便呈黑色。因此黑陶有"黑如漆,薄如纸"的美称。

随着工艺的显著提高,在陶器的大家族中出现了兵马俑、唐三彩、玻璃陶、低温铅釉的釉陶和紫砂陶等展现高超陶器艺术的新工艺形态。

(2)瓷器的讲解

瓷器是由陶器发展而来的,但与陶器有着本质的不同:第一,陶器的胎料是普通的黏土,瓷器的胎料一般是瓷土,也称高岭土,也有用石英或长石和莫来石经粉碎成末为胎料的;第二,陶器的烧成温度一般在900 ℃左右,瓷器需要1 200~1 300 ℃才能烧成;第三,陶器不施釉或施低温釉,瓷器则多施釉;第四,陶器由于胎质粗松,断面吸水率高,瓷器则经过高温焙烧,胎体坚固致密,故而吸水率不足1%或不吸水,敲之会发出清脆的金属声音。

瓷器是我国古代劳动人民创作出的可以与四大发明相媲美的一项伟大发明,普遍认为

它早在3 000多年前的商代便被发明了,当时出现的原始青瓷是其代表,代表文物是1965年河南郑州市铭功路西侧一座商代墓葬中出土的一件青釉大口尊。瓷器的发展经历了从低级到高级,由原始到成熟逐步发展的过程。瓷器的使用普及于隋,盛行于唐,唐代瓷器的发展,形成了以浙江越窑(浙江上虞、余姚、慈溪等地)为代表的青瓷和以河北邢窑(河北省内丘县)为代表的白瓷两大系统,一般以"南青、北白"概之。在造型上浑圆饱满、小中见大、精巧而有气魄、单纯而又不乏变化,以其造型艺术的雍容大度和线条艺术的曲直有致、流利酣畅、柔和一体来表现时代风格。

宋代是我国制瓷工艺百花争艳的时期。瓷窑遍及南北,品种繁多,除青、白瓷外,黑釉、青白釉和彩绘瓷纷纷兴起,更产生了官、钧、汝、哥、定五大名窑。耀州、磁州、景德镇、龙泉等名窑也因产品风格独特而引领风骚。宋代瓷工艺的最大贡献在于为陶瓷美学开辟了一个新的境界,汝窑"汁水晶莹如堆脂"的质感;定窑瓷器图案工整严谨的印花;官窑、哥窑制品满布断纹,那是刻意制造的缺陷美、瑕疵美;钧窑的海棠红、玫瑰等,灿如晚霞、变化如行云流水的窑变色釉。

明清时期的瓷器是我国瓷器艺术的一个总结。从明代开始"天下窑器所聚"至精至美之瓷,莫不出于景德镇。这一时期,景德镇的青花、白瓷、彩瓷及单色釉瓷等,品种众多,繁花似锦,五彩缤纷。中国的陶瓷手工业发展到清代的康熙、雍正、乾隆三朝,进入黄金时代,以各种彩色加彩绘的综合装饰烧成的青花、釉里红、五彩、粉彩和斗彩多个品种体现了精细而俗艳的时代特征。

总之,中国的瓷器,不仅是可供实用的物质器皿,而且在造型、色泽和装饰等工艺方面具有极高的美学鉴赏价值,可谓实用与观赏相结合,技术与艺术相交融。

(3)青铜器的讲解

我国古代青铜器滥觞于夏代,繁荣于商、周,衰落于秦汉时期。它与历史、冶金、文学以及造型艺术有着相当密切的联系,在国际上享有盛誉,尤其是先秦时期的青铜器更为驰名。

中国青铜器有五大特点:第一,数量大。至今从汉代出土的青铜器仅仅有铭文的就在一万件以上,而有铭文的青铜器在青铜器中是极少数的,可见,我国青铜器的数量之多。第二,造型丰富。种类有:酒器、食器、水器、乐器、兵器、农具与工具、车马器、生活用具、货币、玺、印等。单就酒器中就有爵、角、尊、壶、卣、勺、禁等20多个器种。第三,精品多。青铜器中有很多制作精湛、形制瑰异、花纹繁复、富丽堂皇的精品。如以巨大闻名的"司母戊大方鼎",造型逼真生动、遍体花纹、铸造精湛的"虎食人卣"。第四,铸刻文字。青铜器上铸文称为钟鼎文或金文,世界各地除印度河流域地区发现有少量刻有铭文的器具外,其他国家和地区的青铜器绝大部分没有铸刻铭文,因而我国的青铜器铸刻铭文便成为一个显著特点。青铜器铭文从商代中期开始,起初字数较少,商代开始增多,到了西周便有了大发展。如毛公鼎铭文长达497字,是铭文最长的青铜器。这些铭文真实性强、可靠性强、内容丰富,涉及当时政治、军事、经济、文化及社会生活的诸方面,可以补充和印证古史。第五,中国青铜器的铸造工艺独特。中国青铜器的铸造大多使用合范法,一范只做一件,大件铜器需要几范才能铸成,故中国青铜器大多面目不重复,独一无二,较西方采用的失蜡法(失蜡法的范可以用几次,产生一批形状花纹完全一样的青铜制品)铸造的青铜器有更高的观赏价值。

步骤二：现场客观讲解，据题发挥。

【示例】

各位游客，现在我们参观游览的是著名的南京博物院。博物院坐落在南京紫金山南麓，紧靠中山门内北侧，占地1万平方米。这里绿树环抱，环境优美。博物院内馆藏十分丰富，文化底蕴深厚，是一座大型的全国性历史艺术博物馆，也是中国为数甚少的全代史博物馆。它的前身是国立中央博物院筹备处，由著名学者蔡元培先生倡议，于1933年4月创建，1950年3月9日，更名为国立南京博物院。

[位于广场中央]博物院由两组建筑组成。面朝南的是博物院的旧馆，建于20世纪三四十年代。面朝东的是新馆，1999年落成。展览陈列目前全部集中在新馆。

[面朝旧馆]各位游客，介绍南京博物院，不能不介绍它的建筑艺术，大家先看旧馆建筑。博物院于1936年由徐敬直、李惠伯设计，梁思成、刘敦桢二人担任顾问，展厅面积达16 000多平方米。展馆门外上端的"南京博物院"五个镏金大字由著名书法家沙孟海题写。

提起中国的古建筑，各位游客自然会联想到大屋顶、木构架、斗拱、彩画等。虽然中国古代建筑本质上都是以木构架作为官式建筑最主要的结构形式，但在几千年的演变发展过程中，其构件尺度、造型比例、装饰作法等，形成了各个时代的不同风格。

大家现在所看到的旧馆设计，其指导思想是力图体现中国早期的建筑形式。大家知道，我国古代建筑以唐代最具代表性。但当时我国几座仅存的唐代建筑还没有被发现，而以梁思成、刘敦桢等领衔的古建筑研究机构——营造学社，已发现并研究了一批辽代建筑，如蓟县独乐寺、宝坻广济寺、义县奉国寺等，掌握资料较多，故决定采用辽代的式样来建造这座博物院。

辽代建筑是10至12世纪在我国北方地区形成的一种式样，它继承、沿用了唐代的传统，主要表现为：建筑形式比较真实地反映结构和材料的本质，造型雄浑朴实，屋面坡度较平缓，立面上的柱子从中心往两侧逐渐升高，使檐部缓缓翘起，减弱了大屋顶的沉重感，增加了屋面的动感和美感。

请看，南京博物院总体布局强调了层次丰富的对称轴线，主体建筑远远退离中山东路主干道，前面留下深远宽大的草坪、广场和绿化带，主殿前有宽大的三层石台基。这样的布置都是为了衬托出主体建筑的雄伟、高大，形成丰富的环境氛围。在广场东部树有"原国立中央博物院旧址"石碑、清代铁炮以及石马、石龟等，大家可以抽时间去看看。

主体建筑为七开间的仿辽殿宇，顶铺黄色琉璃瓦，梁柱斗拱粗壮古朴，四面起坡的大屋顶呈曲面翘起，虽十分庞大，但给人以轻快欲飞之感。整幢建筑比例严谨，是在满足功能要求的前提下，采用钢筋混凝土等现代材料，模仿辽式殿宇结构的优秀实例。

博物院的展厅部分做成干屋顶，四面屋檐做成倾斜的披檐，上面铺有与大屋顶相同的琉璃瓦，增强了建筑的整体感。由于工程复杂，加上当时处于抗日战争前夕，经费紧张，以至工程到1947年才完成大体轮廓，全部工程直到20世纪50年代初才陆续完成。

[面朝新馆]新馆仍然是仿辽代建筑，总体风格和旧馆相同。展馆内分为上下两层，总面积达16 700平方米，使得博物院的规模进一步扩大，整体感进一步增强。它堪与国际一流的现代化博物馆媲美，因为它不仅拥有多件"国宝级"文物，而且为数千件文物提供了一个富有诗意的场所。馆外门楣上"物华天宝"匾额，标明馆藏丰富，更标明中华民族灿烂的文明史。

[进入新馆二楼]在参观游览之前,我先将这里的馆藏情况向大家作个简介。1933年6月,由蔡元培先生主持拟定的《设立国立中央博物院计划书草案》公布于众,确立了中央博物院的建设宗旨:"为提供科学研究,辅助公众教育,以适当之陈列展览,图智识之增进。"计划中的中央博物院设立自然、人文、工艺三馆,体系完整,力求全面反映我国社会史、自然史和文化的发展过程,体现了当时我国最先进的博物馆办馆思想。

筹备处成立后,工作人员广收遍寻,征集藏品。陈列品以清代内府文物为基本正本,并7次向全国征集。第一批大宗藏品来自热河、奉天两大清代行宫,文物件数共达20多万件。此外,还获得了一批考古发掘品,如黑龙江昂昂溪的陶器、内蒙古西林和赤峰的细石器、山东日照两城镇的黑陶、云南大理苍洱的古陶、河南安阳殷墟的铜陶器和甲骨、长沙楚墓的漆器、宁夏居延地区的汉简、新疆罗布泊烽燧的边防遗物、四川彭山的崖墓石刻和陶俑、甘肃莫高窟的彩塑及写经等。

民俗文物也是征集的重点之一。通过民俗学调查,收集到松花江赫哲族的皮筏和捕猎工具、海南岛黎族的劳作工具和生活用品、贵州苗族的服饰及四川、西藏、云南的藏、傣、纳西等十多个民族的生活用具、武器、服饰、经典等。

拥有如此众多的珍贵藏品,真可谓是"抱荆山之玉""握灵蛇之珠",这为博物院的收藏奠定了坚实的基础。

但令人扼腕的是,由于抗日战争爆发,形势恶化,迫使筹备处内迁四川,筹备工作陷入极度困难的情景。筹备人员历尽艰辛,才使得筹备工作有所进展。可在1948年12月至1949年1月期间,国民党政府见自己气数已尽,遂将馆藏珍贵文物852箱分三批运往台湾,藏品数量和质量由此受到很大影响。

经过几十年的发展,而今的南京博物院已拥有藏品419 000件,其丰富程度在当今博物馆界名列前茅。其中以原清宫瓷器数量最多,以殷墟出土文物科学价值最高,以西南地区的彝族、纳西族、傣族、藏族、傈僳族的民族文物最有特色。而最为国内外学术界重视的是,博物院考古所亲自主持或参与调查发掘而得到的各类文物。

此外,藏品中还有相当可观的竹木雕刻、玉器、漆器、刺绣、缂丝和丝锦、民族学材料、近代手工业生产工具和产品、清代太湖理民府档案、翁同龢与薛福成等人的文稿书札、太平天国和辛亥革命时期的文物资料,以及"元四家""明四家""清四家""扬州八家""金陵八家"的作品,均具有重要的科学、艺术和历史价值。

博物院还设有专事搜集中外考古、艺术、博物馆、历史类图书资料的专业图书馆,拥有20余万册图书,其中有古籍线装书12万册。现江苏省博物馆学会、考古学会、民俗学会和民间收藏学会常务机构均设在博物院内。

整个展区共分九个部分,一层有青铜器、民俗、瓷器、珍宝和陶艺五个馆,二层有江南织绣、玉器、古书画和漆器四个馆。馆内共展出5 000多件藏品,其中有七成来自原国立中央博物院的馆藏,另有三成是中华人民共和国成立后多年来考古发掘的出土文物。整个展馆的陈列强调艺术史与考古学的结合,陈列设计着力于从院藏考古学材料中提取艺术素材,以突出文物的艺术之美。初创者的设想，在今日得以实现。

大家请听，馆内正在播放洞箫古乐，还有青铜编钟演奏的《南风操》、石编磬演奏的《寒松露》和石埙吹奏的《凤翔千仞》。这些乐曲都是艺术家用博物院的馆藏文物实地录制的，这在国内博物馆陈列中还是首次。现在，请大家随我从二楼开始参观。

[江南织绣陈列馆]该馆的设计风格突出了江南水乡的特色。大家知道，中国是世界上最早发明养蚕、缫丝、织绸的国家，织绣技艺十分发达，依其工艺、功用，大致可分为绸缎、刺绣、缂丝、服饰四大类。数千年来，锦绣工艺经过不断发展，形成了独特的技巧和表现手法，色彩艳丽，形式纷繁，纹样丰富，尤其是其装饰技法，因借鉴了中国书画艺术而更加绚丽多姿，使织绣从单纯的实用品演变成具有很高审美价值的艺术品，在中国艺术史上占有一席之地。江南地区是中国丝绸的故乡，是中国织绣品的主要产地。江南织绣作为中国织绣品重要的组成部分，在中国织绣史上散发出迷人的光彩。馆内展出了60余件织绣品，请观众朋友们欣赏这些丝绸、刺绣、缂丝、服饰的精品。

[玉器陈列馆]该馆的设计风格简洁明快，体现出玉洁冰清的特色。被中国人称为"玉"的石头，学名叫角闪石，它温泽滋润，晶莹美丽。数千年来，人们将各种"玉"碾琢成形式多样的玉器，用于装饰、祭祀、礼仪、馈赠、陈设和日用，创造了丰富多彩的玉文化。中国玉器与中国文化同时孵化，八千年的历史，峰回路转，柳暗花明，至今仍异彩缤纷，是中国文化的重要表征。上古玉器，琮璧成套，斧钺驰骋，龙飞凤舞，洋溢着中国礼仪精神。中古玉器，变化中求统一，推陈出新，奠定了中国玉文化的宏厚基座。近代玉器，发扬传统，深入民间，并不断影响四域，成为人类的共同财富。

中国玉器的特殊魅力，体现在纷繁的造型、特殊的用途、精湛的琢磨工艺和博大精深的文化意蕴四个方面。这是民族文化的精髓，是中国文化数千年连绵不绝的历史见证，是独树于世界艺术之林的瑰宝。

馆内展出了600余件玉器，请游客们欣赏这些光彩照人、技艺精湛的古代玉器工艺精品。

[古书画陈列馆]该馆的设计透出墨香的气息，充满了写意美。馆内主要是绘画作品，共有60余件。其中有宋代赵佶的鹦鹉图轴，元代黄公望的富春大岭图轴，明代仇英的松溪横笛图轴、徐渭的三友图轴、董其昌的松溪幽胜图轴，清代龚贤的夏山过雨图轴。中国绘画，底蕴深厚，风格鲜明，是中华思维模式和审美理念的凝结。

中国绘画，源远流长，发展至唐宋，其技艺臻于完善，风格各异，形式多样，工笔重彩与水墨渲淡并重，泼墨写意与没骨技法并行，交织出一派兴盛景象。宋代崛起的文人画至元代成为中国画的主流，它强调抒发主观情感，融入书法笔意，追求诗情画意，绘画艺术由写实传神向抒情写意方向发展。明清是中国画集大成的时代，出现了摹古和创新两大艺术潮流，流派纷呈，名家辈出。近代中国画在继承传统的基础上，大量吸收西方绘画的表现技法，推陈出新，开创了中国画的新纪元。

下面请观众朋友们欣赏这些中国画艺术精品。

[漆器陈列馆]该馆设计艳丽，光彩夺目，充分体现了江南特色。中国是最早用漆的国家，早在六七千年前的新石器时代，就已经出现髹漆的木器、髹饰的陶器。商周时期出现了工艺较为完善的漆器，成为贵族奢华用品。

汉魏是中国漆器工艺的黄金时代，青铜工艺的衰弱，为髹漆工艺提供了发展的机遇；官营手工作坊的扩大，为髹漆工艺的繁荣奠定了基础。此时的漆器，造型别致，装饰华贵，用途广泛。唐宋元时期，民间髹漆工艺异军突起，技法更加成熟，装饰更趋华丽，新品不断涌现。金银平脱、嵌螺钿、素漆、戗金、犀皮、堆漆，林林总总，令人目不暇接。明清两代，漆器制作发展成为全国性的手工业，形成了各具特色的制漆中心。北京的雕漆、扬州的百宝嵌、福建的脱胎漆，千姿百态，继往开来，为中国古代漆艺画上了完满的句号，也拉开了中国漆艺新时代风格的帷幕。

馆内展出了漆器百余件，请各位游客观赏这些千姿百态、造型别致的漆艺精品。

好，现在请大家到展馆一层参观游览。

[青铜器陈列馆]该馆的设计充分体现了凝重、浑厚的艺术风格。中国是世界上最早使用青铜冶铸技术的文明古国之一。青铜器的出现是文明起源的重要标志，对社会进步产生了巨大而深远的影响。夏、商、周三代创造了中国历史上最为辉煌的青铜礼乐文明。

青铜器种类繁多，有礼器、乐器、兵器、车马器、生产工具和生活用具等。江南青铜器在中国青铜文化中具有特殊的地位。青铜器可分为三种类型：其一为中原型青铜器；其二为江南与中原混合型青铜器；其三，也是最多的一类，就是独具江南地方特色的青铜器。它的造型脱离了中原型的范式，充满了江南人的匠心与巧思，灵动而清秀；它与中原青铜器如春兰秋菊，交相辉映，彪炳千秋。

馆内展出了青铜文物80余件，请大家欣赏这些独具江南特色的青铜艺术品。

[明清瓷器陈列馆]该馆的设计简洁明快，亮丽流畅。瓷器是中国古代的伟大发明，是中华民族对世界文明的重大贡献。

在经历了商周原始瓷，六朝青瓷，唐宋青瓷、白瓷、彩瓷，元代青花、釉里红瓷的发展后，明清瓷器步入了一个崭新的阶段，瓷业生产出现了许多新的变化。景德镇瓷器一统天下，缤纷艳丽的彩瓷逐渐替代了如冰似玉的青瓷，成为瓷器的主流；青花瓷新品迭出，釉里红进一步成熟；五彩、斗彩、粉彩、珐琅彩及特种工艺瓷争奇斗艳。同时，色彩亮丽、釉质匀净的颜色釉瓷器，在丰富的彩瓷世界中，别具神韵，耐人寻味。

馆内展出的200余件瓷器精品大都是明清宫廷用瓷，多为缤纷艳丽的彩瓷，尤其是色泽亮丽、釉质匀净的单色釉瓷器，凸显了这一时期的瓷器风尚。下面请大家欣赏这些琳琅满目、美不胜收的瓷器艺术珍宝。

好，今天的参观游览到此结束，谢谢大家。

📖 技能评估标准

序号	考核内容	考核要求	分值	评分标准	扣分	得分	备注
1	语音语调	语音清晰,语速适中,节奏合理	10	语音清晰3分,语速适中4分,节奏合理3分			
2	表达能力	语言准确、规范,表达流畅、有条理,具有生动性和趣味性	10	语言流畅规范3分,表达有条理3分,具有生动性2分,具有趣味性2分			
3	讲解技巧	能根据不同景点内容及游客采用相应讲解技巧,突出博物馆景观的特点	70	熟知博物馆讲解规范10分;熟悉所讲解博物馆文物陈列及布展内容,能设计合理的游览路线,30分;能针对不同游客使用恰当讲解技巧,30分			
4	讲解内容	景点信息正确、准确,要点明确,无明显错误	10	景点信息准确3分,要点明确3分,讲解内容无明显错误4分			
合计			100				

工作领域三

危机应变

项目八　常见事故与问题处理

思政目标

　　培养学生遇到突发性事故时临危不乱、公私分明、一视同仁、不卑不亢的职业素养。

实施目标

　　①熟悉漏接、错接、空接、误机（车船）事故的预防及处理；
　　②熟悉影响游客人身财产安全的旅游故障；
　　③掌握常见旅游事故发生的规律性；能尽量避免旅游事故的发生；
　　④能够有效解决常见旅游事故与问题。

任务导图 ···

知识链接 ···

　　《旅游安全管理办法》规定：凡涉及游客人身、财产安全的事故均为旅游安全事故。旅游安全事故可分为特别重大旅游事故、重大旅游事故、一般旅游事故、轻微旅游事故四级。

旅游安全事件分类

任务一　业务事故的处理及预防

子任务一　漏接事故的处理及预防

微课

任务情景

　　地陪导游小徐接一德国团，早上7:00他就出发去火车站，因为旅游团8:00到达。小徐想："从家里到火车站打车15分钟就到了，应该不会迟到。"然而，在路途中遇到交通事故引起堵车，待交通警察赶来处理事故并疏通交通，小徐8:10才到车站。

　　地陪导游小徐迟到10分钟到达后，面对等待的游客应该怎么处理？

任务分析

旅游团抵达某地后,导游没有按约定的时间迎接属于漏接事故。造成漏接的原因是多样的,但不管何种原因,其结果总是让游客焦急等待,心情不愉快。

任务操作

漏接是指旅游团(游客)抵达某站后,无导游迎接的现象。这会造成旅游团(游客)原地滞留、活动受阻、影响行程等一系列麻烦。造成这一现象的原因有很多,虽然不一定是导游的责任,但导游要负责做好协调工作,弥补因漏接给游客带来的不良影响。

一、漏接的原因

1.主观原因

①由于导游自身工作不够细致,没有认真阅读接待计划,把旅游团(游客)抵达的日期、时间、地点搞错。

②迟到,导游没有按预定的时间提前抵达接站地点。

③出于某种原因,班次变更旅游团(游客)提前到达,接待社有关部门在接到上一站通知后,在接待计划上已注明,但导游没有认真阅读,仍按原计划接站。

④没核对新的航班时刻表,特别是新、旧时刻表交替时,想当然按旧时刻表的时间接站,因而造成漏接事故。

⑤导游举牌接站的地方选择不当。

2.客观原因

①出于种种原因,上一站接待社将旅游团(游客)原定的班次或车次变更提前抵达,但漏发变更通知,而造成漏接事故。

②接待社已接到变更通知,但有关人员没有及时通知该团地陪导游,造成漏接。

③司机迟到,未能按时到达接站地点,造成漏接。

④由于交通堵塞或其他预料不到的情况发生,未能及时抵达机场(车站、码头),造成漏接。

⑤国际航班提前抵达或游客在境外中转站乘其他航班,造成漏接。

二、漏接的预防

对客观原因造成的漏接,导游难以预防,只能做好事先预案,但导游可以通过提高工作责任心来避免主观原因造成的漏接。为此,导游应做好以下几点:

步骤一:认真阅读接待计划。

导游接到任务后,一定要详细审阅接待计划,了解并熟记旅游团抵达的准确日期、时间、接站地点(具体是哪个机场、车站、码头)、旅游团的人数、特征、领队或全陪导游的联系方式等,问清是否有计划外通知。

步骤二:做到三核实。

接站前要与机场、车站联系,最好与上一站接待旅行社联系,做好计划时间、时刻表时间、问询时间三核实,还要核实确切的接站地点。

步骤三：提前半小时到达接站地点。

导游应与司机商定好出发时间，充分考虑到交通拥堵情况，让时间留有余地，保证按规定提前半小时到达接站地点。

步骤四：站在醒目位置，举接站牌迎接旅游团。

三、漏接的处理

步骤一：认真对待。

得知旅游团已抵达，导游必须立即赶去与旅游团会合，实事求是地说明情况，诚恳地赔礼道歉，以求游客谅解。如果是外来因素造成的漏接，地陪导游要认真解释，消除误解，必要时请接待社领导出面道歉。

步骤二：采取弥补措施。

尽量采取弥补措施，将游客的损失减到最小。

步骤三：提供高质量的服务。

更加热情周到地为游客服务，提供更精彩的导游讲解，高质量地完成旅游接待任务，尽快消除游客因漏接造成的不愉快。

步骤四：支付必要费用。

主动赔付游客因漏接而产生的费用（如游客因等不到导游而乘坐出租车前往下榻的饭店的车费），必要时给游客一定的物质补偿。

步骤五：再次表示歉意。

游客最后离开本地时，应再次表示歉意。

【案例分析】

没能按时接团谁之过?

云南的地陪导游小夏刚送走了一个北京的旅游团，回到旅行社处理完结尾工作，计调部又给了他一份接待计划书，当天下午有一个上海团乘东航航班5点到达，由小夏负责接到。离航班到达还有2个小时，而旅行社离机场也就半小时的路程，通知完司机，小夏想下午4点出发提前半小时接站应该没问题，便见缝插针休息了一会儿。谁知小夏准备出发的时候社里来电话说旅游团已经到了，质问怎么无人迎接。小夏懵了，先赶紧与全陪导游联系，请旅游团稍等，紧接着联系司机赶紧去机场接站，不巧路上遇到堵车，只好绕道行驶，为此又耽误了不少时间。

而到机场才知道五一旺季游客增加，航空公司临时调整了航班时间，而接待计划书上还是旧时间。领导批评了小夏没核对时间。

资料来源：李海玲.导游带团技能速成：经典案例训练[M].北京：中国旅游出版社，2013.

请思考：

1.这属于接站环节的什么事故?

2.该事件责任在谁?

3.出现这一情况，导游应如何处理?

案例分析提示

技能评估标准

序号	考核内容	考核要求	分值	评分标准	扣分	得分	备注
1	漏接的原因	熟知漏接的原因	50	每出现一处错误扣5分,最多扣50分			
2	漏接的预防	熟知漏接的预防措施	20	每出现一处错误扣5分,最多扣20分			
3	漏接的处理	能够模拟练习漏接事故的处理	30	一次模拟练习错误扣6分,最多扣30分			
合计			100				

子任务二　空接事故的处理与预防

任务情景

苏州某旅游团按计划乘 MH456 航班于 10 月 25 日 16:20 飞抵桂林市,地陪导游提前 30 分钟到机场迎接,航班准时到达。但是地陪导游却没有接到客人。

任务分析

没有接到旅游团,属于空接事故。

任务操作

空接是指导游按预定计划前往机场、车站、码头接站,但没有接到旅游团的现象。空接虽然不经常出现,但一旦发生,往往是一个棘手的问题,一步没处理好,就会环环出问题。

一、发生空接事故的原因

1.地陪导游按原计划前往接站,但飞机没有抵达。造成此类现象的原因是:

①气候的突然变化或机械故障,飞机没有起飞或滞留在途中某地,上一站旅行社不知道,也就无法通知本站接待社。

②上一站旅行社知道,但因应对突发事件,无暇通知本站;已经通知本站,但接待社没能及时通知导游。

2.导游按计划前往接站,飞机、火车、轮船准时抵达,但没有接到游客,这类情况的成因可能是:

①旅游团在上一站误机,或上一站旅行社改变了旅游团的行程或改换了交通工具,但没有及时通知本站地接社;通知了本站地接社,但没有及时通知导游。

②游客(主要是散客)因生病、急事,临时取消旅游计划,但没有及时通知旅行社,造成空接。

二、空接的处理

步骤一：排除漏接。

飞机、火车、轮船准时抵达，导游接不到旅游团（游客）时，首先应排除漏接的可能，与旅游团下榻的饭店联系，核实旅游团是否自行到了饭店。

步骤二：请旅行社查明原因。

立即与地接社联系，请其查明原因。

步骤三：确认旅游团（游客）是否推迟抵达。

经核实，旅游团（游客）推迟抵达，导游要听从接待社的安排，或在机场、车站、码头等待，准备迎接不久后到来的旅游团（游客），或离开机场、车站、码头，重新安排接团事宜。

若旅游团（游客）次日抵达。经核实，旅游团（游客）次日抵达，接待社要重新安排住房、餐饮、车辆，地陪导游要与计调部门协商，重新安排活动计划。

若旅游团（游客）取消行程。经核实，旅游团（游客）取消行程时，接待社应立即取消一切预订事项，例如退掉住房、餐饮、车辆和交通票证；及时通知组团社和下一站接待社（如果有下一站活动的话）。

【案例分析】

导游按时接站却未能接到旅游团

导游小李接到任务去广州白云机场接一个旅游团。该旅游团所乘的航班预计上午11点到达机场，于是小李在上午十点半赶到机场，但一直等到12点，小李仍然没有接到自己的团。后来小李接到旅行社的电话，才知旅游团已到达佛山沙堤机场。原来，因天气原因，本该在广州白云机场降落的航班临时改降佛山沙堤机场。

资料来源：龙梅.导游业务[M].北京：中国人民大学出版社，2019：200.

请思考：

1.这属于接站环节的什么事故？

2.导游小李在这一事故中有责任吗？为什么？

3.此时导游小李该怎么做？

案例分析提示

技能评估标准

序号	考核内容	考核要求	分值	评分标准	扣分	得分	备注
1	空接的原因	熟知空接的原因	50	每出现一处错误扣10分，最多扣50分			
2	空接的处理	能够模拟练习空接事故的处理	50	模拟练习出现一次错误扣10分，最多扣50分			
合计			100				

子任务三　错接事故的处理与预防

任务情景

导游小汪按照旅行社的安排去机场迎接一个 20 人的旅游团。班机准时到达。人数、团号、国籍一一对上号后，小汪就带领游客上车。当车到达饭店门口时领队突然提出疑问说他们住的饭店不是这一家。当领队拿出计划和小汪对照后，小汪才知道自己接错团了。

任务分析

错接了旅游团，造成的后果是严重的，真正要接的旅游团没有接来，旅游团还有可能在机场等候或被其他人接走。造成错接事故的原因主要是导游接团时没有认真核实团名（编号）、旅游团人数、领队或全陪导游姓名，没有与全陪导游及领队互相核对相关信息等。

任务操作

所谓错接，是指导游接了不应该由他接的旅游团（游客）的现象。

一、错接的原因

错接旅游团一般是责任事故，是导游责任心不强造成的。错接事故容易发生在旅游热点地区和旅游旺季，有的旅行社同时派出一个以上的团队前往同一地；或者在旺季时，多个团队和游客会乘坐同一航班抵达目的地。

二、错接的预防

步骤一：提前到达接站地点。

导游提前到达可以使导游在第一时间认找自己要接的旅游团，避免旅游团被他人接走。而且，提前到达可以使导游有充裕的时间、充分的准备对自己的团队进行辨认，避免在匆忙中出错。

步骤二：接团时认真核实。

导游要认真逐一核实旅游客源地派出方旅行社的名称、旅游目的地组团旅行社的名称、旅游团的编号、人数、领队姓名（无领队的团要核实游客的姓名）、下榻饭店等。在接团时未必需要对上述每一项都进行核实，只要核实的信息达到能充分确定是自己应接的团队即可。

步骤三：方便团队找到自己。

导游可使用较为醒目的接站牌，接站牌的内容要明白易懂没有歧义。导游也可以把自己的外形特征、衣着打扮告知团队的领队（或全陪导游），让他们容易辨认自己。

步骤四：杜绝迟到现象、警惕非法导游接走旅游团（游客）。

导游要有高度的职业敏感，对自己要接的团队特征要足够熟悉。

三、错接的处理

步骤一：立即报告旅行社。

发现错接，应立即报告接待社，查明错接团的具体情况，再做具体处理。

步骤二：将错就错。

如果经调查核实，错接发生在本社的两个旅游团之间，两个导游又同是地陪导游，那么可将错就错,两名地陪导游将接待计划交换之后就可继续接团。

步骤三:必须交换。

经核查,错接的团是两家接待社的团,必须交换旅游团;即使两个旅游团是同一家接待社,但两个导游中有一名是地陪导游兼全陪导游,也应该交换旅游团。

步骤四:道歉以求谅解。

地陪导游要实事求是地向游客说明情况,并诚恳道歉,以求得游客的谅解。

步骤五:非法导游接走旅游团(游客)的处理。

若发现非法导游接走了旅游团(游客),立即与饭店联系,看游客是否已住进应下榻的饭店;并及时报告接待社,请其协助寻找。若找到非法导游,由有关部门予以严肃处理。

【案例分析】

糊涂导游接错了团

国庆黄金周期间,地陪导游小魏到机场接团,在核实组团社名称无误后,小魏让全陪导游核对了人数就接走了旅游团。在办理饭店入住手续时,小魏突然发现该团不是计划要接的旅游团,他赶紧把情况向旅行社经理做了报告,旅行社也通知他要接的旅游团还在机场。旅行社经理让小魏和司机速去机场,并通知这个错接团的接待社来饭店接团。

因为错接,旅行社做了多方的解释、道歉工作,并给每位游客赠送了一罐绿茶。这件事破坏了游客的旅游心情,也给旅行社造成了损失。

请思考:

1.该事件责任在谁?

2.发生错接后应如何处理?

资料来源:李海玲.导游带团技能速成:经典案例训练[M].北京:中国旅游出版社,2013:19.

案例分析提示

技能评估标准

序号	考核内容	考核要求	分值	评分标准	扣分	得分	备注
1	错接的原因	熟知错接的原因	10	每出现一处错误扣5分,最多扣10分			
2	错接的预防	熟知错接的预防措施	40	每出现一处错误扣10分,最多扣40分			
3	错接的处理	能够模拟练习错接事故的处理	50	模拟练习出现一次错误扣10分,最多扣50分			
合计			100				

子任务四　误机(车、船)事故的处理与预防

误机(车、船)事故是指因故造成旅游团(游客)没有按原定航班(车次、船次)离开本站而暂时滞留的事故。

一、对将成事故的处理

任务情景

某旅游团在兰州旅游后,乘汽车赶赴机场,准备去下一站敦煌,在前往机场途中其他车辆发生了重大的交通事故,造成严重的堵车,时间一点一点过去,车子在短时间内无法通行。

任务分析

出于客观原因造成误机的将成事故,搞不好就变成误机的既成事故。

任务操作

误机(车、船)事故的处理——将成事故

步骤一:处于一线的导游应立即向旅行社有关部门报告,请求帮助。

步骤二:尽快与机场、码头、车站调度室联系,讲明该团名称、人数、所乘航班(车次、船次)及延误原因,现在何处,大概何时能抵达等。

步骤三:旅行社领导应协调各方面关系,力争使该团按原计划离开当地。

步骤四:不管事故是否成为事实,事后都应写成书面报告,查明事故的原因和责任;叙述事故处理的过程及游客对事故的反映,接受旅行社的批评、处罚。

二、已成事故的处理

任务情景

作为地陪导游你接待一个45人的旅游团,按计划该团将乘16:45的高铁赴S市。午饭后存完行李,你于14:30带全团到市中心广场并宣布:"请大家在广场自由活动或在附近购物,一小时后集合!"但集合时只有38人返回,待最后几人返回时,已是16:10了,等大家匆匆赶到车站,高铁已经驶离。

任务分析

地陪导游在团队即将离开本地时,安排团队到市中心广场自由活动或在附近购物,造成在规定时间内无法集合队伍,属于导游安排不当造成的事故。

任务操作

误机(车、船)事故属重大事故,往往会造成重大的经济损失和不良影响。

1.误机(车、船)事故的原因

(1)非责任事故

①有关人员因工作失误造成误机(车、船)。航班班次、车次变更或时间提前,有关人员没有及时通知导游;票证没有及时送到机场、车站,造成误机、误车。

②游客自身的原因(重病、受伤、走失等),导致误机、误车。

③交通事故、严重堵车等造成误机、误车。

(2)责任事故

导游记错旅游团离站日期、时间,当日日程安排过紧,活动安排不当,或没有安排足够的时间赴机场、车站等,造成旅游团误机、误车,这是导游造成的责任事故。

2.误机(车、船)事故的预防

误机(车、船)事故带来的后果严重,杜绝此类事故的关键在预防,应从以下几方面着手:

①认真核实机、车、船票的班次、车次、日期、时间及在哪个机场、车站、码头乘机(车、船)等。

②如果票据未落实,接团期间应随时与接待社有关人员保持联系。没有行李车的旅游团在拿到票据并核实无误后,地陪导游应立即将其交到全陪导游或游客手中。

③离开当天不要安排旅游团到地域复杂、偏远的景点参观游览,不要安排自由活动。

④留有充足的时间去机场、车站、码头,要考虑到交通堵塞或突发事件等因素。

⑤保证按规定的时间到达机场、车站或码头。

表 8-1-1　到达机场、车站、码头时间要求表

乘坐交通工具		到达时间要求
飞机	国际航班	提前两个半小时到达机场
	国内航班	提前一个半小时到达机场
火车		提前一个小时到达火车站
轮船		提前一个小时到达码头
注:如是旅游旺季或春运、暑运等客流高峰期,抵达时间应适当提前		

3.误机(车、船)事故——已成事故的处理

步骤一:及时向旅行社领导及有关部门报告。

步骤二:尽快与机场(车站、码头)调度室联系,争取让团体游客乘下一班次的交通工具离开当地。

步骤三:若无法购买当天去下一站的相应交通票据,应与游客商量是否能换乘其他交通工具。

步骤四:若换乘其他交通工具也不行,则应请旅行社有关部门安排购买最近日期的交通票据或安排包机(车、船),尽快使旅游团离开当地赴下一站。

步骤五:稳定旅游团(游客)的情绪,安排好旅游团(游客)在当地滞留期间的食宿和游览事宜。

步骤六:及时通知下一站接待社,对日程作出相应的调整。如果对日程影响较大,则应

通知国内组团社。

步骤七:向旅游团的全体游客赔礼道歉,必要时请旅行社领导出面致歉,同时采取相应的补偿措施,力争挽回声誉。

步骤八:事后写出书面报告,认清事故责任,接受相应处罚。

【案例分析】

17 点的航班错听成 7 点的

某航班因天气原因推迟起飞,事先得到通知的导游带领游客在宾馆等候。午饭后,导游打电话给机场值班员,询问该旅游团所乘航班的准确起飞时间,值班员告诉他:"17 点起飞。"导游听成了"7 点起飞"。待他带团赶到机场时,已无法赶上飞机。

请思考:旅游团为什么没有赶上飞机? 导游的工作应做哪些改进?

资料来源:龙梅.导游业务[M].北京:中国人民大学出版社,2019:201-202.

案例分析提示

技能评估标准

序号	考核内容	考核要求	分值	评分标准	扣分	得分	备注
1	将成事故的处理	能够模拟练习处理将成事故	40	练习中每漏掉一项或顺序颠倒扣 10 分,最多扣 40 分			
2	已成事故的处理	熟知已成事故的原因及预防,能够模拟练习处理	60	练习中每漏掉一项或顺序颠倒扣 10 分,最多扣 60 分			
合计			100				

任务二　活动日程与计划变更的处理

旅游活动中日程与计划的变更主要涉及三个方面:第一,缩短或取消在某地的游览时间;第二,延长在某地的游览时间;第三,逗留时间不变,但出于主客观方面的原因,被迫改变部分旅游计划。这就要求地陪导游做好必要的沟通交流、解释、协调工作。

子任务一　缩短或取消在某地的游览时间

任务情景

变更旅游计划规定

福建一旅游团按计划于 10 月 5 日 17:30 飞抵南京,10 月 7 日 20:30 乘飞机离开南京,由于时值旅游旺季,南京地接社未能按计划为该团买到机票,只得安排该团乘加班机于 10 月 7 日 13:05 飞离南京。

任务分析

该情景属于特殊原因中缩短在一地游览时间的问题,应该分清主次,认真处理。

任务操作

步骤一:地接社的应变措施。

南京接待社要尽快退掉当日的住房、用餐、车辆并做重新安排,将损失降到最低。

步骤二:确定新的接待计划。

导游要与计调部门一起确定新的接待计划,遵照缩短行程计划的编制原则。

①只要时间许可,一定要将原计划中参观游览的景点及其他活动都安排进去,保护游客的合法权益。

②时间不许可,就选择最具代表性、最有特色的旅游景点,让游客对南京有个基本的了解。

步骤三:向旅游团中有影响的人物说明情况,诚恳地赔礼道歉,详细介绍应变计划,争取他们的谅解和支持,然后分头做游客的工作,立即带领旅游团外出游览。

步骤四:通知组团社和下一站接待旅行社。

步骤五:适当补偿。

必要时经旅行社领导同意可加酒、加菜,赠送小纪念品;若游客反应强烈,可由旅行社领导出面表示歉意并提出补偿办法。

【案例分析】

美国某团一行24人,按照接待计划,应于11月23日11:30乘SU3352航班抵达B市,11月24日14:25乘坐HU4432航班赴S市。由于航班晚点,该团23日19时才能抵达B市。原计划B市要游览4个景点,由于原来安排的是一天的行程,现在时间不够。

请思考:面对该团的情况,作为导游,你会怎么做?

案例分析提示

技能评估标准

序号	考核内容	考核要求	分值	评分标准	扣分	得分	备注
1	旅行社的应变措施	在模拟练习中能在第一时间采取正确应变措施	20	措施采取不当或有遗漏扣20分			
2	确定新的计划	能确定合理的新行程计划	20	制订计划不当扣20分			

续表

序号	考核内容	考核要求	分值	评分标准	扣分	得分	备注
3	说明情况	能礼貌、耐心地解释情况并带团游览	20	解释不到位或不够礼貌扣20分			
4	通知下一站	能及时准确通知下站	20	没有及时准确通知下站扣20分			
5	补偿	能提出合理合规的补偿措施	20	补偿不合规扣20分			
合计			100				

子任务二　延长旅游时间

任务情景

一旅游团在重庆游览,计划于10月6日14:00飞离该市。但天气原因,雾大能见度低,地接社接到航空公司通知,当天航班取消。估计第二天起飞,具体时间等待通知。

任务分析

该情景属于由客观的、不可抗力的原因造成的延长在一地逗留时间的问题,具有一定的代表性。

任务操作

步骤一:落实有关事宜,与接待社有关部门或有关人员联系,重新落实旅游团(游客)的用房、用餐、用车情况,并及时落实离开的机、车、船票。

步骤二:迅速调整活动日程,适当地延长在主要景点的游览时间。经组团社同意后,酌情增加游览景点,努力使活动内容充实。

步骤三:提醒相关接待人员通知一下该团的日程变化。

步骤四:在设计变更旅游计划时,地陪导游要征求领队和全陪导游的建议和要求,共同商量,取得他们的支持和帮助。在改变的旅游计划决定之后,应与领队、全陪导游商量好如何向团内游客解释说明,取得他们的谅解与支持。

【案例分析】

日本JB-WH12团一行15人,原计划9月17日10:15抵达C市,19日8:25乘坐SU2234航班赴S市。该团按时抵达C市后,领队和全陪导游向地陪导游反映,团里大部分团员提出要求,问能否改乘18日13:10的SU3234航班,提前离开C市。因为按原计划他们在C市有两天时间,而在S市则只有不到一天的时间,团里有许多游客在S市有些个人事务要处理。

这是日方旅行社和组团社不知道的,游客是在来 C 市的途中告诉领队和全陪导游的。

请思考:面对此种情况,作为导游,你认为如何处理为好?

技能评估标准

序号	考核内容	考核要求	分值	评分标准	扣分	得分	备注
1	落实相关事宜	在模拟练习中能准确落实所有相关事项	40	练习中每遗漏一项扣 5 分,最多扣 40 分			
2	调整日程	能按照规定迅速调整相关日程	20	调整日程不合规或滞后均扣 20 分			
3	提醒有关人员	及时提醒有关人员	10	提醒不及时扣 10 分			
4	设计变更计划	练习中能与领队、全陪导游协商变更计划,并向游客解释	30	未按规定设计变更计划,未得到游客支持扣 30 分			
合计			100				

子任务三 逗留时间不变,但被迫改变部分旅游计划

任务情景

上海旅游团一行 18 人到甘肃旅游,原计划在 7 日的逗留期间,先参观天水麦积山石窟,而后再游览敦煌莫高窟,但因交通堵塞,不能参观莫高窟,地陪导游想用临夏炳灵寺石窟代替。

任务分析

该情景中,出于客观原因,游程中的游览点被迫临时改变,从而导致逗留时间不变,但旅游计划行程发生变更。

任务操作

步骤一:实事求是地将情况向游客讲清楚,求得谅解。

步骤二:提出由另一景点代替的方案,与游客协商(如临夏炳灵寺石窟代替莫高窟、安西榆林窟替代武威天梯山石窟)。

步骤三:以精彩的导游讲解,热情的服务激起游客的游兴。

步骤四:按照有关规定做些相应补偿,如:用餐时适当地加菜,或将便餐改为风味餐,赠送小礼品等。必要时,由旅行社领导出面,诚恳地向游客表示歉意,尽量让游客高高兴兴地离开。

【案例分析】

　　暑假期间某旅行社接待一个教师团队参加"昆明、大理、丽江、香格里拉十二日游"。经双方协商后签订了旅游合同,并预收了团款。7月30日团队出发开始了云南之旅,一路上旅游活动进展顺利。8月7日到达丽江,接到当地旅游行政管理部门的通知,由于丽江上游发生洪水,前往中甸的道路很不通畅,将严格控制前往香格里拉的旅游人数,以防不测。地接导游小王和全陪导游小谢将此情况立即告知带队校领导及部分教师,要求老师们考虑改变旅游行程。可部分教师却不以为然,坚决要求一睹香格里拉芳容。小谢和小王两位导游在征得地接社和组团社同意后,决定前往香格里拉。8月8日上午旅游团发车先到达虎跳峡。午餐时接到镇政府和当地旅游局的通知,前方50千米处道路已被洪水冲毁20多米,无法通行。两位导游再次将这一最新情况通报给校领导和老师们,建议另作旅行安排。可是,老师们仍然不肯作罢,表示不到亲眼看见冲毁的道路,绝不回头。无奈,团队继续前行。果然,车行不远就到了被毁的那一段路,大家看到现场实景再没有说话,只得返回丽江古城。经与带队校领导和老师们协商,两位导游将放弃的景点改为游览玉龙雪山,在返回昆明的途中又免费增加一个游览景点,以此来弥补老师们未能如愿的"香格里拉之游"的缺憾。

　　请思考:本案例中导游的做法是否妥当,为什么?

技能评估标准

序号	考核内容	考核要求	分值	评分标准	扣分	得分	备注
1	说明情况	在模拟练习中能实事求是说明情况,语言表达流畅,礼貌大方	20	不能准确说明情况扣20分,情况说明准确但是语言表达不流畅扣10分			
2	提出代替方案	能提出合理代替方案并征求游客意见,尊重游客	20	提出方案不合理扣20分			
3	提供精彩讲解	在后续参观中能提供精彩讲解和优质服务	40	根据模拟导游讲解酌情打分,最高40分			
4	补偿	练习中能提出合理补偿方案并使游客满意	20	提出方案不合理或游客不满而未采取有效措施扣20分			
合计			100				

任务三　个人事故处理

旅游活动中游客个人事故的处理,主要包括游客证件、行李丢失或游客走失事故的处理。要求地陪导游做好必要的提醒、沟通交流、解释、协调工作。

子任务一　遗失问题的处理

任务情景

导游小李接待了一个外国旅游团,当该团在北京游览期间,小李多次提醒游客看好自身物品,几日后有一游客声称自己的护照和签证丢失,经多方查找后未果,需要补办证件。

任务分析

旅游期间,游客往往丢三落四,丢失物品是比较常见的现象。但是,丢了证件、行李和贵重物品,不仅给游客造成诸多不便和烦恼,影响游客的心情;也会给导游带来不少麻烦和困难,影响个人及团队的旅行行程,甚至影响游客离境。因此,导游要采取有效措施,防止遗失事故的发生。

任务操作

一、游客证件、行李、财物遗失的预防

步骤一:建议游客重要物品随身携带。

导游应建议游客把证件、现金、贵重物品和经常要用的小件物品放在一个小提包中随身携带,不离左右。不要把证件、财物等放在大型行李箱中,这样不仅给使用证件带来不便,还会因为行李箱经常需要集中存放而脱离游客的视线,带来遗失隐患。

步骤二:做好重要环节的提醒工作。

导游要不厌其烦地反复提醒游客保管好自己的证件、财物,这是防止物品遗失或失窃的最有效的方法。

①入住饭店时,提醒游客不要随身携带贵重物品和大量现金,更不要将其放在客房内,最好放在饭店为旅客准备的保险柜内。离开饭店时,提醒游客取出存放在保险柜内的物品。

②到景点下旅游车时,提醒游客不要将贵重物品遗留在旅游车上;在参观游览时,随时提醒游客带好随身物品;在热闹、拥挤的场所以及在商场购物时,要一再提醒游客保管好自己的证件、钱包和物品;用餐后离开餐厅时,提醒游客带好随身物品。

③任务情景中的小李在结束北京的游览活动离开饭店时,要多次提醒游客检查自己的证件、财物,不要遗忘任何物品;到机场、车站时,提醒游客带好随身物品;游客下车后,导游要检查车厢,发现游客的物品,应立即交还。

步骤三:提醒司机关好旅游车的门窗。

在北京游览期间,导游要随时提醒司机在游客下车后关好旅游车的门窗,最好不离开旅游车;若离开,一定要锁好车门。游客返回上车时,导游和司机要阻止小商贩上车兜售商品。

步骤四:不代为保管游客证件。

导游一般不轻易保管游客证件,要告诉游客证件自己保管,当需要集中使用证件时,由领队收齐,用完立即如数归还。

步骤五:严格按规定交接行李。

如果有行李员接送行李时,地陪导游要严格按规定检查、清点、签字、交接,认真做好行李的交接工作。

二、游客遗失证件的处理

人们外出旅游必须携带有效证件:身份证、护照、港澳居民来往内地通行证、台湾居民来往大陆通行证等。游客一般随身携带证件,多数人又习惯于将证件放在腰包内、手提包里。一旦证件遗失,会给游客带来很多麻烦,导游应帮助寻找、补办证件,保证游客顺利出境。

丢失外国护照和签证的处理

步骤一:帮助寻找。

外国游客丢失护照,导游首先要帮助寻找,安慰失主,设法稳定其情绪,让其回忆证件可能放在什么地方,可能在哪个环节丢失,帮助其在可能的范围内寻找。

步骤二:接待旅行社开具遗失证明。

确认证件遗失后,由接待旅行社开具证件遗失证明。

步骤三:到当地公安机关挂失。

失主持旅行社证明去当地公安局(任务情境中小李应去北京市公安局)出入境管理处报失,申请、领取"护照报失证明"。

步骤四:申请新护照。

失主持"护照报失证明"和照片去所在国驻华使、领馆申请新护照或临时证件。

步骤五:重新办理签证。

失主持新护照或临时证件再去当地公安局外国人出入境管理处(任务情境中小李应去北京市公安局出入境管理处)申请入境证并办理分离签证。

丢失团体签证的处理

步骤一:帮助寻找,确认丢失后由接待社开具团体签证遗失证明。

步骤二:备齐相关材料。

①原团体签证的复印件。

②按原团体签证格式重新打印旅游团的名单。

③全团游客的护照。

步骤三:领队持上述证明和材料到公安局出入境管理处报失,填写申请表,申领新的团体签证。

华侨在中国境内丢失护照的处理

步骤一:帮助寻找,确认丢失,接待社开具遗失证明。

步骤二:失主持遗失证明和照片到公安局出入境管理处挂失并申请新护照。

步骤三:获新护照后去侨居国驻华使、领馆办理入境签证手续。

中国公民出境旅游时丢失护照的处理

步骤一:请当地地陪导游协助游客在接待社开具遗失证明。

步骤二：持遗失证明到当地警察机构报案,并取得警察机构开具的报案证明。

步骤三：持当地警察机构的报案证明和有关材料到我国驻该国使、领馆领取中华人民共和国旅行证。

步骤四：回国后,可凭中华人民共和国旅行证和境外警方的报失证明,申请补发新护照。

丢失港澳居民来往内地通行证(港澳同胞回乡证)的处理

步骤一：由接待社开具遗失证明,向派出所挂失,取得报失证明。

步骤二：到当地公安局出入境管理处申请赴港澳证件,经核实后发给失主一次性有效的"中华人民共和国出入境通行证"。

步骤三：失主持中华人民共和国出入境通行证回港澳地区后,填写港澳居民来往内地通行证件遗失登记表和申请表,凭本人的港澳居民身份证,向通行证受理机关申请补发新的通行证。

丢失台湾居民来往大陆通行证的处理

步骤一：接待社开具遗失证明,到当地派出所挂失并取得报失证明。

步骤二：携旅游团接待计划和上述证明到公安局出入境管理处申请一次性有效的出境证明。

丢失中华人民共和国居民身份证的处理

步骤一：接待社开具遗失证明,到当地公安局报失并取得身份证明。

步骤二：回居住地后,持报失证明及相关材料到公安机关申请办理新身份证。

三、游客丢失财物的处理

游客的财物丢失或被盗,不论原因出在哪里,导游都有义务帮助游客找寻财物并做好善后工作,确认找不到后予以正确处理。

外国游客丢失财物的处理

步骤一：帮助寻找。

稳定失主情绪,尽可能详细地了解物品的丢失经过,丢失物品的数量、形状、特征、价值以及可能丢失物品的时间和地点,并迅速判断丢失的性质:是不慎丢失还是被盗。

步骤二：迅速报案。

一经确定财物丢失或被盗,立即向公安机关报案,必要时向保险公司报案(特别是贵重物品的丢失)。

步骤三：报告接待社。

及时向接待社领导汇报,听取指示并开具遗失证明。

步骤四：开具必要证明。

①丢失的如果是贵重物品,失主应持报失证明、本人护照或其他有效身份证件到公安局出入境管理处填写"失物经过证明",列出失物清单;丢失的如果是入境时向海关申报的物品,失主应出示"中国海关行李申报单"。

②丢失的如果是行李申报单,要在公安局申请办理"中国海关行李申报单报失证明"。

③遗失的如果是在国外办理了财产保险的物品,要在公安局出入境管理处办理"财物报失证明"。

目前,游客丢失贵重物品,一般到当地公安机关挂失,并开具相关证明。

公安机关开具的上述证明,可供失主离境时由海关查验或回国后向保险公司索赔。

步骤五：若遗失物品是旅行支票、信用卡等票证，失主在向公安局报失的同时也要及时向有关银行挂失。

国内游客丢失钱物的处理

步骤一：帮助寻找。

稳定失主情绪，尽可能详细地了解物品的丢失经过，丢失物品的数量、形状、特征、价值以及可能丢失物品的时间和地点，并迅速判断丢失的性质：是不慎丢失还是被盗。

步骤二：迅速报案。

立即向公安机关、保安部门报案，必要时向保险公司报案（特别是贵重物品的丢失）。

步骤三：报告接待社。

及时向接待社领导汇报，听取指示并开具遗失证明。

步骤四：若旅游团行程结束时仍未找到丢失的钱物，可根据失主丢失钱物的时间、地点、责任方等具体情况做善后处理。

财物被盗的处理

发生证件或财物被盗属于治安事故。

步骤一：立即向公安机关报警。

步骤二：积极协助有关部门调查，争取早日破案，挽回不良影响。

步骤三：若不能破案，导游要提供更加周到热情的服务，尽力安慰失主，按上述方式处理。

四、游客行李遗失的处理

游客来华途中丢失行李的处理

海外游客来华途中丢失行李不属于导游的责任事故，但导游仍应热情地协助游客查找行李。

步骤一：办理登记手续。

导游应第一时间带失主到机场失物登记处办理行李丢失和认领手续。失主应出示机票及行李牌，向登记人员说明行李始发地和转运地，行李件数，行李的大小、形状、颜色、标记等，并填写失物登记表。导游应将旅游团的名称及下榻的饭店名称、房间号等信息告诉登记人员，同时留下导游自己的电话号码和失主的电话号码，并和失主一道记下登记处的电话和联系人，记下有关航空公司办事处的地址、电话。

步骤二：如果失主有需要，积极协助失主购置必要的生活用品，并提醒他保存购物发票。

步骤三：经常问询。

在当地游览期间，导游要不时地打电话询问行李找寻情况，打电话时最好当着失主的面，让失主也能了解行李的找寻进程，并让失主知道导游也在时刻关注行李的找寻，缓解失主的焦虑心情。

步骤四：若离开本地时行李还没有找到，导游应帮助失主将接待旅行社的名称、全程旅游路线、将要下榻的饭店的名称和联系电话等信息转告有关航空公司，以便行李找到后能及时运往适宜地点交还失主。

步骤五：若行李确实已丢失，导游可协助游客向航空公司索赔（根据中国民航的规定，行李丢失30天后可以开始索赔进程，行李最高索赔金额为每千克50元人民币；乘坐国际航班的旅客丢失托运的行李，不按重量计算赔偿金额，而是每件赔偿1 000特别提款权，约合1 350美元）。

游客在中国境内丢失行李的处理

游客在我国境内旅游期间丢失行李,一般是在面对这三方时出了差错,即交通运输部门、饭店行李部门和旅行社的行李员。导游必须认识到,不论是在哪个环节出现的问题,都是我方的责任,应积极设法负责查找。

步骤一:仔细分析,找出差错的环节。

如果游客在机场领取行李时找不到托运行李,则很有可能是因为上一站行李交接或机场行李托运过程中出现了差错。这时,全陪导游应马上带领失主凭机票和行李牌到机场行李查询处登记办理行李丢失或认领手续,并由失主填写"行李丢失登记表"。地陪导游应立即向接待社领导或有关人员汇报,安排有关人员与机场、上一站接待社、有关航空公司等单位联系,积极寻找。

如果抵达饭店后,游客告知没有拿到行李,问题则可能出现在四个方面:其一,本团游客误拿;其二,饭店行李员送错了房间;其三,旅行社行李员与饭店行李员交接时有误;其四,在往返运送行李途中丢失。出现这种情况,地陪导游应立即依次采取以下措施:地陪导游与全陪导游、领队一起先在本团内寻找。如果不是以上原因,应立即与饭店行李部门取得联系,请其设法查找。如果仍找不到行李,地陪导游应马上向接待社领导或有关部门汇报,请其派人了解旅行社行李员有关情况,设法查找。

步骤二:做好善后工作。

主动关心失主,对因丢失行李给失主带来的诸多不便表示歉意,并积极帮助其解决因行李丢失而带来的生活方面的困难。

步骤三:随时与有关方面联系,询问查找进展情况。

步骤四:若行李找回,及时归还给失主;若行李确定已丢失,由责任方负责人出面向失主说明情况,并表示歉意。

步骤五:帮助失主根据有关规定或惯例向有关部门索赔。

步骤六:事后写出书面报告(事故的全过程:行李丢失的原因、经过、查找过程、赔偿情况及失主和其他团员的反映)。

五、游客行李破损的处理

步骤一:在机场发现行李破损。

在机场发现行李破损,导游应该陪同行李的主人去行李查询处填写"行李运输事故记录"。

步骤二:在饭店发现行李破损。

行李送到客房后,游客发现行李破损,一般应追查饭店行李员的责任。

步骤三:行李破损赔偿。

行李破损,一般先由旅行社垫付,然后向保险公司索赔。赔偿的方式有:现金赔付、以坏换新、退旧买新(凭发票报销)、修理后凭票据报销。

【案例分析】

10月10日,由迈克先生任领队的美国CK旅行团一行16人在全陪导游的陪同下来重庆观光。S国际旅行社导游小强在机场18:10分时接到CK旅行团,19:00到达下榻的F饭店。导游小强协助领队和全陪导游迅速办理了住店手续,客人陆续进入了自己的房间。这时导游小强接到一个朋友的电话,有急事需办理。正巧这时本社导游小何来饭店看望朋友。小强委托小何负责办好旅行团入住饭店的其他事项,自己就离开饭店帮那位打电话的朋友办事去了。这时,CK旅行团的玛丽小姐生气地赶到大堂找导游小强,但没找到他,她更是满脸怒气,立即找到饭店的大堂经理,投诉说:"为什么不把我的行李送到房间?"这时站在一旁的导游小何才赶过来吩咐行李员仔细检查该团的行李是否到齐,核对行李票才发现在机场就没有领到玛丽小姐的行李。导游小何考虑片刻便说:"今天太晚了,明天再联系查找吧!"这引起了玛丽小姐的极度不满,立即找到全陪导游向旅游行政机关质检所投诉。

请根据相关业务知识,分析以下问题:

1.S国际旅行社导游小强在"入店服务"上存在什么问题?

2.S国际旅行社导游小强和小何应怎样处理行李丢失?

3.导游小强违反什么导游纪律?

案例分析提示

技能评估标准

序号	考核内容	考核要求	分值	评分标准	扣分	得分	备注
1	行李、证件、财物丢失的预防	熟知防止游客物品丢失的预防措施	10	预防措施每遗漏一项扣2分,在模拟练习中未能及时提醒游客做好预防措施扣10分			
2	证件丢失处理	能模拟练习及时处理证件丢失事故	30	练习中每出现一处错误扣5分,最多扣30分			
3	财物丢失处理	能模拟练习及时处理财物丢失事故	30	练习中每出现一处错误扣5分,最多扣30分			
4	行李遗失、损坏处理	能模拟练习及时处理行李遗失及损坏事故	30	练习中每出现一处错误扣5分,最多扣30分			
合计			100				

子任务二 游客走失的处理

任务情景

北京导游小王接待了一个湖北来的旅游团,在游览故宫时,游客张某忙着拍照没有跟上导游小王。由于人多,小王并未注意,等大家回到车上清点人数时,才发现张某走失。

游客来到一个陌生的地方,面临走失的风险要比在居住地大得多。旅游团游客走失,寻找有一定难度。游客的走失,轻则影响游客的情绪,影响旅游活动安排,重则可能危及游客的生命、财产安全,团队的游程也不可能由于个别游客走失而停止,因此导游应学会妥善处理寻找游客与继续旅游的关系,解决好问题。

任务操作

一、游客走失的原因

游客走失是由游客不记得要去的地址或者不记得要走的路线造成的,通常有三个原因:一是不记得景点路线或停车位置、车牌号、车的特征,找不到正确的景点出口或正确的停车位置;二是游客出于拍摄等原因在景点停留太久,脱离了团队而造成迷路,无法走出景区;三是游客在自由活动时没有记住饭店的名称、地址和线路而无法找到入住的饭店。

二、游客走失的预防

步骤一:讲清每一天的活动安排。

在前往景点的旅游车上,地陪导游要详细通报当天的活动安排:上、下午的活动地点,午、晚餐的用餐时间、餐馆名称和地址;在景点示意图前讲清游览路线、所需时间,强调集合的时间和地点,提醒旅游车的特征、车牌号和停车地点。

步骤二:多做提醒工作。

游客离开饭店时,提醒他们带好饭店卡片;参观游览时,提醒游客跟上团队,不要误入岔道,不要离团在一旁自由活动或摄影时间过长;自由活动时,提醒游客不要走得太远,不要回饭店太晚,不要去热闹、拥挤、秩序乱的场所等。

步骤三:清点人数。

参观游览中,每次转移时,都要清点人数,发现少人,要及时寻找。

步骤四:密切配合,防止走失。

参观游览时,地陪导游、全陪导游和领队要密切配合,全陪导游和领队要主动负责做好旅游团的断后工作,防止游客走失。

步骤五:提高吸引力。

导游应努力提高服务水准,丰富讲解内容,用高超的导游服务技巧和优质的讲解吸引游客,使游客愿意跟着团队游览。

三、游客走失的处理

游客在游览时走失的处理

步骤一:了解情况、迅速寻找。

导游应立即向其他游客、景点工作人员了解情况并迅速寻找。地陪导游、全陪导游和领队要密切配合,一般情况下是全陪导游、领队分头去找,地陪导游带领其他游客继续游览。

步骤二：请求协助。

认真寻找后仍找不到走失者,就应求助于景点管理处和景点派出所,请求广播找人或请管理处通知景点工作人员帮助寻找。特别是面积大、范围广、地段复杂、进出口多的游览点,因寻找工作难度较大,争取当地有关部门的帮助尤其必要。

步骤三：与饭店联系。

寻找一段时间后,地陪导游可与旅游团下榻饭店联系,查询走失者是否已自行返回饭店。

步骤四：报告旅行社。

如果采取了以上措施仍然找不到走失的游客时,地陪导游应将走失情况报告接待旅行社,必要时请示领导,向公安部门报案。

步骤五：做好善后工作。

找到走失者后,要予以安慰,不可指责、训斥,但要提醒走失者或其他游客多加注意,以免再次发生走失事故;如果发生其他事故,按事故性质妥善处理。

步骤六：写出书面报告。

若发生严重的走失事故,导游要写出书面报告,详细记述游客走失经过、寻找经过、走失原因、善后处理情况及游客的反映等。

游客在自由活动时走失的处理

步骤一：立即报告旅行社,请求旅行社协助。

步骤二：向派出所报案。

详细提供走失者的特征和相关情况,请求寻找。

步骤三：做好善后工作。

找到走失者,导游应表示高兴;问清情况,要予以安慰,不可指责、训斥,但要提醒走失者或其他游客多加注意,以免再次发生走失事故;如果发生其他事故,按事故性质妥善处理。

【案例分析】

地陪导游小张带领游客在四川某山区景区旅游,吴太太告诉小张不知道吴先生的去向,由于景区较大,且有几个出口,小张当即和全陪导游商量,从游客中挑选了两位能干的先生与他们分头去找。剩下的游客焦急地等待着,可一直不见他们的踪迹。离景区关门时间不多时,四个人才匆匆忙忙地从不同方向赶回来。小张抱歉地对大家说:"我们找遍了景区,也没有发现王先生,由于时间关系,司机将各位送回饭店,我去景区派出所报案。"游客顿时怨声一片,小张也觉得非常委屈。

阅读材料,请回答下列问题:

1.此案例中,小张的处理有什么不妥之处?

2.面对这类问题,导游的正确处理方法是什么?

案例分析提示

技能评估标准

序号	考核内容	考核要求	分值	评分标准	扣分	得分	备注
1	游客走失原因	熟知游客可能走失的原因,在工作中注意	15	原因每遗漏一条扣5分,最多扣15分			
2	游客走失预防	熟知防止游客物品丢失的预防措施	25	预防措施每遗漏一项扣5分,在模拟练习中未能及时提醒游客做好预防措施扣20分			
3	游客走失处理	能模拟练习及时处理财物丢失事故	60	练习中每出现一处错误扣5分,最多扣60分			
合计			100				

任务四　安全事故处理

旅行社在接待过程中可能发生的旅游安全事故,主要包括交通事故、治安事故、火灾事故、食物中毒、溺水事故等。

子任务一　交通事故的处理

任务情景

山东的旅游团在云南旅游,在丽江到香格里拉的路上,导游与司机正在攀谈着。一个急转弯,前面来了一辆大卡车,旅游车紧急避让,车子撞到了路边的山岩上。司机和靠窗的两位游客当场受伤。

任务分析

交通事故在旅游活动中时有发生,有海、陆、空三种,最常见的是汽车事故。该情景涉及的是游程中出现了交通事故的案例。出现交通事故,轻则伤,重则亡,是要特别注意的问题。面对这种突如其来的事故,导游要能够冷静且正确地进行处理。

任务操作

一、交通事故的预防

交通事故有的是己方原因造成的,有的是他方原因造成的。对他方原因造成的交通事故,旅行社和导游虽然难以通过自身的努力进行预防,但可以通过更为细致的工作,尽可能减少他方原因造成的交通事故,杜绝己方原因造成的交通事故。

步骤一:保证车况良好。

良好的车况是行车安全的保障。为此,旅行社应选择正规的旅游车公司进行合作。导游也应经常提醒、督促司机检查车辆,排除行车隐患。如果车辆出现故障,应及时更换车辆。

步骤二:保证安全开车。

优秀的司机是安全开车的保障。导游有责任提醒本车的司机遵守安全规范,如开车前不饮酒,不疲劳驾驶,开车时不聊天、不打电话,不超速开车,不开斗气车,遇到不宜开车的天气(如有雾、下雪、刮台风)时不开车等。导游也要注意在司机开车时不与其聊天,以免分散其注意力。无论何种情况,不催促司机开快车、赶时间。旅游车司机虽然往往由旅游车公司委派,但旅行社和导游有责任对司机的服务进行监督,对服务有缺陷、责任心欠缺的司机,旅行社和导游可以提出撤换。

步骤三:在行程安排上贯彻安全第一的原则。

旅行社和导游在旅游团的行程安排、线路选择上要贯彻安全第一的原则。如行程不能太满,避免出现让司机通过加快车辆行驶速度来抢时间的情况;行程不能太复杂,避免司机找不到目的地;线路选择要安全,尽量避开路况不好的、有一定危险因素的山路。天气变化导致不宜开车时,导游要及时调整行程安排。

二、交通事故的处理

遭遇交通事故时,如果事故不大,没有造成车上人员的伤亡,导游可协助司机进行事故的善后处理,并保护好事故现场。如果事故处理短时间内不能结束,导游可征求旅行社意见,由旅行社出面向旅游车公司要求更换车辆,使旅游活动能继续进行。

如果交通事故造成了游客人身伤亡,导游可这样处理:

步骤一:立即组织抢救。

交通事故发生后,导游首先不能乱了方寸,应立即组织现场人员抢救受伤者,特别是重伤者,进行止血、包扎、上夹板等初步处理。第一时间拨打120急救电话,或拦车将伤者送往就近的医疗单位抢救。

步骤二:保护现场,立即报案。

事故发生后,在抢救的同时尽可能保护好现场,因抢救受伤人员变动现场的,应当标明位置。并尽快通知交通和治安部门(交通事故报警电话122),请求派人前往现场处理。如果有两名以上导游在场,可由一个指挥抢救,一个留下保护现场。如果只有一名导游,可请司机或其他熟悉情况的人协助处理,并尽快让游客离开事故车辆,争取尽快派人来现场调查处理。

步骤三:迅速汇报。

在安顿好受伤游客后,导游应迅速向所在旅行社领导报告事故发生地点、原因、经过及所采取的措施、游客伤亡情况、团内其他游客的反映等,听取领导对下一步工作的指示。

步骤四:做好其他游客的安抚工作。

事故发生后,交通事故的善后工作将由交通运输公司和旅行社的领导出面处理。导游在积极抢救、安置伤员的同时,做好其他游客的安抚工作,力争按计划继续进行参观游览活动。待事故原因查清后,请旅行社领导出面向全体游客说明事故原因和处理结果。

步骤五:协助有关部门做好善后处理工作。

导游应积极配合交通、治安部门调查事故原因;协助旅行社有关人员处理善后事宜,如事故原因调查、帮助游客向有关保险公司索赔等。

步骤六:写出书面报告。

交通事故处理结束后,需有关部门出具事故证明、调查结果,导游要立即写出书面报告。内容包括:事故的原因和经过;抢救经过和治疗情况;人员伤亡情况和诊断结果;事故责任及对责任者的处理结果;受伤者及其他游客对处理的反映等。书面报告力求详细、准确、清楚、实事求是,最好和领队联合报告。

【案例分析】

导游催促司机开快车发生交通事故

某日,全陪导游小王带一旅游团,由上饶市坐旅游车去鹰潭市龙虎山景区。因旅游团游览行程安排较紧,故途中全陪导游小王催促司机驾车速度要快一些。车抵达鹰潭市郊区时,恰遇公路边在架设电线,车子行驶中勾住了一根电线,将电线拉断并造成一施工人员背部被电线抽伤。施工人员将车子团团围住,怒气冲冲地要讨个说法。此时司机吓得不敢下车,抱怨都是小王害了他。小王见这情景,赶紧下车与施工队交涉,反复讨价还价,最后经司机同意,一次性向伤者赔偿人民币 2 000 元,车子才得以放行。但游客意见很大,因为此行足足浪费了两个多小时,还差点和施工人员打起来,影响了旅游团在龙虎山的游程。

请思考:

1.该案例中的事故该由谁负责?

2.正确的处理方法应是怎样的?

资料来源:周晓雷.导游带团典型案例集析[M].上海:复旦大学出版社,2016:39.

技能评估标准

序号	考核内容	考核要求	分值	评分标准	扣分	得分	备注
1	交通事故的预防	熟知预防交通事故的措施,在练习环节注意提醒和避免	40	预防措施遗漏或提醒不到位一次扣10分,最多扣40分			
2	交通事故的处理	模拟练习交通事故的处理,并且要求快速、高效、准确	60	在模拟练习中出现一次错误扣10分,最多扣60分			
合计			100				

子任务二　治安事故的处理

任务情景

某旅游团到桂林去旅游,到了下榻的饭店入住。小李与小蒋两位年轻人被安排在 301 房间,进入房间后,他们打开了电视机,房门大开着,行李一放,各自洗了把脸后,两人都靠在床上看起电视来,结果不知不觉间两人都睡着了,当他们打了个长盹醒来时,发现放在包中的一部数码相机和一部摄像机都被偷走了,他们马上找到导游。

任务分析

由于游客安全防范的意识不强,没有及时关好房门,让窃贼有机可乘,所造成的财物失窃发生在游客休息的时间,地点在饭店内,财物的失窃会给游客带来损失,也会影响其旅游的心情,使其对接待地治安环境的产生不安全感。导游遇到此类问题时,也应该积极和妥善加以处理。

任务操作

在旅游途中游客遭遇的歹徒行凶、抢劫、诈骗、偷窃等导致游客人身及财物受到不同程度的损害的事故,都属于治安事故。

导游在带团时,要注意观察周围的环境,发现异常情况,立即采取措施,尽快把旅游团转移到安全地带。若遇到坏人抢劫或行凶,导游要敢于、善于应战,挺身而出保护游客生命财产安全,绝不能置身事外,更不能临阵脱逃。

一、治安事故的预防

导游在接待工作中要时刻提高警惕,采取一切有效的措施防止治安事故的发生。

步骤一:尽量避开治安状况不佳的场所。

步骤二:入住饭店时导游要做好相关提醒。

导游应提醒游客将贵重财物存入饭店保险柜,不要随身携带大量现金或将大量现金放在客房内;提醒游客不要将自己的房号随便告诉陌生人;更不要让陌生人或自称饭店维修人员的人随便进入自己的房间;尤其是夜间绝不可贸然开门,以防发生意外;出入房间一定要锁好门。

步骤三:离开旅游车时做好相关提醒。

每当离开旅游车时,导游都要提醒游客不要将证件或贵重物品遗留在车内。游客下车后,导游要提醒司机关好车窗、锁好车门,尽量不要走远。

步骤四:游览景点时做好相关提醒。

在游览景点时,导游要始终和游客在一起,随时掌握游客动态,经常清点游客人数;提醒游客跟紧团队,避免单独行动;在人多拥挤的地方,要提醒游客看管好自己的财物,如:不要在公共场合拿出钱包,最好不买流动小贩的东西(防止物品被小贩偷走)等。

步骤五:提醒游客不要与私人兑换外币,并讲清我国关于外汇管制的规定。

步骤六:汽车行驶途中,不得停车让非本车人员上车、搭车;若遇不明身份者拦车,导游提醒司机不要停车。

二、治安事故的处理

一些不法分子往往看准游客(尤其是境外游客)的财物,而把他们作为作案的对象,或潜入饭店进行盗窃,或实施公开抢劫,甚至出现对游客进行杀害的恶性事故,对我国旅游业声誉和国家形象造成极其恶劣影响。因此,作为身处一线的导游应引起高度警惕,防止这类事故的发生。

处理这类事故的步骤是:

步骤一:保护游客人身和财产安全。

作为在场的导游应挺身而出,保护游客的安全。迅速将游客转移到安全地点,并配合公安人员和在场群众缉拿罪犯,挽回游客的损失。

步骤二:组织抢救。

如有游客受伤,应立即组织抢救,或送伤者去医院。

步骤三:保护事故现场,立即报案。

如遇到盗窃、行凶事故,则应保护好事故现场,以利公安人员破案。立即向当地公安部门报告案件发生的时间、地点、经过;作案人的特征;受害者的姓名、性别、年龄、国籍、伤势;损失物品的名称、件数、大小、型号、特征等,协助公安人员破案。

步骤四:及时向旅行社领导报告。

导游应及时将事故发生情况向旅行社领导报告,以便旅行社根据事故性质向有关部门上报和对此作出明确的指示。情况严重时,应请领导前来指挥、处理。

步骤五:安抚游客的情绪。

一旦事故发生,游客往往会有恐慌的情绪,导游应努力安抚游客的这种不安情绪,尽力使旅游活动顺利进行。

步骤六:写出书面报告。

事后,导游应迅速写出事故的情况报告。报告的内容应包括受害人的姓名、性别、年龄;受害情况;事故的性质;采取了哪些紧急措施;报案及公安部门侦破情况;受害者和旅游团其他成员的反映和要求等。协助领导做好善后工作,根据事故性质,准备好必要的证明文件、材料;处理好理赔、伤残、死亡等善后事宜。

【案例分析】

结伴逛街购物,遭遇飞车抢包

杨小姐参加了某旅行社组织的"新马泰十日游"。抵达泰国后,领队告知游客注意保管随身物品。泰国地陪导游告知游客,泰国是佛教国家,治安很好,一般不会有偷抢发生。晚餐后自由活动期间,杨小姐与团友准备出去逛街,临行前,导游告知了他们购物街的地址,于是他们乘出租车前往该地段。下车后,杨小姐等人站在人行道上准备过马路,不料,一辆摩托车从他们身边飞驰而过,瞬间杨小姐挎在肩上的包就被抢走了,包内有护照和现金等。杨小姐急坏了,但因语言不通,不知如何报警。附近看到这一切的华人小贩热心帮忙打电话报了警。在警察局录口供时,地陪导游通过电话与警察做了沟通。回到酒店后,地陪导游和领队都到游客房间询问案发详情并给予了深切的慰问,并告知游客补办证件的手续和流程,还对游客随后的食宿做了妥善安排。

请思考：

1.导游应如何提醒游客注意自身财物安全？

2.发生类似该案例中的事件后，导游应按怎样的流程进行处理？

资料来源：王晓宁，易婷婷.导游实务案例与分析[M].北京：中国人民大学出版社，2014：85.

技能评估标准

序号	考核内容	考核要求	分值	评分标准	扣分	得分	备注
1	治安事故的预防	熟知预防治安事故的措施，在练习环节注意提醒和避免	50	预防措施遗漏或提醒不到位一次扣10分，最多扣50分			
2	治安事故的处理	模拟练习交通事故的处理，并且要求快速、高效、准确	50	在模拟练习中出现一次错误扣10分，最多扣50分			
合计			100				

子任务三　火灾事故的处理

任务情景

某旅游团在乌鲁木齐旅游时，下榻在一个三星级的旅游饭店，晚上有部分游客出去逛街，回到饭店近十点半了，在凌晨2点的时候，刚睡熟的人们在急促的火警声中惊醒，饭店娱乐楼层着火了。

任务分析

旅游团在旅游期间遭遇饭店火灾是大事故，搞不好就会引起人员伤亡和财物损失。导游不但要有冷静与清醒的头脑，还必须知晓如何组织团队游客自救逃离，具备在紧急情形面前处理突发事故的能力。

任务操作

旅游活动中的火灾事故一般是指旅行团（游客）下榻饭店发生的火灾，它对游客的生命和财产造成严重威胁。导游平常就应熟悉饭店或游客常去场所的防火措施，了解安全出口、安全门、楼梯的位置，学习好火灾避难和救护的基本常识，才可能遇事不慌、妥善处理。

一、火灾事故的预防

步骤一：多做提醒工作。

提醒游客不携带易燃、易爆物品,不乱扔烟头和火种。在饭店住宿时不可躺在床上吸烟,注意随时关闭暂时不使用的电器等。向游客讲明,在托运行李时应按运输部门有关规定去做,不得将不准作为托运行李运输的物品夹带在行李中。

步骤二:熟悉饭店的安全出口、安全楼梯的位置和安全转移的路线。

导游带领游客住进饭店后,在介绍饭店设施情况时,必须要介绍饭店楼层的安全出口和安全通道。提醒游客进入房间后,看懂房门后贴出的安全转移线路图。导游更要对入住的饭店了解,熟悉饭店周围环境,了解安全通道的位置。

步骤三:牢记游客的房间号码和火警电话号码(119)。

掌握领队和本团游客所住房间号和电话号码,一旦火情发生,迅速通知游客。

二、火灾事故的处理方法

水火无情,为保障游客安全,一旦发生火灾,导游可采取如下措施:

步骤一:立即报警。

步骤二:以最快速度通知领队和全团游客。

如果全团居住集中,可以通过敲门的方式逐一叫醒。如果居住分散,或者通道不畅,也可通过打房间电话的方式叫醒。为加快速度,可与领队、全陪导游、酒店服务员等一起做好分工,分别打电话给游客。

步骤三:迅速撤离。

配合饭店工作人员,听从统一指挥,有秩序地指挥游客疏散撤离,并请游客互相关照。导游绝不能只顾自己安全而置游客于不顾,应请一名楼层服务员或其他工作人员在前面引路,自己留在最后。

步骤四:判断火情、引导自救。

假如情况紧急,不能马上离开火灾现场,导游要慎重地判断火情,引导游客按以下流程自救:

①告诫游客不可搭乘电梯或从高层跳楼,尤其是三层以上的游客。

②迅速戴上防烟面具或用湿毛巾捂住口鼻,以防中毒、窒息。

③必须通过浓烟和大火时,用浸湿的衣物包裹身体,用湿毛巾捂住口、鼻,弯腰顺墙爬行。

④若身上着火,可就地打滚或用厚重衣物压灭火苗。

⑤若大火封门无法逃脱时,可用浸湿的衣物、被褥将房门缝堵严实,避免有害气体进入,若有水源,可对门进行泼水降温,等待救援。

⑥看到或听到救护人员应大声呼唤,或在窗口摇动色彩鲜艳的衣服、桌布等;若在夜间,可连续使用手电筒、打火机、火柴等,直到救护人员发现并前来救护。

步骤五:协助处理善后事宜。

游客得救后,导游应立即配合救援人员抢救伤员,将伤者立即送往医院;若有人死亡,按有关规定处理;采取各种措施稳定游客的情绪,设法解决游客因火灾所造成的生活上的各种困难;在可能的情况下,使旅游活动继续进行;协助领导处理好善后事宜。

步骤六:事后应写出详细书面报告。

【案例分析】

不知道逃生通道，半夜火海惊魂

　　某旅行社组织了旅行团"台湾八天游"。该团抵达台东当晚入住了一家四星级的温泉酒店，该酒店呈 U 形布局，消防指引不明显，导游也没有特别提醒游客相关注意事项。入夜后，该团所住房间的对面楼层突然起火，火势越来越大，不一会儿浓烟就借助风力扑向这边楼层。此时酒店电梯已经停运，酒店也已经停电，楼道里一片漆黑，住在楼道最里面房间的 6 位游客辨不清逃生方向，他们只好打开窗户摇动毛巾，大声呼救，幸好消防队队员及时赶到，搭起云梯，把 6 位游客解救了出来。游客被送至医院后，经检查无大碍，只是被浓烟所呛，但所有行李都已损坏。游客抱怨导游安全提醒不到位、酒店消防指示不明显，导致他们差点命丧火海。随后几天，该团仍按原计划完成行程，每到一家酒店，导游都特别提醒游客留意消防通道和逃生指引等信息。该团回程后，游客向质监所投诉了该导游的工作疏忽。

　　请分析：

　　1.该导游在工作中有无不妥之处？

　　2.入住酒店后，导游应以何种方式和语言对游客做安全提示？

　　资料来源：王晓宁，易婷婷.导游实务案例与分析[M].北京：中国人民大学出版社，2014：84.

案例分析提示

技能评估标准

序号	考核内容	考核要求	分值	评分标准	扣分	得分	备注
1	火灾事故的预防	熟知预防火灾事故的措施，在练习环节注意提醒	30	预防措施遗漏或提醒不到位一次扣5分，最多扣30分			
2	火灾事故的处理	模拟练习火灾事故的处理，并且要求快速、高效、准确	30	在模拟练习中出现一次错误扣5分，最多扣30分			
3	火灾事故自救、逃生要点	熟知火场自救、逃生要点及技巧	40	每遗漏一项扣5分，最多扣40分			
合计			100				

子任务四　食物中毒事故的处理

任务情景

　　某旅游团在参观完景点后，就在附近的农家乐用餐，在回来的路上，多数游客出现了腹痛和上吐下泻的现象，有人怀疑是用餐不卫生引起的食物中毒。

任务分析

食物中毒是指食用了被有毒有害物质污染的食品或者食用了含有毒有害物质的食品后出现的急性、亚急性疾病。其特点通常是许多人同时发病，病状相似（如呕吐、腹痛、腹泻等），病情急，进展快，发病者有食用同一种食物的历史。

旅游团在游程中出现食物中毒，会直接影响到旅行社的整体服务质量和声誉，游客身体出了问题，也不能按照正常状态完成旅游行程，带来的负面影响是多方面的，面对这样的情况导游应及时采取一些急救处理方法。

任务操作

一、食物中毒事故的预防

为防止食物中毒事故的发生，导游应做好以下几点：

步骤一：餐饮安排讲究卫生。

旅行社和导游安排的团队餐一定要找正规的饭店和餐馆，餐厅注意食物卫生。

步骤二：做好相应的提醒工作。

提醒游客不在路边无卫生条件的摊点就餐；提醒游客不喝生水，尤其是易被污染的河水、井水；提醒游客不吃霉烂、变质的食品；在野外不要采摘食用不认识的野果、蘑菇、野菜等。

步骤三：用餐时，导游如果发现食物、饮料有不卫生或变质的情况，应要求餐厅更换。并要求餐厅负责人出面道歉，必要时向旅行社领导汇报。

二、食物中毒事故的处理

一旦发现游客出现上吐下泻、腹痛等食物中毒症状，导游首先应立即让游客停止食用可疑食物，同时拨打120，告知医务人员中毒者食用的食物、食用时间及食用数量。在急救车到来之前，可采取以下自救措施：

步骤一：设法催吐。

对中毒不久而无明显呕吐者，可以让其饮用500~800毫升温水，饮用后立即采取抠喉的方式进行催吐，催吐时要尽量避免逆行性呛咳，而且催吐时要尽量避免误吸，催吐的次数要尽量多，直至胃肠道内的呕吐物排出时呈无色无味澄清状，以减少毒素的吸收。经过大量温水催吐后，呕吐物已变为较澄清液体时，可适量饮用牛奶以保护胃黏膜。如在呕吐物中发现血性液体，则提示可能出现了消化道或咽部出血，应暂时停止催吐。

步骤二：导泻。

发生中毒后，如果游客进食时间已经超过2小时，但精神状态较好，此时可以选择导泻的方法，即服用泻药，促使受污染的食物尽快地排出体外。选用泻药的种类和用量要根据患者的年龄不同而有所不同。

步骤三：保留食物样本。

由于确定中毒物质对治疗来说至关重要，因此，在发生食物中毒后，要保留导致中毒的食物样本，以提供给医院进行检测。如果身边没有食物样本，也可保留患者的呕吐物和排泄物，以方便医生确诊和救治。

步骤四:设法保留证据,并请医院开具诊断证明。

步骤五:处理事故的同时也应及时将情况报告给旅行社,并追究餐厅的责任。

步骤六:最后协助旅行社帮助游客向有关部门索赔。

若事故较严重,旅行社则应如实上报有关部门,通报国内组团社,并由国内组团社通报境外组团社。

【案例分析】

天津某旅行社接待了一个从山西来的30个人的旅游团。在游览天津蓟州区的过程中,导游告诉游客山上有很多野果可以食用,如果游客愿意,可以随便摘着吃。有一位游客吃了一种野果后,便觉得不舒服,回来途中即发高烧,经诊断是食物中毒,和他在一起的其他游客吃了这种果子也有轻微中毒迹象。

请指出该导游的不妥之处,应该如何处理这起食物中毒事故?

案例分析提示

技能评估标准

序号	考核内容	考核要求	分值	评分标准	扣分	得分	备注
1	食物中毒事故的预防	熟知食物中毒预防措施、了解食物相关知识,在练习环节注意提醒	40	预防措施遗漏或提醒不到位一次扣10分,最多扣40分			
2	食物中毒事故的处理	模拟练习食物中毒事故的处理,并且要求快速、高效、准确	60	在模拟练习中出现一次错误扣10分,最多扣60分			
合计			100				

子任务五 溺水事故的处理

任务情景

"快!快!快……有游客溺水,在××岛对面海域。"8月6日15时20分,正在救生瞭望塔上坚守的救生队员突然发现在××岛对面海域有游客溺水,工作经验丰富的他见情况紧急,用对讲机呼叫队友赶赴救助。由于当天风浪大,给救援工作增加了较大难度,当救生员驾驶救生艇到达事发地后,发现有4名游客已被大浪卷进深海,为求自保紧紧抱住浮桥木柱,身体多处被牡蛎刮伤,情况十分危急。救生员第一时间将救生圈、救生衣抛向溺水者,同时跳入海内托起溺水者。经过几分钟的营救,游客成功上岸脱险。同时,在岸上等候的景区医务室医护人员立即对呛水和受伤游客进行处理和包扎。

任务分析

溺水又称淹溺,是指人淹没于水中,由于水吸入肺内(湿淹溺 90%或干淹溺 10%)所致窒息。游客在水域游览、漂流等环节容易出现溺水事故,对游客的人身安全造成严重威胁,进而影响到旅行社以及旅游景区的整体服务质量和声誉,也可能产生较为严重的社会负面影响。任务情景中由于救生员发现及时,所幸未造成严重影响。导游在带团过程中如遇此类事故,要积极与景区工作人员配合采取措施。

任务操作

一、溺水事故的预防

为了防止溺水事故的发生,导游应做到以下几点:

步骤一:劝阻游客。

不要让游客独自在河边、海边玩耍;请他们不要前往非游泳区游泳;劝阻不会游泳者,让其不要游到深水区,即使带着救生圈也不安全。

步骤二:提醒游客在游泳前要做适当的准备活动,以防抽筋。

二、溺水时的自救方法

步骤一:不要慌张,发现周围有人时立即呼救。

步骤二:放松全身,让身体漂浮在水面上,将头部浮出水面,用脚踢水,防止体力丧失,等待救援。

步骤三:身体下沉时,可将手掌向下压。

步骤四:如果在水中突然抽筋,又无法靠岸时,立即求救。如果周围无人,可深吸一口气潜入水中,伸直抽筋的那条腿,用手将脚趾向上扳,以缓解抽筋。

三、发现有人溺水时的救护方法

步骤一:可将救生圈、竹竿、木板等物抛给溺水者,再将其拖至岸边。

步骤二:若没有救护器材,可入水直接救护。接近溺水者时要转动他的髋部,使其背向自己然后拖运。拖运时通常采用侧泳或仰泳拖运法。

特别强调:未成年人发现有人溺水,不能贸然下水营救,应立即大声呼救,或利用救生器材施救,救人也要在自己能力范围之内。

四、岸上急救溺水者方法

步骤一:迅速清除溺水者口、鼻中的污泥、杂草及分泌物,保持呼吸道通畅,并拉出舌头,以避免堵塞呼吸道。

步骤二:将溺水者举起,使其俯卧在救护者肩上,腹部紧贴救护者肩部,头脚下垂,以使溺水者呼吸道内积水自然流出。

步骤三:进行口对口人工呼吸及心脏按压。

步骤四:尽快联系急救中心或送去医院。

【案例分析】

李哲和妻子、女儿参加上海某旅行社组织的"千岛湖三日游"旅游团。地接社浙江某旅行社安排了参加沿江漂流公司的竹筏漂流。李哲一家人坐在竹筏的后排,女儿坐在中间。游客们谁也不知道,筏工是临时性未经培训的民工,游客上船时,也没有人安排他们穿救生衣。竹筏离岸不久,风大水急,竹筏直打转,筏工慌了手脚,游客们这时惊慌失措。更让游客们没想到的是这时筏工使用的撑杆也失效了,他无法让竹筏正常地漂下去。慌乱中,李哲的女儿落入了水中,但筏工并没有采取任何抢救措施,跳入水中抢救的只有李哲。十分钟左右,在岸上的筏工听到呼救声后游过去帮着将李哲的女儿救起,但李哲因体力不支沉入了江底,再也没有出现。巨大的悲痛笼罩着李家,在他们要求组团的上海某旅行社承担赔偿责任遭到拒绝后,遂将上海某旅行社和浙江某旅行社起诉至法院,要求他们共同承担赔偿责任。

请分析:

1.谁应承担本案中的事故责任?

2.从本案中应该受到什么启迪?

案例分析提示

技能评估标准

序号	考核内容	考核要求	分值	评分标准	扣分	得分	备注
1	溺水事故的预防	熟知溺水事故的措施,在练习环节注意提醒	20	预防措施遗漏一项扣10分,最多扣20分			
2	溺水自救方法	熟知发生溺水事故时应该采取的自救措施	20	每遗漏一项或出现一次错误扣10分,最多扣20分			
3	发现溺水救护方法	熟知发现他人溺水时应该采取的救护措施	20	每遗漏一项或出现一次错误扣10分,最多扣20分			
4	溺水岸上救护方法	熟知发生溺水事故救上岸后应该采取的救护措施	40	每遗漏一项或出现一次错误扣10分,最多扣40分			
合计			100				

任务五 游客患病处理

旅途劳累、气候变化、水土不服或饮食起居不习惯,游客尤其是年老体弱者难免会感到身体不适,导致患病,甚至出现病危情况。常见的旅行疾病或不适包括晕车晕船、失眠、高山反应、中暑、便秘、腹泻、呕吐等;在旅游过程中,游客可能会突发急症,如心脏病猝发、昏厥,还会出现摔伤等事故。

这就需要导游从多方面了解游客的身体状况,照顾好他们的生活,经常关心、提醒游客注意饮食卫生,避免人为的原因致使游客生病;导游应该学习预防和治疗旅行常见病的知识,掌握紧急救护的方法,以便在关键时刻为游客的救治争取时间,但是不得随意将自备药品提供给患者。

子任务一　游客患一般疾病的处理

任务情景

西安导游小李在接待某旅游团的时候,游览中,发现某位游客面色苍白,精神萎靡,经量体温,该游客有点发烧。

任务分析

属于游客在游程中一般的患病问题,在导游工作中会经常遇到,导游服务工作职责中就有对游客在游程中生活照料的职责,所以当游客患病时,导游应该承担起照料的责任,解决就医问题,并给予关心,让游客得到照顾。通过导游的细心服务,使之尽快康复,确保不会因为个别游客的生病,影响到整个旅游团顺利正常的旅行。

任务操作

一、游客患病的预防

步骤一:熟悉团队成员状况。

导游接团前应事先熟悉团队情况,了解团队成员的年龄结构、性别结构,了解旅游团中有多少老年人、小孩,在旅游途中还应密切关注游客的体力情况、身体健康状况。了解这些情况,有助于导游妥善安排适合游客体力的一些活动,避免游客过度劳累。

步骤二:旅游活动的安排留有余地。

旅行社和导游安排的旅游活动日程不应太满,参观项目不宜过多,尤其是大量消耗体力的活动不宜集中安排,要保证游客有充足的休息时间,做到劳逸结合。

步骤三:为游客提供良好的食宿。

旅行社和导游应尽力为游客提供卫生、营养的饮食,避免游客"病从口入"。充足的睡眠是游客恢复体力的保障,游客休息好了,能有效提高抵御疾病的能力。因此,旅行社和导游应尽量为游客提供良好的住宿条件。

步骤四:做好提醒和预报工作。

导游要提醒游客注意饮食卫生,如不吃不洁的食物,不买路边摊的食物,不喝生水,不吃来路不明、生产日期不明的食物,不吃过期的食物等,提醒游客多吃新鲜水果、蔬菜,多喝水,导游要注意了解天气的变化,及时提醒游客增减衣物、防雨防晒,如果去山区、林区、高原、沙漠旅游,导游要事先告知游客一天当中可能出现的天气变化,提醒游客带好足够的衣物,随时注意添减衣物。

二、游客患一般疾病的处理

经常有游客会在旅游期间感到身体不适或患一般疾病,如感冒、发烧、水土不服、晕车、

失眠、便秘、腹泻等,这时导游可这样进行处理:

步骤一:劝其尽早就医并多休息。

劝其及早就医,注意休息,不要强行游览。在游览过程中,导游要观察游客的神态、气色,发现游客的病态时,应多加关心,照顾其坐在较舒服的座位上,或留在饭店休息,但一定要通知饭店给予关照,切不可劝其强行游览。游客患一般疾病时,导游应劝其及早去医院就医。

步骤二:关心患病的游客。

对因病没有参加游览活动、留在饭店休息的游客,导游要主动前去问候,询问身体状况,以示关心。必要时通知餐厅为其提供送餐服务。

步骤三:需要时导游可陪同患者前往医院就医。应向患者讲清楚,所需费用要自理,提醒其保存诊断证明和收据。

特别注意:严禁导游擅自给患者用药。

【案例分析】

导游小张接待一个旅游团,团内包括全陪导游和18位游客。接站后乘车去酒店一小时路途中,小张由于连续带团过于疲劳而没做任何讲解。第二天赴景点游览途中,导游小张私自带着3名亲友随团游览。当日下午,天降大雨,游客提出要改变行程先去海底世界,导游小张以"门票已经预订,不能更改合同"为理由拒绝,游客最终冒雨登山。当日深夜,团内一名游客发高烧,全陪导游外出访友未归,联系不上。小张认为问题不大,直接将自己随身携带的感冒药给游客服用,而没有陪其去医院,结果病情越发严重,导致游客次日紧急住院治疗。

请分析:

1.导游小张的做法有哪些不妥? 正确的做法是什么?

2.全陪导游有哪些失职或处理不当之处?

案例分析提示

技能评估标准

序号	考核内容	考核要求	分值	评分标准	扣分	得分	备注
1	游客患病的预防	熟知游客患病的措施,在练习环节注意提醒	40	预防措施遗漏一项扣10分,最多扣40分			如练习环节发现私自给游客配药情况,此次考核按0分计算
2	游客患一般疾病的处理	熟知游客患一般疾病的处理措施,并能在模拟练习中高效、准确处理此类事故	60	模拟练习环节每出现一次错误扣10分,最多扣60分			
合计			100				

子任务二　游客突患重病的处理

任务情景

导游小张在带领一个旅游团游览华清池时，一名45岁的游客突然晕倒在地，口吐白沫不省人事，在场的游客都慌了神，该游客的夫人当即哭了起来。

任务分析

如果游客在旅游过程中突患重病，导游不能慌张，要沉着冷静应对。如果病人有成年家属在场，导游应征求家属的意见，尽量为家属提供方便。在就医条件允许的情况下，比较稳妥地安排立即送医院。如果没有送医院的条件，则要在取得帮助的条件下就地抢救。

任务操作

一、在前往景点途中突患重病的处理

游客在去旅游景点的途中突然患病，导游应该做好以下几点：

步骤一：先询问其亲友，病人是否有病史，是否随身携带备用药物，如果有则尽快让其服下，就地急救。

步骤二：在征得患者、患者亲友或领队同意后，立即将患重病的游客送往就近医院治疗，或拦截其他车辆将其送往医院。必要时，暂时中止旅行，用旅游车将其直接送往医院。

步骤三：及时将情况通知接待社相关人员。

注意事项：一般由全陪导游、领队、病人亲友送往医院。如无全陪导游和领队，地陪导游应立即通知接待社请求帮助。

二、在参观游览时突患重病的处理

步骤一：不要搬动患病游客，让其坐下或躺下。

步骤二：立即拨打电话叫救护车（医疗急救电话：120）。

步骤三：向景点工作人员或管理部门请求帮助。

步骤四：及时向接待社领导及有关人员报告。

三、在饭店突患重病的处理

游客在饭店突患重病，先由饭店医务人员抢救，然后送往医院，并将其情况及时向接待社领导汇报。

四、在向异地转移途中突患重病的处理

乘飞机、火车、轮船前往下一站的途中游客突患重病：

步骤一：全陪导游应请求乘务员帮助，在乘客中寻找医务人员。

步骤二：通知下一站旅行社做好抢救的各项准备工作。

五、游客突患重病的处理要点

①游客病危，需要送往急救中心或医院抢救时，需与患者家属、领队或患者亲友同前往。

②如果患者是国际急救组织的投保者，导游应提醒其亲属或领队及时与该组织的代理机构联系。

③在抢救过程中,需要领队或患者亲友在场,并详细记录患者患病前后的症状及治疗情况,并请接待社领导到现场或与接待社保持联系,随时汇报患者情况。

④如果需要做手术,必须征得患者亲属的同意,如果亲属不在,需由领队同意并签字。

⑤若患者病危,但亲属又不在身边,导游应提醒领队及时通知患者亲属。如果患者亲属系外国人士,导游要提醒领队通知所在国使、领馆。患者亲属到后,导游要协助其解决生活方面的问题;若找不到亲属,一切按使、领馆的书面意见处理。

⑥有关诊治、抢救或动手术的书面材料,应由主治医生出具证明并签字,要妥善保存。

⑦地陪导游应请求接待社领导派人帮助照顾患者、办理医院的相关事宜,同时安排好旅游团继续按计划活动,不得将全团活动中断。

⑧患者转危为安但仍需继续住院治疗,不能随团继续旅游或出境时,接待社领导和导游(主要是地陪导游)要不时去医院探望,帮助患者办理分离签证、延期签证以及出院、回国手续及交通票证等事宜。

⑨患者住院和医疗费用自理。如患者没钱看病,请领队或组团社与境外旅行社、其家人或保险公司联系解决其费用问题。

⑩患者在离团住院期间未享受的综合服务费由中外旅行社之间结算后,按协议规定处理。患者亲属在当地期间的一切费用自理。

【案例分析】

美BTS旅游团一行15人按计划5月3日由W市飞往S市,5月7日离境。在从W市飞往S市途中,团内一位老人心脏病复发,其夫人手足无措……该团抵达S市后,老人马上被送往医院,经抢救脱离危险,但仍需住院治疗。半个月后老人痊愈、返美。

请分析:

1.老人在途中心脏病复发,全陪导游应该采取哪些措施?

2.在医院抢救过程中,地陪导游要做哪些工作?

3.老人仍需住院治疗期间,地陪导游要做哪些工作?

案例分析提示

技能评估标准

序号	考核内容	考核要求	分值	评分标准	扣分	得分	备注
1	游客在游览的不同环节突患重病的处理	熟知游客患一般疾病的处理措施,并能在模拟练习中高效、准确处理此类事故	70	模拟练习环节每出现一次错误扣5分,最多扣70分			
2	游客突患重病处理要点	熟知游客突患重病处理要点	30	每遗漏一项或出现错误一处扣3分,最多扣30分			
合计			100				

子任务三　游客因病死亡的处理

任务情景

韩某等20多位老年人与某旅行社签订一份旅游合同。合同约定,旅行日期为5月1日至5月8日,旅行线路为游览西安等地,旅游费为2 500元。同时,合同还约定,游客享有人身、财物不受损害等的相关权利,游客有权要求旅游经营者为其提供符合保障人身以及财物安全要求的旅行服务的权利。

合同签订后,韩某按约定缴纳了旅游费,旅行社也按照合同约定安排了旅行活动。5月9日,旅行团根据旅程安排乘火车至上海,然后转乘大巴返回居住地。韩某下火车后,从火车出站口行至停车场的这段路途中步行速度比较快,到了换乘大巴时突感身体不适,后旅行社用该交通工具将韩某送至医院抢救,当日经抢救无效不幸身亡,经诊断死因是心肌梗塞。

任务分析

游客在旅游期间不论由什么原因导致死亡,都是一件很不幸的事情。当出现游客死亡的情况时,导游应沉着冷静,立即向接待社领导和有关人员汇报,按有关规定办理善后事宜。

任务操作

步骤一:如果死者的亲属不在身边,应立即通知亲属前来处理后事;若死者系外国人士,应通过领队或有关外事部门迅速与死者所属国的驻华使、领馆取得联系,通知其亲属来华。

步骤二:由参加抢救的医生向死者的亲属、领队及好友详细报告抢救经过,并出示"抢救工作报告""死亡诊断证明书",由主治医生签字后盖章,复印后分别交给死者的亲属、领队或旅行社。

步骤三:如果死者属非正常死亡,导游应保护好现场,立即向公安局和旅行社领导汇报,协助查明死因。如需解剖尸体,要征得死者亲属、领队或所属国驻华使、领馆人员的同意,并签字认可。解剖后写出尸体解剖报告(无论属于何种原因解剖尸体,都要写尸体解剖报告),此外,旅行社还应向司法机关办理公证书。

步骤四:死亡原因确定后,在与领队、死者亲属协商一致的基础上,请领队向全团宣布死亡原因及抢救、死亡经过情况。

步骤五:遗体的处理,一般以火化为宜,遗体火化前,应由死者亲属或领队,或所属国驻华使、领馆出具"火化申请书",签字后进行火化。

步骤六:死者遗体由领队、死者亲属护送火化后,火葬场将死者的火化证明书交给领队或死者亲属;我国民政部门开具允许其携带骨灰出境的证明。各有关事项的办理,旅行社应予以协助。

步骤七:死者如在生前已办理人寿保险,我方应协助死者亲属办理人寿保险理赔、医疗费报销等有关证明。

步骤八:出现因病死亡事件后,除领队、死者亲属和旅行社代表负责处理外,其余团员应当由代理领队仍按原计划带领参观游览。至于旅行社派何人处理死亡事故、何人负责团队游览活动，一律请示旅行社领导。

步骤九: 若死者亲属要求将遗体运回国，除需办理上述手续外，还应由医院对尸体进行防腐处理，并办理"尸体防腐证明书""装殓证明书""外国人运送灵柩(骨灰)许可证""尸体灵柩进出境许可证"等有关证件，方可将遗体运出境。灵柩要按有关规定包装运输，要用铁皮密封，外廓要包装结实。

步骤十: 由死者所属国驻华使、领馆办理一张经由国的通行证，此证随灵柩通行。

步骤十一: 有关抢救死者的医疗、火化、尸体运送、交通等各项费用，一律由死者亲属或该团队交付。死者的遗物由其亲属或领队、全陪导游、死者生前好友代表或所属国驻华使、领馆有关官员共同清点造册，列出清单，清点人要在清单上一一签字，一式两份，签字人员分别保存。遗物要交死者亲属或死者所属国驻华使、领馆有关人员。接收遗物者应在收据上签字，收据上应注明接收时间、地点、在场人员等。

【案例分析】

一天，全陪导游发现一位每天准时用早餐的住单人房间的游客没有来吃早饭，他有点纳闷，但以为其已起身外出散步，没有在意。但集合登车时还没有见到该游客，他就找领队询问，领队也不知道;于是打电话，没人接，他们俩就上楼找。敲门，无人答应;推门，门锁着;问楼层服务员，回答说没见人外出。于是请服务员打开门，发现游客已死在床上。两人吓得跑到前厅，惊恐地告诉大家该游客死亡的消息。地陪导游当即决定取消当天的游览活动，并赶紧打电话向地方接待旅行社报告消息，请领导前来处理问题。然后就在前厅走来走去，紧张地等待领导。

请分析:

在上述描述中，导游在哪些方面做得不对? 应该怎样做?

案例分析提示

📖 **技能评估标准**

序号	考核内容	考核要求	分值	评分标准	扣分	得分	备注
1	游客正常死亡的处理	熟知游客正常死亡的处理程序，并能在模拟练习中高效、准确处理此类事故	40	模拟练习环节每出现一次错误扣5分，最多扣40分			
2	游客非正常死亡的处理	熟知游客非正常死亡的处理程序，并能在模拟练习中高效、准确处理此类事故	40	模拟练习环节每出现一次错误扣5分，最多扣40分			
3	善后事宜	模拟练习中能够帮助家属妥善处理善后事宜	20	模拟练习环节每出现一次错误扣5分，最多扣20分			
合计			100				

拓展知识

一、旅途卫生常识

(一)中暑

游客在暴晒、炎热环境里如果待的时间过长,容易导致身体体温调节发生障碍,从而中暑。轻度中暑表现为头昏、胸闷、心悸、恶心、眼花、耳鸣、口渴、高热、大汗、面色发红或苍白、注意力涣散、动作不协调等,较重的中暑还可能出现痉挛、神志不清甚至晕倒、失去意识等症状。

1.中暑的预防

①做好防热防晒的准备。着装应轻便,尽量穿浅色、素色衣服;服装面料应尽量选择棉、麻、丝类;打遮阳伞、戴太阳帽、戴太阳镜、抹防晒霜。

②避免在烈日、高温下活动。尽量不在烈日下、高温下活动,如果无法避免,也不能在烈日、高温下待太长时间。因此,盛夏中午阳光最强烈时,不宜组织游客在室外游览。

③劳逸结合。行程安排不宜过紧,不能使游客过于劳累,保证游客有充足的体力。

④喝淡盐开水。提醒游客多喝淡盐开水,补充体内盐分。

⑤准备防暑常备药品。如十滴水、清凉油、风油精、人丹、藿香正气水等。

2.发生中暑后的处理

①将患者移到通风、阴凉的地方,使其平躺并抬高下肢,解开衣领,放松裤带。面部发红的患者可将其头部略微垫高,面部发白的患者可将其头部略微放低。

②用湿毛巾、冰袋擦拭患者身体。找不到冰袋的话可用冰块、冰棍、冰激凌放在塑料袋中代替,也可用冷水浸湿的毛巾包住患者身体,或用冷毛巾捂在患者头部。

③用扇子轻扇患者身体,帮助其降温。

④服用必要的防暑药物,如人丹、藿香正气水等。

⑤给患者饮用含盐饮料或含盐冷开水,补充身体失去的盐和水分。

⑥若患者已失去知觉,可让其闻一些有刺激气味的物体,使其尽快苏醒。

⑦患者症状缓解后应让其静卧(坐)休息,喝些清凉的饮料和淡盐水,暂时不吃辛辣的食物,不喝酒和咖啡。

⑧若患者已停止呼吸,要立即开放患者气道,并施行人工呼吸。拨打120急救电话,立刻送医院急救或请医务人员前来救治。

(二)晕车(机、船)

旅途中,常有游客出现晕车(机、船)现象,轻者表现为头晕、恶心、面色苍白、微汗,重者表现为头痛、心慌、眩晕、冷汗、精神抑郁、唾液分泌增多和呕吐,甚至发烧、昏迷。晕车(机、船)会给游客的旅行带来很大不适,严重的会影响游客正常的随团旅行。

1.晕车(机、船)的预防

采取正确的措施,可以一定程度上预防晕车(机、船)或减轻晕车(机、船)带来的影响。这些措施包括:

①提前准备好抗晕车药物,在乘车前30分钟服用。

②保证休息,避免旅途过分疲劳。

③乘车前不宜吃得太饱,尤其不能吃太多油腻食物,避免乘车前喝酒。

④有条件的情况下,尽量坐在交通工具的前排位置,尽量使座位方向与行驶方向一致。

⑤不在高速行驶的车上阅读报刊或玩手机,眼睛不看窗外快速移动的景物,最好是闭目养神或用耳机听音乐。

2.发生晕车(机、船)后的处理

①对晕车(机、船)游客多加关心,了解其严重程度。

②在可能的情况下,将其调整到合适的座位。

③可提醒游客束紧腰带,减少腹腔的震荡,缓解不适;或让游客涂抹风油精等缓解症状。

④准备好塑料袋和纸巾应急,避免游客呕吐在座位上和车上。当游客呕吐时,要及时清除呕吐物。

⑤在条件允许的情况下,可让司机停车,让游客下车缓解一下晕车症状,其他不晕车的游客也可下车稍作休息和调整。

⑥当游客的晕车(机、船)状态较严重时,要通知乘务人员,请求协助。必要时送往医院治疗。

(三)急性心肌梗死

急性心肌梗死是非常危险的一种突发性疾病,可能给游客带来生命危险,导游应掌握这种疾病的基本知识。

1.急性心肌梗死的症状

急性心肌梗死是冠状动脉急性、持续性缺血缺氧所引起的心肌坏死。症状多表现为发病急,患者多有剧烈而持久的胸骨后疼痛、呼吸困难、面色苍白、口唇青紫、大汗淋漓、脉搏弱、皮肤湿冷、烦躁不安或神志淡漠、恶心、呕吐等症状,很可能危及患者生命。

2.急性心肌梗死的诱因

(1)劳累过度

过重的体力劳动如负重登楼,过度的体育运动,连续的紧张劳累等可使心脏负担加重,使心肌需氧量突然增加,增大急性心肌梗死的危险。

(2)情绪激动

过于紧张、激动、愤怒等这些激烈的情绪变化容易诱发心肌梗死。

(3)暴饮暴食

饮食过量,缺乏节制,尤其是吃了大量含高脂肪、高热量的食物后,血脂浓度会突然升高,血黏稠度增加,使急性心肌梗死风险增加。

(4)寒冷刺激

天气突变,不注意防寒保暖,容易导致急性心肌梗死。

(5)便秘屏气

便秘者经常需要用力屏气,体弱的老人如果过于用力屏气,容易导致急性心肌梗死。

(6)抽烟嗜酒

吸烟和大量饮酒可能诱发冠状动脉痉挛,并增加心肌耗氧量,从而可能导致急性心肌梗死。

3.急性心肌梗死的常见先兆

①原有的心绞痛突然明显加重,或无任何诱因自行发作;无心绞痛史的人突然发生心绞痛。

②心绞痛性质与以往不一样,发作时间延长,含服硝酸甘油也不能缓解。

③突然出现剧烈而持久的心绞痛,休息不能缓解。

④心绞痛时全身出现难以形容的不适,伴有恶心、呕吐、气短、出汗、烦躁,出现心律失常(心动过缓或过速)、呼吸困难等症状。

⑤老年人或冠心病患者突然出现无原因的心律失常、休克、晕厥等,有很大可能是急性心肌梗死造成的。

4.急性心肌梗死的预防

①避免劳累过度,尤其避免负重登楼、搬拾重物、过度体育运动。

②避免情绪过于激动,放松心情,对任何事情处之泰然。

③节制饮食,不暴饮暴食。膳食结构合理,多吃低脂肪、低胆固醇食物。

④戒烟、限酒,保持适量运动。

⑤遇到寒冷天气时,冠心病患者要特别注意采取御寒保暖措施。在洗澡时特别注意不要受凉,不在饥饿或过饱的情况下洗澡,洗澡时间也不要太长。

⑥坚持服药,控制高血压及糖尿病等危险因素。定期进行身体检查。

⑦向患者及公众普及心肌梗死方面的知识,做好预防,增强正确处置的能力。

5.急性心肌梗死的处理

①让患者平躺休息,并垫高其头部。不轻易变换体位或挪动位置,以避免其用力。

②让患者放松心态,保持心情平静,避免精神紧张。

③让患者亲属从患者口袋中寻找备用药物如硝酸甘油,舌下含服1片。若未缓解,5分钟后可再含服一片。若症状缓解,可去医院就诊。

④若患者呼吸停止,脉搏消失,应进行胸外按压和人工呼吸。

⑤若胸痛持续20分钟不缓解,或出现严重的呕吐、呼吸困难、昏迷,应立即呼叫护车送医院抢救。

(四)中风

1.中风的症状与体征

中风又叫脑卒中,包括脑梗死和脑出血两种,是危及生命的疾病。通常的症状有突发头痛、恶心呕吐、肢体麻木、口舌歪斜、流口水、说话含混不清,甚至一侧肢体瘫痪、小便失禁、意识障碍,严重的陷入昏迷和呼吸停止,导致死亡。中风往往起病急、变化快,危害极大。

2.中风的预防

(1)对诱发病及时进行治疗

高血压、动脉硬化、冠心病、糖尿病、高血脂病、肥胖病等都是可能导致中风的危险因素,应对这些疾病进行治疗。应密切观察血压变化,坚持长期服药,有效控制血压。

(2)养成良好的饮食习惯

饮食应做到低盐、低脂肪、低胆固醇;多吃蔬菜、水果、豆制品,多吃鱼类,或服深海鱼油;不暴饮暴食,不吃过于辛辣的食物,不喝过浓的咖啡和茶;喝水应多次而少量;戒烟限酒。

（3）避免过度疲劳和突然用力

患者平时不应过于操劳,户外运动应适量,要注意劳逸结合,保证足够的睡眠时间。因此,旅行社在安排旅游活动时也应合理,不使游客过度疲劳。患者本人也要注意做任何事情都不突然用力或用力过猛,站立、下蹲等动作要缓慢,走路防止跌跤,不长时间洗澡等。

（4）生活规律、精神愉悦

生活中保持健康的生活方式,作息时间讲究规律;保持大便通畅,避免因用力排便而导致血压升高;保持情绪稳定,精神愉快,避免情绪波动太大。

（5）注意防寒保暖

天气突然变冷时注意不要着凉;室内空调温度不宜过高,避免室内外温差过大,引起身体不适;逐步适应环境温度,避免突然从室内温暖的环境突然进入温度较低的室外。

（6）及时发现中风前兆

中风发生前一般有头痛、头晕、嗜睡、肢体麻木等现象,患者及身边的人应特别予以注意。一旦患者出现下列情况,应及时采取措施或送医院治疗:

①突然血压持续升高不降。

②突然剧烈头痛,或持续性头痛。

③突发头晕或头晕明显加重。

④突然出现一侧肢体或面部、舌头短暂性发麻、不灵活。

⑤嘴角突然流口水、漏气、舌头发硬、咬字不清等。

3.中风的处理

（1）心肺复苏

如果患者呼吸和心跳已经停止,应立即做心肺复苏术。

（2）保持正确体位

如果病人意识清楚,可让病人仰卧,头部略向后（不垫枕头）,以开通气道;如果病人失去意识,可让其保持昏睡体位,不用垫枕头,应将患者的头偏向一侧,避免呕吐物误入气管中。

（3）避免摇晃

不应猛烈晃动患者,也不要随意挪动患者,避免脑出血范围扩大。

（4）冷敷和保暖

可用冷毛巾、冰袋、冰水等冷敷患者头部,降低颅内压,减少脑出血,避免后遗症的发生。保持室内暖和和空气流通,有必要时给患者盖好被子、毯子保暖。

（5）禁食

在未得到医生许可的情况下,不要让病人进食或饮水。

（6）送医

进行简单处理后应尽快送医院进行治疗,并将患者相关情况告知医生。

（五）蛇虫咬伤、蜇伤

1.被蛇咬伤的处理

①让伤者保持平静,不要走动,更不要跑动或有其他剧烈运动,以免毒液加速扩散。

②妥善包扎。在伤口的上方超过一个关节处进行包扎,避免蛇毒扩散全身。注意包扎带每隔15分钟要松开2~3分钟,以免组织失血坏死。

③清洗伤口。可用清水清洗伤口,可能的情况下最好用高锰酸钾溶液冲洗。

④使用负压装置将毒液吸出。

⑤进行初步处理后送患者去医院治疗。

2.被蝎子蜇伤的处理

被蝎子蜇伤的处理与上述被蛇咬伤的处理方式大致相同。稍有不同的是,因蝎毒呈酸性,在清洗时用碱性的肥皂水反复冲洗,可以中和毒液。对伤口可用冰敷或冷水敷,有条件的情况下可外敷去毒药物。中毒严重者应立即送医院治疗。如果被蜇伤的是幼儿,无论严重与否都应送往医院治疗。

3.被蜂蜇伤的处理

①帮助伤者将毒刺挑出,不用手挤压伤口,避免毒液扩散。

②清洗伤口。如果被蜜蜂蜇伤,可用碱性肥皂水清洗,因蜜蜂毒液是酸性。如果被马蜂、黄蜂蜇伤,可用食醋进行清洗。

③在条件许可的情况下,可采薄荷叶、两面针等中草药外敷。

④在进行简单处理后,如伤者仍有不适,应送医院治疗。

二、游客不当言行的处理

不当言行一般是指违反社会公德或者触犯法律,但尚不足以引起法律责任的行为。外国游客在中国境内必须遵守中国的社会公德和法律,若违反社会公德情节严重,甚至违法,将受到中国法律的制裁。

(一)预防措施

导游应积极向游客介绍我国的法律、宗教、习俗、景点管理的有关规定。多做提醒工作,以免个别游客无意中有不当言行。发现可疑现象,导游要有针对性地给予必要的提醒和警告,迫使预谋越轨者知难而退;对顽固不化者,一旦发现其越轨行为应立即汇报,协助有关部门调查,分清性质。处理这类问题要严肃认真,实事求是,合情、合理、合法。

(二)处理原则

对游客不当言行的处理,事前要认真调查核实,处理时要特别注意"四个分清":分清不当行为和违法行为的界限;分清有意和无意的界限;分清无故和有因的界限;分清言论和行为的界限。

(三)几种典型情况的处理办法

1.对攻击和诬蔑言论的处理

对于海外游客来说,由于其国家的社会制度与我国的不同,政治观点也会有差异,因此,他们中的一些人可能对我国的方针政策及国情有误解或不理解,在一些问题的看法上产生分歧。此时,导游要积极友好地介绍我国的国情,认真地回答游客的问题,阐明我国对某些问题的立场、观点。

对于个别游客站在敌对的立场进行恶意攻击、蓄意污蔑挑衅,导游作为一名中国人,要严正驳斥,驳斥时要理直气壮、观点鲜明,导游应首先向其阐明自己的观点,指出问题的性质,劝其自制。如其一意孤行,影响较大,或有违法行为,导游应立即向有关部门报告。

2.对违法行为的处理

对于海外游客的违法行为,首先要分清是由于对我国的法律缺乏了解,还是明知故犯。

对前者,应讲清道理,指出错误之处,并根据其违法行为的性质、危害程度,确定是否需要报有关部门处理。对那些明知故犯者,导游要提出警告,明确指出其行为是中国法律和法规所不允许的,并报告有关部门严肃处理。

中外游客中若有窃取国家机密和经济情报、宣传邪教、组织邪教活动、走私、贩毒、偷窃文物、倒卖金银、套购外汇、贩卖黄色书刊及录音/录像制品、涉嫌嫖娼、卖淫等犯罪活动的,一旦发现应立即汇报,并配合司法部门查明罪责,严肃处理。

3.对散发宗教宣传品行为的处理

游客若在中国散发宗教宣传品,导游一定要予以劝阻,并向其宣传中国的宗教政策,指出不经我国宗教团体邀请和允许,不得在我国布道、主持宗教活动和在非完备活动场合散发宗教宣传品。处理这类事件要注意政策界限和方式方法,但对不听劝告并有明显破坏活动者,应迅速报告,由司法机关或公安有关部门处理。

4.对违规行为的处理

(1)一般性违规的预防及处理

在旅游接待中,导游应向游客宣传、介绍、说明旅游活动中涉及的具体规定,防止游客因不知而误犯。例如,参观游览时哪些地方禁止摄影、进入等,都要事先讲清,并随时提醒。若在导游已讲清并提醒的情况下明知故犯,当事人要按规定受到应有的处罚(由管理部门处理)。

(2)对异性越轨行为的处理

对于游客中举止不端、行为猥亵的任何表现,都应郑重指出其行为的严重性,令其立即改正。导游遇到此类情况,出于自卫要采取果断措施;情节严重者应及时报告有关部门依法处理。

(3)对酗酒闹事者的处理

游客酗酒,导游应先规劝并严肃指明可能造成的严重后果,尽力阻止其饮酒。不听劝告、扰乱社会秩序、侵犯他人、造成物质损失严重的肇事者必须承担一切后果,甚至法律责任。

三、重大自然灾害避险方法

(一)地震

地震灾害最有可能造成惨重的人员伤亡和巨大的财产损失,引发的次生灾害也比其他灾害严重,甚至危害旅游业的发展。

地震虽然具有不可抗拒性,但是人们依然可以通过一些措施来减少损害。

1.现场自救

室内避险应就地躲避:躲在桌、床等结实的家具下;尽量躲在窄小的空间内,如卫生间、厨房或内墙角;可能时,在两次震动之间迅速撤至室外。

室外避险切忌乱跑乱挤,不要扎堆,应避开人多的地方;远离高大建筑物、窄小胡同、高压线;注意保护头部,防止砸伤。旅游团在游览时遇到地震,导游应迅速引导游客撤离建筑物、假山,集中在空旷开阔地域。

2.遭灾者的自救

地震时被压在废墟下、神智还清醒的幸存者,最重要的是不能在精神上崩溃,而应争取创造条件脱离险境或保存体力等待救援。例如,若能挣脱开手脚,捂住口鼻,以隔挡呛人的灰尘,避免窒息;设法保存体力,不要乱喊,听到有人时再呼救;若能找到水和食物,要计划使用,尽可能长地维持生命。

（二）泥石流

泥石流多发生于山区,在我国的大多数山区都时有发生,尤其在我国西南山区尤为严重,每年雨季都有泥石流、滑坡等自然灾害发生。发生泥石流的主要原因是暴雨集中、山高、坡陡和植被稀疏等。泥石流发生频率高、破坏性大,对旅游业有较大的影响。

遇到泥石流,导游要镇定地引导游客逃生。

①泥石流发生时,不能在沟底停留,而应迅速向山坡坚固的高地或连片的石坡撤离,抛掉一切重物,跑得越快越好,爬得越高越好。

②切勿与泥石流同向奔跑,而要向与泥石流流向垂直的方向逃生。

③到了安全地带,游客应集中在一起等待救援。

（三）洪水

洪水是形成洪灾的直接原因,洪灾是世界上最严重的自然灾害,一般多发生于夏季。我国的洪水灾害十分频繁,因此导游在带领游客到山地、河湖游览时,若遇暴雨或前一天下了暴雨,要特别注意洪灾的发生。

1.洪水灾害的预防

为避免在游览中受到洪水的侵袭,导游应在出发前收听气象台的天气预报,尤其是汛期的天气预报,当听到气象台发出的红色预警或橙色预警时,应对计划的山区、河湖或低洼地区的游览采取相应的措施,如可同游客协商并征求其同意,适当调整旅游项目。

为应对在野外游览时可能突然遭遇的洪水侵袭,导游平时应学习一些应对洪水的自救和救援知识。

2.遭遇洪水时的应对

（1）洪水来临时的自救措施

①不要带领游客去危险地带,如电线杆和高压线塔周围,危墙及高墙旁,河床、水库、沟渠与涵洞边,化工厂及储藏危险物品的仓库。

②带领游客迅速离开低洼地带,选择有利地形,将游客转移至地势较高的地方以躲避洪水。

（2）被洪水围困时的自救措施

①若躲避转移没有及时完成,导游应带领游客选择较安全的位置等待救援,并用自身备有的通信器具,不断地向外界发出求救信号,以求及早得到解救。

②设法稳定游客的情绪,若离开原地要采取集体行动,不要让游客单独离开,以免因情况不明而陷入绝境。

③利用手机迅速报警,将游客受洪水围困的地点、人数和所处的险情一一报告清楚,请他们迅速组织人员前来救援。

（四）山体滑坡

山体滑坡不仅造成一定范围内的人员伤亡、财产损失,还会对附近道路交通造成严重威胁。当遇到滑坡正在发生时,应镇静,不可惊慌失措。为了自救或救助游客,应该做到如下几点：

1.保持冷静

当处在滑坡体上时,应保持冷静,不能慌乱;慌乱不仅浪费时间,而且极可能做出错误的决定。

2.组织自救

导游要迅速环顾四周,组织游客迅速离开交通工具,向较为安全的地段撤离。一般除高速滑坡外,只要行动迅速,都有可能逃离危险段。跑离时,以向两侧跑为最佳方向。在向下滑动的山坡中,向上或向下跑是很危险的。当遇到无法跑离的高速滑坡时,更不能慌乱,在一定条件下,滑坡呈整体滑动时,原地不动,或抱住大树等物,不失为一种有效的自救措施。

3.寻求救助

滑坡时,极易造成人员受伤,当受伤时应拨打"120"呼救。

(五)台风

旅游团若遇强大风暴,尤其遇到龙卷风时,要采取自我保护措施。

①若在室内,最好躲在地下室、半地下室或坚固房屋的小房间内,避开重物;不能躲在野外小木屋、破旧房屋和帐篷里。

②若被困在普通建筑物内,应立即紧闭临风方向的门窗,打开另一侧的门窗。

③若被飓风困在野外,不要在狂风中奔跑,而应平躺在沟渠或低洼处,但要避免水淹。

④旅游团在旅游车中时,司机应立即停车,导游要组织游客尽快撤离,躲到远离汽车的低洼地或紧贴地面平躺,并注意保护头部。

(六)海啸

海啸是一种灾难性的海浪,通常由震源在海底下50千米以内、里氏震级6.5以上的海底地震引起。

1.海啸逃生

①如果感觉到较强的震动,不要靠近海边、江河的入海口。如果听到有关附近地震的报告,要做好防范海啸的准备,注意电视和广播新闻。要记住,海啸有时会在地震发生几小时后到达离震源上千千米远的地方。

②如果发现潮汐突然反常涨落,海平面明显下降或者有巨浪袭来的现象,导游都应组织游客以最快速度撤离岸边。

③海啸前海水异常退去时往往会把鱼虾等许多海生动物留在浅滩,场面蔚为壮观。此时导游千万不要前去捡拾鱼虾或看热闹,应当带领游客迅速离开海岸,向内陆高处转移。

④发生海啸时,航行在海上的船只不可以回港或靠岸,应该马上驶向深海区,深海区相对于海岸更为安全。

2.自救与互救

①如果在海啸来临时不幸落水,要尽量抓住木板等漂浮物,同时注意避免与其他硬物碰撞。

②在水中不要举手,也不要乱挣扎,尽量减少动作,能浮在水面随波漂流即可。这样既可以避免下沉,又能够减少体能的无谓消耗。

③如果海水温度偏低,不要脱衣服。

④尽量不要游泳,以防体内热量过快散失。

⑤不要喝海水。海水不仅不能解渴,反而会让人出现幻觉,导致精神失常甚至死亡。

⑥尽可能向其他落水者靠拢,这样既便于相互帮助和鼓励,又可因目标扩大更容易被救援人员发现。

⑦溺水者被救上岸后,最好能进入温水里恢复体温,没有条件时也应尽量裹上被、毯、大衣等保温衣物。注意不要采取局部加温或按摩的办法,更不能给落水者饮酒,饮酒只能使热量更快散失。

⑧如果落水者受伤,应采取止血、包扎、固定等急救措施,重伤人员则要及时送医院救治。

⑨要记住及时清除落水者鼻腔、口腔和腹内的吸入物。具体方法是:将落水者的肚子放在施救者的大腿上,从后背按压,让海水等吸入物流出。如心跳、呼吸停止,则应立即交替进行人工呼吸和心脏按压。

四、突发公共卫生事件的应对

(一)突发公共卫生事件的内涵

《突发公共卫生事件应急条例》规定:"本条例所称突发公共卫生事件是指突然发生,造成或者可能造成社会公众健康严重损害的重大传染病疫情、群体性不明原因疾病、重大食物和职业中毒以及其他严重影响公众健康的事件。"

《国家突发公共卫生事件应急预案》根据突发公共卫生事件性质、危害程度、涉及范围,将突发公共卫生事件划分为特别重大(Ⅰ级)、重大(Ⅱ级)、较大(Ⅲ级)和一般(Ⅳ级)四级。

(二)导游的应对措施

1.带团过程中导游的应对措施

(1)保持高度的敏感

在导游带团过程中,如出现突发重大公共卫生事件,尤其是类似 2020 年新冠肺炎疫情时,导游必须有极高的敏感度,能迅速注意到相关信息并积极采取应对的举措。

(2)积极主动配合

当导游了解到相关信息后,应在核实信息的真实性后(一般以《人民日报》、央视新闻等官方媒体报道为准),迅速告知游客,并积极与游客沟通,做好对游客的宣传工作,提醒游客注意健康防护,请游客依法协助、配合、服从政府部门组织开展的防控工作。在出入机场(车站、码头)或景区时配合测量体温,出示健康码,依法接受相关机构有关传染病的调查、样本采集、检测、隔离治疗等预防控制措施,并如实提供有关情况。

导游从自己做起,自觉戴口罩、勤洗手,同时帮助游客增强防护意识、掌握防护知识,引导游客自觉佩戴口罩,遵守公共秩序,积极配合防控工作,推进文明旅游。除此之外,导游在景区讲解时尽量采用耳机式讲解器,以便游客不聚集在一起,彼此保持 1 米以上的距离观景。在旅游车、火车上,如有足够的空间,导游应尽量安排游客分散就座,减少近距离接触。尽量带游客在人流较少的地方活动。

(3)耐心细致地关心游客

在重大公共卫生事件发生时,导游需更密切关注游客身体状况,发现疑似病症如发热、乏力、干咳、腹泻等,及时就近联系医院,按指示送医;按要求对疑似病人及时采取临时隔离措施,就地停止旅游活动,一旦疑似病人确诊,全团游客包括导游需接受隔离观察。

（4）努力完成带团工作

如果带团游览活动不在中心疫区,导游尽可能在团队做好防护的前提下带团完成旅游活动。如果带团游览活动在中心疫区,导游需根据疫情实际情况与旅行社领导随时保持沟通,并直接征询游客意见,尽快带游客离开中心疫区。导游带游客回到客源地后,应告知游客回家后需切实按照要求居家观察14日,每日向所在单位或者居（村）民委员会报告健康状况,配合做好相关部门对自我健康状况的随访或者电话询问。

带团过程中如突发疫情,无论身处何地,导游都应马上完善旅游团队人员和行程资料信息,以便后续旅行社能做好旅游团队跟踪监测工作。

2.非带团过程中导游的应对措施

如导游此时没有带团,在获知疫情的消息后,应根据之前自己所带团队的行程作出研判,善意提醒之前所带团队游客或散客注意关注疫情,做到戴口罩、勤洗手、不聚集,如游客有疫区旅游经历,则需提醒游客尽量进行居家隔离医学观察。

在全国范围内旅游团队业务完全停止的时候,导游也不能完全松懈下来,可趁此机会加强与老客户的沟通和联系,此时的关心无异于雪中送炭;可通过旅游企业的平台宣传旅游产品和所在地的特产,这也是一种加深加强游客对企业和导游印象的方法,均可增强与老客户之间的黏度;可以积极投身公益,筹措医疗防疫物资,成为抗疫一线的志愿者;也可借此机会,努力修炼内功,通过自学或培训来提升专业素养,积极为复工复产做准备;还可以参与在线景点云游直播,积极用自己的力量为城市代言,为旅游业的复苏努力。

项目九　游客特殊要求处理

思政目标

　　培养学生耐心、细致、文明、热情的职业情感，践行"游客为本，服务至诚"的旅游行业价值观。

实施目标

　　①熟悉对游客提出的个别要求进行处理的基本原则；
　　②了解游客在各个接待服务阶段可能出现的个别要求；
　　③掌握满足游客个别要求的程序；
　　④对游客的个别要求合理与否有基本的判断能力；
　　⑤能够满足游客合理的个别要求。

任务导图 ·······························

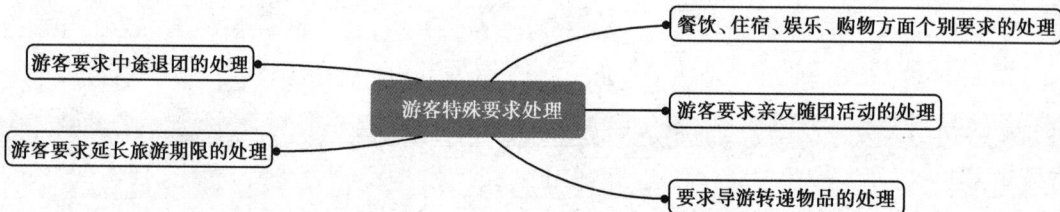

知识链接 ·······························

　　游客个别要求的构成条件：
　　①个别游客或部分游客提出的要求；
　　②在旅游过程中提出的要求；
　　③游客提出的要求不在行程计划当中。

游客个别要求
处理原则

任务一　餐饮、住房、娱乐、购物方面个别要求的处理

　　一般而言，游客的个别要求可以分为四种情况：合理的，经过导游的努力可以满足的要求；合理的，但现实难以满足的要求；不合理的，经过努力可以满足的要求；不合理的，无法满足的要求。导游应对这些方面的个别要求进行全面具体的分析，及时处理。

子任务一　餐饮方面个别要求的处理

任务情景

天津导游小王接待了一个外国团，几天后，领队来找小王，声称他们的队员吃了几天中餐觉得不太习惯，想换换口味，把今天的午餐改成西餐，但是在开始签订旅游合同时的餐费标准已定，提供的是中餐。面对游客的要求，作为导游你该如何处理？

任务分析

该要求属于餐饮特殊要求问题。出于宗教信仰、生活习惯、身体状况等原因，有些游客会提出饮食方面的特殊要求，如不吃荤、不吃辛辣食品，不吃猪肉或其他肉食，甚至不吃盐、糖等，导游都应及时处理。

任务操作

一、特殊的饮食要求

步骤一：若所提要求在旅游协议书中有明文规定的，接待方旅行社须早作安排，地陪导游在接团前应检查落实情况，不折不扣地兑现（在核对行程安排时要做好核对，勇于承担责任）。

步骤二：若旅游团抵达后游客才提出，需视情况而定。一般情况下，地陪导游可与餐厅联系，在可能的情况下尽量满足；如确有困难，地陪导游可协助其自行解决（充分进行分析，运用合理而可能的原则）。

二、要求换餐

步骤一：游客在用餐前3小时提出换餐要求，地陪导游要尽量与餐厅联系，按有关规定办理。

步骤二：接近用餐时间游客提出换餐，一般不应接受要求，但导游要做好解释工作。

步骤三：若游客仍坚持换餐，导游可建议他们自己点菜，费用自理。

三、要求单独用餐（游客出于身体疾病或团友之间的矛盾等原因）

步骤一：导游要耐心解释，并告诉领队请其调解。

步骤二：如游客坚持，导游可协助其与餐厅联系，但餐费自理，并告知原餐费不退。

四、要求在客房内用餐

若游客生病，导游可请饭店将饭菜送进房间以示关怀。若是健康的游客希望在客房用餐，应视情况办理；如果餐厅能提供此项服务，可满足游客的要求，须告知服务费标准。

五、要求自费品尝风味餐

旅游团要求外出自费品尝风味餐，导游应予以协助，可由旅行社出面，也可由游客自行与有关餐厅联系订餐；风味餐订妥后旅游团又不想去，导游应劝他们在约定时间前往餐厅，并说明若不去用餐则须赔偿餐厅的损失。

六、要求推迟就餐时间

由于游客的生活习惯不同，或由于游客在某旅游地游兴未尽等原因要求推迟用餐时间，导游可与餐厅联系,视餐厅的具体情况处理。一般情况下,导游要向旅游团说明餐厅有固定的用餐时间,过时用餐需另付服务费。若餐厅不提供过时服务,最好按时就餐。

【案例分析】

当游客提出换餐的要求

一个来自英国的旅游团在中国已游览了3天,旅行社每天都给游客安排了精美的中餐。这天该团的领队向导游提出,旅行社安排的中餐菜式雷同,客人们想吃一回西餐,请导游安排一下。但导游说,旅游团的餐饮安排事先已写入了接待计划,他无法调整,拒绝了领队的要求。

请思考:导游的做法对吗?如果是你,你会怎么做?

资料来源:龙梅.导游业务[M].北京:中国人民大学出版社,2019:185.

案例分析提示

技能评估标准

序号	考核内容	考核要求	分值	评分标准	扣分	得分	备注
1	特殊饮食要求	熟知游客在不同环节提出特殊饮食要求的处理	20	模拟练习中每出现一次错误扣5分,最多扣20分			
2	换餐	熟知游客在不同环节提出换餐要求的处理	30	模拟练习中每出现一次错误扣5分,最多扣30分			
3	单独用餐	熟知游客单独用餐的处理流程及注意事项	20	模拟练习中每出现一次错误扣5分,最多扣20分			
4	房间用餐	熟知游客要求房间用餐的处理流程及注意事项	10	模拟练习中每出现一次错误扣5分,最多扣10分			
5	品尝风味餐	熟知游客要求品尝风味餐的处理流程及注意事项	10	模拟练习中每出现一次错误扣5分,最多扣10分			
6	推迟用餐	熟知游客提出推迟用餐要求的处理流程及注意事项	10	模拟练习中每出现一次错误扣5分,最多扣10分			
合计			100				

子任务二　住宿方面个别要求的处理

任务情景

导游小王在接待旅游团时,有游客反映客房内有蟑螂,游客不愿入住而要求换房,导游应该如何做?

任务分析

团队游客到一地旅游时,享受何种星级的住宿在协议书中有明确规定。所以,接待旅行社向旅游团提供的客房即使符合标准,但若用同样星级的其他饭店替代协议中标明的饭店,游客也会提出予以调换,确有困难须说明原因,并提出补偿条件。

任务操作

旅游过程中,饭店是游客临时的家。对于住宿方面的要求,游客是相当重视的,导游一定要尽力协助解决,满足游客的要求。

一、要求调换饭店

如果接待社未按协议安排饭店或协议中的饭店确实存在卫生、安全等问题而致使游客提出调换饭店的要求,地陪导游应随时与接待社联系,接待社应负责予以调换。如确有困难,按照接待社提出的具体办法妥善解决,并向游客阐述有说服力的理由,提出补偿条件。

二、要求调换房间

根据客人提出的不同理由,有不同的处理方法:

情形一:房间不干净。例如有蟑螂、臭虫、老鼠等,游客提出换房应立即满足,必要时应调换饭店。

情形二:客房设施,尤其是房间卫生达不到清洁标准。应立即打扫、消毒,如游客仍不满意,坚持调房,应与饭店有关部门联系予以满足。

情形三:房间的朝向、层数不佳。客人要求调换另一朝向或另一楼层的同一标准客房时,若不涉及房间价格并且饭店有空房,可与饭店客房部联系,适当予以满足,或请领队在团队内部进行调整。无法满足时,应做耐心解释,并向游客致歉。

情形四:游客要住高于合同约定标准的房间。如有空房可予以满足,但游客要交付原定饭店退房损失费和房费差价。

三、要求住单间

团队旅游一般安排住标准间或三人间。游客可能会因生活习惯不同或因与同室游客之间闹矛盾,而要求住单间。导游应先请领队调解或进行内部调整,调解不成,饭店如有空房,可满足其要求。但导游必须事先说明,房费由游客自理(一般由提出方付房费)。

四、要求延长住店时间

出于某种原因(生病、访友、改变旅游日程等)而中途退团的游客提出延长在本地的住店时间,可先与饭店联系,若饭店有空房,可满足其要求,但延长期内的房费由游客自付。如原住饭店没有空房,导游可协助联系其他饭店,房费由游客自付。

五、要求购买房中物品

如果游客看中客房内的某种摆设或物品,要求购买,导游应积极协助,与饭店有关部门联系,满足游客的要求。

【案例分析】

地陪导游小张接待了一个甘肃来的旅游团,一天的游览结束后,客人们非常尽兴,晚餐后小张和领队分配好房间,客人们纷纷去休息。有一对老年夫妇找到小张提出换房要求,因为他们的房间在电梯旁边,噪声很大,影响休息,希望换一间安静的房间。

请思考:导游小张该如何处理?

案例分析提示

技能评估标准

序号	考核内容	考核要求	分值	评分标准	扣分	得分	备注
1	调换饭店	熟知游客提出调换饭店要求时的处理流程及注意事项,并能模拟练习处理	20	模拟练习中每出现一次错误扣 5 分,最多扣 20 分			
2	换房	熟知不同情形下游客提出换房要求的处理流程及注意事项,并能模拟练习处理	40	模拟练习中每出现一次错误扣 5 分,如存在价格差异而忽略了价格问题扣 20 分,最多扣 40 分			
3	住单间	当游客提出住单间要求时,能礼貌询问原因,并根据原因妥善处理	20	模拟练习中每出现一次错误扣 5 分,最多扣 20 分			
4	延长住店	熟知游客要求延长住店处理流程及注意事项	10	模拟练习中每出现一次错误扣 5 分,最多扣 10 分			
5	购买房中物品	当游客提出购买房中物品时,能积极联系酒店帮助游客实现其要求	10	模拟练习中每出现一次错误扣 5 分,最多扣 10 分			
合计			100				

子任务三　文娱活动方面个别要求的处理

任务情景

某旅游团一行 26 人,6 月 20 日至 26 日在桂林旅游,按照计划 6 月 24 日晚在民族风情园观看广西民族风情演出,但其中有 6 位游客提出不去民族风情园观看演出,而是去另一个地方观看特技表演。作为导游你应该如何处理游客的要求?

任务分析

该任务属于文娱活动安排方面个别要求的问题,在旅游过程中,由于一些临时性的干扰,游客喜好的不同,部分游客会想要取消计划内文娱安排而代之其他安排,导游在对待此类问题时,还是要遵循"合理而可能"的原则,了解情况,讲清原因,妥善安排。

任务操作

游客对于文娱活动的兴趣爱好不尽相同,因此导游不必强求统一。当游客提出文娱活动方面的个别要求时,导游应视具体情况灵活处理。

一、游客要求调换计划内的活动

步骤一:若时间许可又有可能调换时,可请旅行社调换。

步骤二:如无法安排,导游要耐心解释,并明确告知票已订好,不能退换,请游客谅解。

步骤三:游客若坚持己见,且条件允许,导游可予协助,但费用自理,已订节目的购票费不退。

步骤四:如果因部分游客要求观看其他文娱节目,造成旅游团分走两条线路,导游应尽量为游客提供方便。如果两条线路同一方向且目的地相隔不远,导游应与司机商量,尽量把两批游客都送到目的地。如果两条线路方向各异,或目的地相去甚远,导游可为提出调换要求的游客联系新的车辆,但要事先说明费用自理。

步骤五:给游客留下酒店的地址和电话,提醒游客注意安全,及时返回住地。

步骤六:如果游客是晚上出去看节目,导游还应关注一下游客的返回情况,发现问题及时处理。

二、计划外的文娱活动

步骤一:若条件允许,导游应予以协助帮助购买门票、叫出租车等,通常不陪同前往。

步骤二:须提醒游客注意安全。

若游客要求去不健康的娱乐场所,导游应严词拒绝。

【案例分析】

一旅游团计划今晚安排观看越剧,但一部分游客提出不想看越剧,想看同晚在另一地点举办的芭蕾舞演出。

请思考:如果你是导游该怎么做?

资料来源:龙梅.导游业务［M］.北京:中国人民大学出版社,2019:188-189.

案例分析提示

技能评估标准

序号	考核内容	考核要求	分值	评分标准	扣分	得分	备注
1	调换计划内的活动	当游客提出更换计划内文娱活动时,能够根据不同情况妥善处理	60	模拟练习中每出现一次错误扣 10 分,最多扣 60 分			
2	计划外的文娱活动	当游客提出计划外的文娱活动时,若条件允许能帮助安排,与游客沟通大方有礼,语言表达流畅	40	模拟练习中每出现一次错误扣 10 分,最多扣 40 分			
合计			100				

子任务四　购物方面个别要求的处理

任务情景

某甘肃旅游团在上海旅游时,最后一天早上半天的购物时间,几位游客围着导游,其中有一位游客提出想让导游陪着去南京路购物,有一位游客在购物点买了一件商品不满意,想回去退换,还有两位游客想出去购买电子产品。面对游客的这些个别要求,作为导游你应该如何处理?

任务分析

该任务属于在自由支配时间内游客购物的个别要求问题。导游可根据当时的情况灵活进行处理。如果有时间可以陪同游客前往,如果实在抽不出时间要与游客解释,并给客人提供购物建议和我国对某些商品购买的规定,提醒安全等相关的事宜。

任务操作

购物是旅游活动的重要组成部分,游客往往会有各种各样的特殊要求,导游要不怕麻烦、不图私利,设法予以满足。

一、要求单独外出购物

游客要求在自由活动时间单独外出购物,导游要给予力所能及的帮助,当好购物参谋,如建议去哪家商场、联系出租车、写中文便条等。但在旅游团快离开本地时,导游要劝阻游客单独外出购物。

二、要求退换商品

当游客购物后发现是残次品、计价有误或对物品不满意,要求导游帮其退换,导游应积极协助,必要时陪同前往。

三、要求购买古玩或仿古艺术品

建议到文物商店购买,提醒其保存发票,不要将物品上的火漆印(如有的话)去掉,以便海关查验。如果游客在地摊上选购古玩,导游应劝阻,并告知中国的有关规定;若发现个别游客有走私文物的可疑行为,导游必须及时报告有关部门。

四、要求购买中药材、中成药

告知我国海关规定。

五、要求代购商品

步骤一:一般婉言拒绝。

步骤二:实在推脱不掉,请示旅行社有关领导。

步骤三:一旦接受委托,应认真办好:请游客写出委托书;收取足够的钱款(包括货款、托运费、手续费);注意到货信息,到货后及时购买。

步骤四:如有余额,交旅行社退还给委托者。

步骤五:将发票、托运单及托运费收据复印一份,原件寄给委托人,复印件交由旅行社保存以备查验。

出入境所携
物品规定

强制购物行为认定

【案例分析】

导游爽快答应外国游客代购陶瓷

一个美国旅游团一行18人参观景德镇某陶瓷厂后乘车返回饭店。途中,旅游团成员格林先生对地陪导游小王说:"我刚才看中一件陶瓷,但没拿定主意。现在跟太太商量后,决定购买。你能让司机送我们回去吗?"小王欣然应允,并立即让司机驱车返回陶瓷厂。在陶瓷厂,格林夫妇以1 000美元买下陶瓷。但包装时,格林夫妇发现陶瓷有瑕疵,于是决定不买。两天后,该团离开之前,格林夫妇委托小王代为订购同样款式的陶瓷一件,并留下1 500美元作为购买和托运费用。小王本着"宾客至上"原则,当即爽快允诺下来。格林夫妇十分感激,满意离开了。送走旅游团后,小王即与陶瓷厂联系并办理了购买和托运陶瓷事宜,并将发票、托运单和350美元托运手续费收据寄给格林夫妇。

请思考:该案例中导游小王面对游客要求时的处理方法犯了哪些错误?应该如何正确处理?

资料来源:周晓雷.导游带团典型案例集析[M].上海:复旦大学出版社,2016:155.

案例分析提示

技能评估标准

序号	考核内容	考核要求	分值	评分标准	扣分	得分	备注
1	单独外出购物	当游客提出外出购物时能够妥善处理,并能模拟练习,语言表达流畅,帮助事项没有遗漏	10	模拟练习中每出现一次错误扣5分,最多扣10分			

续表

序号	考核内容	考核要求	分值	评分标准	扣分	得分	备注
2	退换商品	熟知游客退换商品要求的处理流程	10	模拟练习中每出现一次错误扣 5 分，最多扣 10 分			
3	购买古玩、仿古艺术品	熟知游客要求购买古玩时导游的处理流程和注意事项	10	模拟练习中每出现一次错误扣 5 分，最多扣 10 分			
4	购买中药材、中成药	熟知中国海关对于入出境所携带物品的规定	35	每遗漏一项扣 5 分，最多扣 35 分			
5	代购商品	能按规定及流程妥善处理游客提供的代购商品要求	35	模拟练习中每出现一次错误扣 5 分，最多扣 35 分			
合计			100				

任务二　游客要求亲友随团活动的处理

任务情景

一美国旅游团于某日 19:00 时抵达酒店,地陪导游为游客办理了住店登记手续并分发了房卡。待游客陆续进入房间后,地陪导游正准备离开,此时一位游客急忙赶到,请地陪导游为其在华的中国亲属办理随团活动手续。地陪导游思索后便说:"今天时间晚了,有什么事明天再说。"如果你作为地陪导游,该如何处理好游客要求随团活动的事宜?

任务分析

一般而言,对游客要求随团活动的处理也是导游带团过程中的重要环节之一。导游应对这些方面的个别要求进行全面具体的分析,按程序进行处理。

任务操作

一、游客要求中国籍亲友随团活动

游客提出希望中国亲友参加旅游团在当地的活动,甚至随团一起到其他城市旅游,在条件允许(如车上有空位、不影响其他人)的情况下,可满足其要求,具体操作步骤如下:

步骤一:先征得领队和旅游团其他游客的同意。

步骤二:如果领队和团队游客同意,再与旅行社有关部门联系,如无特殊情况可到旅行社办理入团手续;出示有效证件、填写表格、缴纳费用。

　　步骤三:若其亲友不办手续,导游礼貌解释旅行社的有关规定,请其谅解。若执意不办理相关手续,导游应礼貌拒绝其随团活动要求。

　　导游对按照规定办理手续的随团活动的亲友,应热心服务,一视同仁,并根据情况给予照顾。

　　二、游客要求外国籍亲友随团活动

　　游客要求外籍亲友随团活动,办理手续与上述中国籍亲友随团活动类似,但有以下几点需要注意:

　　①对驻使、领馆人员的随团活动要求,导游要了解其姓名、身份、活动的内容。

　　②如果是外交官还应享受相应的外交礼遇。

　　③对他们的接待和活动安排严格按我国政府的有关规定办理。

　　④如果游客的在华亲友以记者身份参加旅游团的活动,一般不同意,特殊情况需请示有关部门的批准。

　　【案例分析】

　　一天早上,地陪导游看见一位不认识的老太太随一位老先生上了旅游车,于是前去询问,老先生说老太太是他多年未见的妹妹,这次相见非常高兴,希望在北京期间能一起游览。但地陪导游让老太太下车,老人嫌地陪导游语气生硬,很不友好,就吵了起来。地陪导游不松口,坚持让老太太下车。最后,老先生指责地陪导游缺乏人性,生气地带老太太下了车并告诉地陪导游,在北京期间不再与旅游团一起活动。

　　请思考:地陪导游应如何正确处理?

技能评估标准

案例分析提示

序号	考核内容	考核要求	分值	评分标准	扣分	得分	备注
1	要求中国籍亲友随团活动	当游客提出要求中国籍亲友随团活动时,在征得领队及其他游客同意的前提下,能根据规定妥善处理	50	模拟练习中每出现一次错误扣10分,最多扣50分			
2	要求外国籍亲友随团活动	当游客提出要求外国籍亲友随团活动时,在征得领队及其他游客同意的前提下,能根据规定妥善处理;熟知注意事项,在模拟练习中体现	50	模拟练习中每出现一次错误扣10分,最多扣50分			
合计			100				

任务三　要求导游转递物品的处理

任务情景

北京游客在赴天水三日游结束之际,请求你将他从北京带来的一件礼品转交给他在天水的朋友,但不巧的是他的这位朋友恰巧在广州出差,三个月后才能返回。你该如何处理好游客要求导游转递物品的事宜?

任务分析

一般而言,导游应建议游客将物品或信件亲手交给或邮寄给收件部门或收件人,若确有困难,可予以协助。转递物品和信件,尤其是转递重要物品和信件,或向外国驻华使、领馆转递物品和信件,手续要完备。

任务操作

一、操作步骤

步骤一:一般情况下,应建议游客将物品亲手交给或邮寄给接收人,若确有困难可予以协助。

步骤二:要问清是何种物品,若是应税物品要促其纳税;若是贵重物品,导游一般应该婉拒。

步骤三:无法推脱时,与旅行社打过招呼后,要让游客填写物品转递委托书,注明物品名称和数量,当面清点,签字并留下详细联系方式和通信地址。

步骤四:接收人收到物品后要写收条并签字盖章。

步骤五:将委托书和收条一并交给旅行社保管。

二、注意事项

①若游客要求转递的是食品或其他易腐败变质、自然损耗、保质期短的物品,导游应婉言拒绝。

②若游客要求转递信件或资料,导游应说服游客自己去邮局办理,但可提供必要的帮助。

③若是转交给有关部门或领导的物品,导游应事先征得旅行社领导同意,并让委托者当面打电话,经对方同意后方可接收,并尽量让对方派人前来领取。

④若游客要求将物品转递给外国驻华使、领馆人员,导游应婉言拒绝转递。

⑤出于游客提供的地址不详、收件人姓名有误等原因无法代为转递时,导游应将物品退还游客。

【案例分析】

热心助人的导游却遭领导批评

某旅行社的导游小王接待了一个韩国旅游团。该团临走时,一位游客托付给小王一件事情,要小王转递几张价格昂贵的光盘及一本书给他在 A 市一所大学里工作的朋友,小王觉得不好意思拒绝,向游客要了其朋友的详细地址及电话号码,便答应了。过了几天,小王把这位游客托付的事情办好后告知了该客,游客发来一份传真对小王表示了感谢。但旅行社的经理知道此事后,却严肃地批评了小王。

请思考:经理为何要批评小王,小王做错了什么?

资料来源:龙梅.导游业务[M].北京:中国人民大学出版社,2019:191.

案例分析提示

技能评估标准

序号	考核内容	考核要求	分值	评分标准	扣分	得分	备注
1	转递物品操作步骤	当游客要求导游转递物品而导游推脱不掉时,能根据规定妥善处理	50	模拟练习中每出现一次错误扣 10 分,最多扣 50 分			
2	转递物品注意事项	熟知处理游客转递物品要求的注意事项	50	每遗漏一项扣 10 分,最多扣 50 分			
合计			100				

任务四　游客要求中途退团的处理

任务情景

地陪导游小宋接待一俄罗斯旅游团,中途一游客因故需立即赶回国,并请求小宋提供帮助。得知此事后小宋应如何处理? 应如何处理好游客要求中途退团事宜?

任务分析

一般而言,导游应搞清楚游客中途退团的原因,分析其具体原因,及时进行处理。

任务操作

步骤一:首先了解游客退团的原因。

步骤二:告知游客因患病或确有特殊的原因,经接待方旅行社与组团社协商后,可以同意中途退团,未享受的服务综合服务费,按旅游协议的规定来确定是否退还部分费用或不予退还。

步骤三:游客无特殊原因要求退团,要配合领队做好游客的说服工作,劝其随团前往。若接待方确实存在问题,导游应设法弥补;若游客提出无理要求,要做好耐心解释工作;若劝说无效,应告知综合服务费不退。

注意事项:外国游客不管出于何种原因要求提前离开中国,导游都要在领导指示下协助游客重订航班、机座,办理分离签证及其他离团手续,所需费用由游客自理。

【案例分析】

某旅行社导游小李接待一个来自美国旧金山旅行团,该团原计划 9 月 27 日飞抵 D 市,9 月 26 日晚餐后回到房间不久,领队陪着一位女士找到小李说:"玛丽小姐刚刚接到家里电话,她的母亲病故了,需要立即赶回旧金山处理丧事。"玛丽小姐非常悲痛,请求小李帮助。

请思考:小李得知此事后应该如何妥善处理?

案例分析提示

技能评估标准

序号	考核内容	考核要求	分值	评分标准	扣分	得分	备注
1	特殊原因退团	游客因特殊原因退团,能够妥善处理,并给予必要帮助	50	模拟练习中每出现一次错误扣 10 分,最多扣 50 分			
2	无特殊原因退团	当游客无特殊原因提出退团,能够配合领队做好说服工作,若接待方存在问题能果断采取补救措施,若是无理要求,耐心解释	50	模拟练习中每出现一次错误扣 10 分,最多扣 50 分			
合计			100				

任务五　游客要求延长旅游期限的处理

任务情景

你作为地陪导游代表天水国旅接待一个来自美国旧金山的旅游团,该团原计划在天水逗留一周,但因陇上江南美景奇特,又打算在天水再待半个月时间。应如何处理好外国游客要求延长在中国旅游期限这一事宜?

任务分析

一般而言,外国游客在要求延长中国旅游期限的处理上涉及的一个重要问题就是护照、签证的办理;重点处理好延长签证手续和分离签证手续,以及续订相关服务的问题。

任务操作

一、因故中途退团,但本人继续在当地逗留需延长旅游期

步骤一:导游应帮其办理一切相关手续。

步骤二:如游客因伤病住院,不得不退团延长在当地居留时间的,导游还应前往医院探视,并协助解决患者或陪同家属在生活上的困难。

二、不随团离开或出境

旅游团游览活动结束后,出于某种原因,游客不随团离开或出境,要求延长逗留期限,地陪导游应酌情处理。

步骤一:若不需延长签证,一般可满足其要求;若需延长签证,原则上应婉言拒绝。

步骤二:若个别游客确有特殊原因需要留下,应请示旅行社领导,然后向其提供必要的帮助:陪同游客持旅行社的证明、护照、集体签证,到出入境管理部门办理分离签证手续和延长签证手续,帮助其重新预订航班,预订客房,所需费用由游客自理。

【案例分析】

某外国旅游团持集体签证在中国旅游。在旅游过程中,游客约翰向全陪导游小张提出他希望团队旅游结束后留在中国继续参观并办点私事。小张告诉他,在中国旅游的境外旅游团必须整团出入中国国境,所以回绝了约翰的要求。在旅游团队离开中国的前一天,约翰再次向小张提出了他的要求并讲明了理由,小张以时间紧迫为由给予拒绝。约翰认为小张侵犯了他的合法权益,回国后,通过其领队向小张的旅行社提出了投诉。

请思考:出现这种情况,应该如何处理?

案例分析提示

技能评估标准

序号	考核内容	考核要求	分值	评分标准	扣分	得分	备注
1	退团但延长旅游期	当游客中途退团,但继续逗留本地时,能够根据不同情况妥善处理,并给予必要帮助,如因伤病原因,帮助其家属解决生活上的困难	50	模拟练习中每出现一次错误扣10分,最多扣50分			

续表

序号	考核内容	考核要求	分值	评分标准	扣分	得分	备注
2	不随团离开	熟知不同情况下游客不随团离开的处理流程及注意事项	50	模拟练习中每出现一次错误扣 10 分，最多扣 50 分			
合计			100				

拓展知识

旅途安全常识

一、高原旅游安全

海拔越高的地方，含氧量越少，气压越低。当海拔高度到 2 700 米以上时，人们暴露于低压低氧环境下会产生各种不适，通常把这些不适称为高原反应。这是高原地区的一种常见病，最典型的表现是头痛、头晕和认知能力下降，其他通常表现还有疲倦、失眠、食欲减退、注意力不集中、气短、胸闷、呼吸困难、恶心、呕吐等。

高原反应的产生与海拔高度、上山速度、居住时间以及体质等有关，一般进入高原后数小时或 1~3 天内产生。应对高原反应，一般应做好下列几点：

①在可能的情况下尽量采用"阶梯式"上升的方法，这样会减少高原反应带来的不适。所谓"阶梯式"上升是指渐次进入海拔更高的地区，如先在海拔 2 500~3 000 米处停留 2~3 天，再去更高的海拔处停留，每次上升数百米。

②可告知游客在进入高原前两天就开始服用红景天等药物，并在高原旅游时持续服用，以预防出现高原反应。在出现高原反应时，也可通过吸氧来缓解。

③初到高原，应多静养，动作要慢，不剧烈运动。第一个晚上早休息，多睡觉。室内保持空气流通。

④注意饮食，不暴饮暴食；不抽烟、喝酒；多喝水，以预防血栓。

⑤注意防晒和防冻，避免将皮肤裸露在外，在外旅游时打遮阳伞、戴遮阳镜、抹防晒霜。

⑥对有器质性疾病、严重神经衰弱或呼吸道感染的游客，应劝其不去高原地区旅游。

⑦如果高原反应太严重，可送医院治疗。

二、沙漠旅游安全

①防晒、防风、防沙。应穿着防风沙的衣服，穿轻便透气的运动鞋，打遮阳伞、戴遮阳镜，在暴露于外的皮肤上抹防晒霜。

②集体活动，避免走散。一旦走散并迷路，应在原地等待救援，不乱走。

③保持手机开机，并有足够的电量。万一迷路可通过手机与外界联络。

④遇到沙暴，要避开风的正面，不去沙丘背风处躲避，因为极易被沙包围掩埋。

三、冰雪旅游安全

①注意防冻。穿着足够的御寒衣物，衣服鞋帽尽量防水。尤其要对易冻伤的手脚和耳

朵做好防护措施。手不要过长时间地接触冰雪,以防冻伤。

②雪地行走注意安全,不要滑倒,避免去未开放旅游的冰雪地行走,以保证安全;戴上防护眼镜,避免过长时间待在冰雪地,以保护眼睛不受伤害。

③滑雪应事先穿戴好滑雪服,滑雪服的颜色应鲜艳,与冰雪形成反差,便于寻找,也可有效避免碰撞。

④了解并遵守滑雪场的有关管理规定。滑雪时与他人保持一定的安全距离,避免速度过快。

四、漂流旅游安全

①提醒游客一定要穿好救生衣,根据需要戴好安全帽。

②不要随身携带贵重物品登船。

③在水上漂流时不做危险动作,不打闹,不随手抓水面物体或岸边的草木石头,不随便下船。

④若不小心落水,要保持镇静,因为救生衣足以让人浮起来。在无法自救的情况下只需等待他人救援即可。

五、温泉旅游安全

(一)不宜泡温泉的情形

温泉虽好,但不是任何人、任何时候都适合泡。空腹和吃得太饱的情况下不宜泡温泉;皮肤有伤口、有溃烂的人,湿疹患者不宜泡温泉;过敏性皮肤疾病患者不宜泡温泉;癌症、白血病患者不宜泡温泉;女性生理期期间和其前后不宜泡温泉;熬夜之后、过于劳累、大病初愈等身体处于相当疲劳的情况下不宜泡温泉;高血压患者、心脑血管疾病患者、糖尿病患者,泡温泉应谨慎,最好在医生指导下进行。

(二)泡温泉时要注意的事项

①最好从低温温泉到高温温泉逐次进行,每次不宜超过20分钟。

②不宜长时间待在高温温泉当中,否则容易引起胸闷、头晕和口渴。

③泡温泉会增加水分流失,应多喝水。

④如有身体不适,应马上出水,不要勉强进行。

⑤泡完较强酸性温泉或硫化氢含量较高的温泉后,应用清水清洗,以免刺激皮肤。

⑥出水后应迅速擦干全身,及时涂抹滋润乳液。

工作领域四

才艺应用

项目十 导游才艺展示及应用

思政目标

培养学生热爱导游职业的乐业情感和文艺素养。

能力目标

①能掌握 1~2 种适宜在大巴车行进途中活跃气氛的才艺；

②能够灵活选择可触景生情的、能深入人心的才艺展示，使旅游团队保持团结、愉快、活跃的气氛。

思维导图

才艺实训链接

| 独唱 | 葫芦丝 | 吉他弹唱 | 快板 | 朗诵 |

任务一　个人才艺

一、唱歌

导游唱歌不是什么新鲜事，如果仅仅是唱歌的话，只能算一种才艺展示，而并非一种应用，这里举出几种应用形式，给大家开拓一下思路。

（一）改词

在会唱的曲目上根据旅游活动过程把歌词改了。

【示例】

《浪花一朵朵》

原词：

我要你陪着我

看着那海龟水中游

慢慢地趴在沙滩上

数着浪花一朵朵

你不要害怕

你不会寂寞

我会一直陪在你的左右

让你乐悠悠

日子一天一天过

我们会慢慢长大

我不管你懂不懂我在唱什么

我知道有一天

你一定会爱上我

因为我觉得我真的很不错

时光匆匆匆匆流走

也也也不会回

美女变成老太婆

哎呀那那那个时候

我我我我也也

已经是个糟老头

我们一起手牵手

啦啦啦～～啦啦啦～～啦啦啦～～

修改：

我要你们随着我

体验这某地 N 日游

悠闲地坐在大巴上

数着高楼一座座

你不要害怕

你不会寂寞

我会一直陪在你的左右

让你乐悠悠

时间分分秒秒过

我们快乐又潇洒

出游的感觉真的很不错

也许过了几天

我们一定会爱上这

这里有我们的友谊和快乐

我们这里也要走走

那里也要遛遛

偶尔也要出趟国

人生高高兴兴工作

快快乐乐生活

我们一起手牵手

啦啦啦~~啦啦啦~~啦啦啦~~

我们结伴一起游

这样改歌词并不困难,随时可以根据实际情况做出调整,比如送团时,就可以改成"你们曾经随着我"。对歌词的修改会让游客眼前一亮并且愿意听下去,而且这样的歌词可以先入为主地给游客灌输一种快乐理念,在不知不觉中已经为自己赢得了一个非常良好的工作氛围。游客也会觉得你是一个用心的导游,而且多才多艺。

【示例】

《心情不错》

这个团总的来说感觉挺好的

吃得不错,住得不错,景区也不错

看看时间总不愿意和大家说再见

因为要告别快乐的你们总有点舍不得

人的一生有太多的分分合合

你们的参与大大地丰富了我的生活

祝愿大家以后的日子都快快乐乐

再想起旅游的时候

还能记得小×我!

(二)对歌

导游和游客对歌或分男女对歌,只要把游客逗乐,气氛自然上来了,那么相互配合也就默契了。

(三)民歌

根据不同的民族文化背景以及民歌的不同风格色彩,中国民歌区大体可以分为六个:①北方草原文化民歌区;②西部受伊斯兰文化影响的新疆民歌区;③西部受佛教文化影响的藏族民歌区;④西南高原多民族古老原始文化民歌区;⑤西北高原多民族半农半牧文化民歌区;⑥中原及东部沿海有着古老传统文化的汉族民歌区。至于每个民歌区的民歌分类,由于民族不同,各自有其传统的分法,不可能划一,只能存异。

1.北方草原文化民歌区

北方草原文化民歌区主要处于现在的内蒙古自治区,以蒙古族民歌为代表。蒙古族历来有"音乐民族""诗歌民族"之称。民歌可分"长调""短调"两大类,"长调"民歌主要流行于东部牧区以及阴山以北地区,特点是字少腔长,富有装饰性,音调嘹亮悠扬,节奏自由,反映出辽阔草原的气势与牧民的宽广胸怀。牧歌、思乡曲、赞歌等大多属于长调。闻名的曲目有《辽阔的草原》《牧歌》等。"短调"主要流行在西部、南部半农半牧区,其特点是结构短小,节奏规整,不少叙事歌、情歌、婚礼歌都属于"短调"。著名的短调民歌有《森吉德玛》《小黄马》等。草原文化民歌的共性是表现出草原牧民质朴、爽朗、热情、豪放的情感与性格。此外,还有一种"蒙汉调",它是蒙古族和汉族两个民族音乐文化相互吸收、相互交流的产物。流行于河套一带的"爬山调"也是蒙古族和汉族共同喜爱的歌种。

2.西部受伊斯兰文化影响的新疆民歌区

新疆民歌区地处新疆,以维吾尔、哈萨克民歌为代表,它受到来自中亚伊斯兰传统文化的影响,与阿拉伯音乐文化有着一定的联系。维吾尔族是一个能歌善舞的民族,其歌舞艺术以"十二木卡姆"闻名于世。民歌有情歌、劳动歌、历史歌、生活习俗歌四大类。维吾尔民歌在音调方面包括了中国音乐、阿拉伯音乐、欧洲音乐三种音乐体系,它是中国民歌音调多元化最突出的一种。有不少民歌是与舞蹈相结合的,具有活泼、风趣的格调。闻名中外的民歌有《阿拉木罕》《半个月亮爬上来》《达坂城》《送我一朵玫瑰花》等。哈萨克族主要居住在北疆,从事牧业。民歌可分为三大类:词曲固定的民歌(包括牧歌、狩猎歌、情歌、宗教歌等);即兴填词的民歌(包括山歌、渔歌、谜语歌等);习俗歌(包括婚礼歌、哭嫁歌、送嫁歌等)。其中情歌数量最多,大都表现情人离别的痛苦和祝福。哈萨克民歌中有中国音乐和欧洲音乐两种体系。中国音乐体系以宫、羽调式最多。闻名全国的有《玛依拉》《等我到天明》等。

3.西部受佛教文化影响的藏族民歌区

受佛教文化影响的藏族民歌区包括西藏自治区和青海、四川的部分藏族聚居地区。民歌包括山歌(牧歌)、劳动歌、情歌、风俗歌、诵经调五大类。民歌演唱活动大都与佛教节日有关,民歌中不少是与舞蹈结合在一起的,如"囊玛""堆谐""果谐""锅庄"等歌舞品种。音乐属于中国音乐体系,民歌一般特点为热情、开朗、诚挚、动人,极富高原特色,节奏律动性强。著名的民歌有《北京的金山上》等。《北京的金山上》原来是一首箭歌(即狩猎歌),最初流传在西藏的东南部林区,如今成了流传全国的新民歌。

4.西南高原多民族古老原始文化民歌区

西南高原多民族古老原始文化民歌区包括云南、贵州、广西等地的少数民族地区一带,有二十几个不同民族聚居在这里。该区民歌有着不同层次的古老文化特征,具有特殊的社会功能,民歌大多为"诗、歌、舞"相结合的演唱形式,内容复杂多样,同时存在着不同历史阶段的民歌。由于许多民族没有文字,民歌成了他们记载历史、传播知识以及进行社交活动的重要手段,已成为日常生活中不可缺少的一部分,所有这些都反映出特殊的、多层次的文化现象。这一地区代表性民歌是多声部民歌,多数民族都有二声部、三声部民歌,民歌的分类有"大歌""小歌"。大歌以侗族、布依族、壮族等民族的最为闻名,大歌又分男声、女声、童声三种,男声大歌一般节奏性较强,曲调明快,女声大歌节奏较自由,旋律细腻、柔和。小歌除二声部外也有单声部民歌。小歌内容以爱情为主,一般是青年男女在室内用小嗓轻声唱,此外还有古歌,其中苗族的古歌历史特别悠久。古歌内容叙述天地的形成、人类的起源、游方的起因等。曲调富有吟诵性,歌唱者多为老人,侗族大歌20世纪50年代即闻名全国,其他民歌如《桂花开放贵人来》《阿细跳月》等,也都是有代表性的曲目。

5.西北高原多民族半农半牧文化民歌区

西北高原多民族半农半牧文化民歌区包括甘肃、青海、宁夏的黄河上游地区,是汉、回、土、撒拉、保安、东乡、藏、裕固等民族聚居的区域,自古以来属于半农半牧文化范畴。该区历史上曾经是丝绸之路必经之地,东西方文化交流较早,由于长期的多民族文化交融,产生了八个民族并有的歌种——花儿。该区民歌可分"家曲""野曲"两大类,"家曲"包括各种酒曲、宴席曲、小词、秧歌等;"野曲"包括"花儿"在内的各种山歌、牧歌等。野曲只能在室外唱。以"花儿"为代表的歌种,曲调高亢悠长,格调深沉婉转,气质粗犷、淳朴。不论哪个民族都使用汉语演唱,各民族有自己的衬词,中外闻名的曲目有《上去高山望平川》。

6.中原及东部沿海有着古老传统文化的汉族民歌区

汉族民歌区是六个区中范围最大的一个,从寒冷的北方到亚热带的南方,从西北高原、西南高原到东部沿海平原,地理条件、风俗习惯、生活方式、生产方式多种多样。语言虽同属汉语,但各地方言不同。东、西、南、北差异很大,民歌的风格特点也呈现出多种特征。另一方面汉族在北方草原文化民歌区、西北高原多民族半农半牧文化民歌区以及西南高原多民族古老原始文化民歌区都有千万以上的人口,因此,民歌区部分重叠的现象也是存在的。

二、舞蹈

(一)现代舞(爵士舞)

通过对现代舞的学习,学会现代舞的发力方式,加强对自己身体的认识和对呼吸的掌握,提高身体的灵活性。现代舞强调能力,这对每一个学生都提出了新的要求——能力的训练。现代舞偏重地面动作,喜欢身体的无限扩张、收缩和放松、倒地和爬起,从而形成自然唯美、不造作的优美舞姿。这些都是学生通过学习应该掌握的。

第一节:

①解放身体训练,放松与呼吸(20分钟)。

②身体柔韧度练习,打开、收缩和放松练习(20分钟)。

③舞蹈动作练习(30分钟)。

④舞蹈连续性练习,加音乐伴奏(30分钟)。

教学要求:要求学生掌握身体的呼吸"点"和放松时身体的感觉。

第二节:

①解放身体训练(20分钟)。

②身体柔韧度练习(20分钟)。

③舞蹈动作练习(30分钟)。

④舞蹈连续性练习,加音乐伴奏(30分钟)。

教学要求:

①要求学生掌握在地面时脚与地面的关系。

②要求学生掌握在地面时头部的留头、甩头。

第三节:

①解放身体训练(20分钟):头部放松运动,脖子放松律动,肩部放松,胸部画圆,腰部胯部练习,大腿小腿柔韧度练习。

②身体柔韧度练习(20分钟):柔韧度加身体协调性练习。

③舞蹈动作练习(30分钟):首先学习一个八拍的舞蹈,学会后将动作标准化,再进入下一步的学习,循序渐进,每天学习五个八拍。

④舞蹈连续性练习,加音乐伴奏(30分钟):动作熟练后跟着音乐连续跳、练,将舞蹈感觉融入,再次纠正舞蹈动作。

第四节：

①解放身体训练(20 分钟)。

②身体柔韧度练习(20 分钟)：胸部上与下的律动练习,提胯、甩胯的练习,腰部画"8"字的练习。

③舞蹈动作练习(30 分钟)。

④舞蹈连续性练习,加音乐伴奏(30 分钟)：动作熟练后跟着音乐,连续跳、练,将舞蹈感觉融入,再次纠正舞蹈动作。

(二)民族舞(藏族舞)

民族舞也叫民间舞,泛指产生并流传于民间、受民俗文化制约、即兴表演但风格相对稳定、以自娱为主要功能的舞蹈形式。中国民间舞蹈主要的一个特点,就是舞蹈与歌唱的紧密结合。这种载歌载舞的形式,自由、生动、活泼,可以比纯舞蹈表现更多的生活内容,而且通俗易懂,所以非常为中国广大人民群众所喜爱。巧用道具,技艺结合。中国的很多民间舞蹈都巧妙地使用道具,如扇子、手帕、长绸、手鼓、单鼓、花棍、花灯、花伞等,这就大大地加强了舞蹈的艺术表现能力,使得舞蹈动作更加丰富、优美、绚丽多姿。情节生动,形象鲜明。中国的民间舞蹈很注重内容,大多以一定的故事传说为依据,因此,人物形象鲜明,人物性格突出。虽然有的舞蹈仅表现某一种情绪,但它也多是作为一个完整的故事情节的片段而出现的。如广东的《英歌》是表现梁山泊英雄好汉攻打大名府的故事；福建的《大鼓凉伞》传说是表现郑成功抵御外寇练兵的活动。

"颤""开""顺""左""绕"是各类藏族舞蹈的共同特点,或称为藏族舞蹈的五大元素,构成了区别于其他民族舞蹈的美学概念。藏族舞蹈的步伐十分丰富,从脚部动作上可概括为"蹭""拖""踏""蹉""点""掖""踹""刨""踢""吸""跨""扭"等 12 种基本步伐。藏族舞蹈的手势可归纳成"拉""悠""甩""绕""推""升""扬"7 种变化。

1.基本动作的要求及做法：

(1)齐眉晃手

规格及要领：双手下垂,动作时曲腕,屈肘,以腕带动,两手于胸前交替晃动。右手顺时针画圆,左手逆时针画圆。此动作有大、中、小之分。小晃于腹前和胸前；中晃的高度齐眉；大晃于前上方。

(2)晃盖手

规格及要领：一手晃,另一手曲臂立腕,手心抹,经上弧线从旁及里,形成上弧线的流动。单手的晃盖多出现于腰旁,腹前。

(3)髋前划手

规格及要领：双手下垂,左右手先后在髋前从内向外至旁画圆。右手顺时针,左手逆时针在平面上画圆。髋前划手和齐眉晃手属规律性连接。

(4)前后摆手

规格及要领：两手下垂于身旁,向前后 45°摆动,手腕主动。

(5)横向摆手

规格及要领：两手下垂于身旁,多为单手的横向摆动,手腕主动带动小臂,大臂附随。

（6）平面摆手

规格及要领：两手下垂于身旁，单手起至旁，从外至里于胸前水平面摆动，手腕带动，臂附随。

2.藏族舞蹈下肢动作类——踢踏类

颤踏动律训练的基本动作的要求及做法：①碎踏。规格及要领：双脚全脚交替踏步，双膝颤动，踏脚节奏均等。可进、退、转体。

②颤踏。规格及要领：弱拍双膝下沉，动作腿重拍踏地伸直膝盖颤动（变支撑腿），同时抬起另一只腿。动作时，踏地与抬起另一只腿同步，颤动时保持上身的稳定、松弛。

③抬踏颤（抬踏亦叫"冈打"）。规格及要领：弱拍双膝下沉，同时抬起前脚掌，重拍膝关节带动，踝关节发力，脚掌快速击打地面，同时颤膝。可双脚亦可单脚做。

④吸颤步。规格及要领：动作腿吸腿时，支撑腿蹭跐颤膝一次，再落脚"碎踏"两次。注意保持上身的稳定、松弛。

⑤退踏步。规格及要领：动作腿后撤半步，脚掌着地，同时支撑腿微离地面，拍支撑腿踏地，接着动作腿踏地颤膝。动作时，它具有退颤分离颤，踏地后顺势滑的特点。

三、朗诵（诗歌朗诵基本技巧）

诗歌朗诵要能够再现作品的思想内容，朗诵者内心的视像要与作品和作者相同，所以诗歌朗诵必须要求内心所想到和看到的视像，能够尽可能将原始情景再现，要求朗诵者有规范的语言基本功，口齿清晰、字正腔圆、声情并茂。朗诵时，一方面要深刻透彻地把握作品的内容，另一方面，要合理地运用各种艺术手段，准确地表达作品的内在含义，常用的基本表达手段有：停顿、重音、语速、句调。

（一）停顿

停顿指语句或词语之间声音上的间歇，停顿一方面是朗诵者在朗诵时生理上的需要，另一方面是句子结构上的需要，再一方面是为了充分表达思想感情，同时，也可给听者一个领略和思考、理解和接受的余地，帮助听者理解文章含义，加深印象。停顿包括生理停顿、语法停顿、强调停顿。

1.生理停顿

生理停顿即朗诵者根据气息需要，在不影响语义完整的地方作一个短暂的停歇，要注意生理停顿不要妨碍语义表达，不割裂语法结构。

2.语法停顿

语法停顿反映一句话里面的语法关系，在书面语言里就反映为标点，一般来说，语法停顿时间的长短同标点大致相关。例如句号、问号、叹号后的停顿比分号、冒号长；分号、冒号后的停顿比逗号长；逗号后的停顿比顿号长；段落之间停顿的时间则长于句子之间停顿的时间。

3.强调停顿

为了强调某一事物、突出某个语义或某种感情，而在书面上没有标点、在生理上也可不作停顿的地方作了停顿，或者在书面上有标点的地方作了较大的停顿，这样的停顿我们称为强调停顿。强调停顿主要是靠仔细揣摩作品，深刻体会其内在含义来安排的，如果不仔细揣摩作品而任意作强行停顿，容易产生错误的理解。

（二）重音

重音是指朗诵、说话时句子里某些词语念得比较重的现象，一般用增加声音的强度来体现，重音有语法重音和强调重音两种。

1.语法重音

在不表示什么特殊思想和感情的情况下，根据语法结构的特点，把句子的某些部分重读的情况，叫语法重音。语法重音的位置比较固定，常见的规律是：

①一般短句子里的谓语部分常重读。

②动词或形容词前的状语常重读。

③动词及部分词组充当的补语常重读。

④名词前的定语常重读。

⑤有些代词也常重读。如果一句话里成分较多，重读也就不止一处，往往优先重读定语、状语、补语等连带成分。

2.强调重音

强调重音指的是为了表示某种特殊的感情和强调某种特殊意义而故意说得重一些的音，目的是引起听者注意自己所要强调的某个部分。语句在什么地方该用强调重音并没有固定的规律，而是受说话的环境、内容和感情支配。同一句话，强调重音不同，表达的意思也往往不同，例如：我去过上海。（回答"谁去过上海？"）我去过上海。（回答"你去没去过上海？"）我去过上海。（回答"北京、上海等地你去过哪儿？"）因而，在朗诵时，要认真钻研作品，正确理解作者意图，才能较快较准地找到强调重音之所在。强调重音与语法重音的区别是：

①从音量上看，语法重音给人的感觉只是一般的轻重有所区别，而强调重音则给人鲜明突出的印象，强调重音的音量大于语法重音的音量。

②从出现的位置看，强调重音可能与语法重音重叠，这时语法重音服从于强调重音，只要把音量再加强一些就行。有时，两种重音出现在不同的位置上，此时，强调重音的音量要盖过语法重音的音量。

③从确定重音的难易上看，语法重音较容易找到，在一句话的范围内，根据语法结构的特点就可以确定，而强调重音的确定却与朗读者对作品的钻研程度、理解程度紧密相连。

（三）语速

语速是指说话或朗诵时每个音节的长短及音节之间连接的松紧程度，说话的速度是由说话人的感情决定的，朗诵的速度则与文章的思想内容相联系。一般说来，热烈、欢快、兴奋、紧张的内容速度快一些，平静、庄重、悲伤、沉重、追忆的内容速度慢一些，而一般的叙述、说明、议论则用中速。

（四）句调

在汉语中，字有字调，句有句调，我们通常称字调为声调，指音节的高低升降，而句调我们则称为语调，指语句的高低升降。句调贯穿整个句子，只是在句末音节上表现得特别明显。句调根据表示的语气和感情态度的不同，可分为四种：升调、降调、平调、曲调。

①升调（↑），前低后高，语势上升。一般用来表示疑问、反问、惊异等语气。

②降调（↓），前高后低，语势渐降。一般用于陈述句、感叹句、祈使句，表示肯定、坚决、

赞美、祝福等感情。

③平调，这种调子，语势平稳舒缓，没有明显的升降变化，用于不带特殊感情的陈述和说明，还可表示庄严、悲痛、冷淡等感情。

④曲调。全句语调弯曲，或先升后降，或先降后升，往往把句中需要突出的词语拖长着念，这种句调常用来表示讽刺、厌恶、反语、意在言外等语气。

四、绕口令

绕口令又称急口令、吃口令、拗口令等，是一种传统的语言游戏，由于它是将若干双声、叠韵词语或发音相同、相近的词语和容易混淆的字有意集中在一起，组成简单、有趣的语韵，并要求快速念出，因此读起来使人感到节奏感强，妙趣横生。绕口令是民间语言游戏，将声母、韵母或声调极易混同的字，组成反复、重叠、绕口、拗口的句子，要求一口气急速念出。

（一）绕口令特点

绕口令的特点是将若干双声、叠韵词语或者发音相同、相近的词语和容易混淆的字有意集中在一起，组合成简单、有趣的语韵，读起来很绕口，但又妙趣横生。值得一提的是，绕口令是语言训练的好素材，认真练习绕口令可以使头脑反应灵活、用气自如、吐字清晰、口齿伶俐，可以避免口吃。更可将说绕口令作为休闲逗趣的语言游戏。如：山前有个严圆眼，山后有个杨眼圆，二人山前山后来比眼；不知严圆眼比杨眼圆的眼圆，还是杨眼圆比严圆眼的眼圆。

（二）绕口令结构

绕口令的结构方式有对偶式和一贯式两种。对偶式两句对偶，平行递进，如《四和十》："四是四，十是十；要想说对四，舌头碰牙齿；要想说对十，舌头别伸直；要想说对四和十，多多练习十和四。"对偶式的绕口令最有名的是汉族民间流传的绕口联，如："童子打桐子，桐子落，童子乐；丫头啃鸭头，鸭头咸，丫头嫌。"这副绕口联同音异义，颇为绕口，实属巧对妙联。"求自在不自在，知自在自然自在；悟如来想如来，非如来如是如来。"上联下联各列出四个"自在"和"如来"，而四次出现的含义各不相同，耐人寻味。一贯式的绕口令一气呵成，环环相扣，句句深入，如："远望一堆灰，灰上蹲个龟，龟上蹲个鬼。鬼儿无事挑担水，湿了龟的尾，龟要鬼赔龟的尾，鬼要龟赔鬼的水。""黑化肥发灰，灰化肥发黑。黑化肥发灰会挥发，灰化肥挥发会发黑，灰化肥发黑挥发会发灰。""一面小花鼓，鼓上画老虎。宝宝敲破鼓，妈妈拿布补，不知是布补鼓，还是布补虎。""墙上一根钉，钉上挂条绳，滑落绳下瓶，打碎瓶下灯，砸破灯下盆。瓶打灯，灯打盆，盆骂灯，灯骂瓶，瓶骂绳，绳骂钉，钉怪绳，绳怪瓶，瓶怪灯，灯怪盆。叮叮当当当当叮，乒乒乓乓乒乒乓！"

（三）绕口令训练

导游平时应该多练习一些绕口令。因为"祖国山水美不美，全靠导游张嘴"，导游讲解也是一门口头表达艺术，多练习绕口令有助于提高口头语言表达的清晰程度和口齿伶俐的程度，是导游进行自我修炼的一种方式。另外，在旅游途中，导游可以把绕口令作为一种才艺展示给游客，特别是导游不擅长唱歌的时候，可以用说绕口令的方式来补救。导游快速念完之后，如果游客很佩服，导游就可以一句一句地教游客说，再请几位有表现欲望的游客一同来表演绕口令，这也是一种很好的互动娱乐活动形式。

①墙上挂面鼓，鼓上画老虎，老虎抓破鼓，拿块布来补。不知是布补鼓还是布补虎？

②嘴说腿,腿说嘴,嘴说腿爱跑腿,腿说嘴爱卖嘴。光动嘴不动腿,光动腿不动嘴,不如不长腿和嘴。

③七加一,再减一,加完减完等于几? 七加一,再减一,加完减完还是七。

④大刀对单刀,单刀对大刀,大刀斗单刀,单刀夺大刀。

⑤你也勤来我也勤,生产同心土变金。工人农民亲兄弟,心心相印团结紧。

⑥长虫围着砖堆转,转完砖堆钻砖堆。

⑦三山绕四水,四水绕三山;三山四水春常在,四水三山四时春。

⑧师部司令部指示:四团十连石连长带四十人在十日四时四十四分按时到达师部司令部,师长召开誓师大会。

⑨有个面铺门朝南,门上挂着蓝布棉门帘,摘了蓝布棉门帘,面铺门朝南;挂上蓝布棉门帘,面铺还是门朝南。

⑩山前有个严圆眼,山后有个严眼圆,二人山前来比眼,不知是严圆眼的眼圆,还是严眼圆比严圆眼的眼圆?

⑪山前有个崔粗腿,山后有个崔腿粗。二人山前来比腿,不知是崔粗腿比崔腿粗的腿粗,还是崔腿粗比崔粗腿的腿粗?

⑫坡上立着一只鹅,坡下就是一条河。宽宽的河,肥肥的鹅,鹅要过河,河要渡鹅,不知是鹅过河,还是河渡鹅?

⑬一班有个黄贺,二班有个王克,黄贺、王克二人搞创作,黄贺搞木刻,王克写诗歌。黄贺协助王克写诗歌,王克协助黄贺搞木刻。由于二人协作,黄贺完成了木刻,王克写好了诗歌。

⑭河边两只鹅,白鹅与灰鹅,哦哦爱唱歌,唱得渴又饿,昂首吸飞蛾,飞蛾啄不住,岸边去找窝。草窝暗又矮,只得去过河,河里真暖和,有吃又有喝,不能再挨饿,遨游真快活,安心唱爱歌。

⑮小郭画了朵红花,小葛画了朵黄花,小郭想拿他的红花换小葛的黄花,小葛把他的黄花换了小郭的红花。

⑯婆婆和嬷嬷,来到山坡坡,婆婆默默采蘑菇,嬷嬷默默拔萝卜。婆婆拿了一个破簸箕,嬷嬷带了一个薄笸箩,婆婆采了半簸箕小蘑菇,嬷嬷拔了一笸箩大萝卜。婆婆采了蘑菇换饽饽,嬷嬷卖了萝卜买馍馍。

⑰天上有个日头,地下有块石头,嘴里有个舌头,手上有五个手指头。不管是天上的热日头,地下的硬石头,嘴里的软舌头,手上的手指头,还是热日头,硬石头,软舌头,手指头,反正都是练舌头。

⑱字纸里裹着细银丝,细银丝上趴着四千四百四十四个似死似不死的小死虱子皮。

⑲紫瓷盘,盛鱼翅,一盘熟鱼翅,一盘生鱼翅。迟小池拿了一把瓷汤匙,要吃清蒸美鱼翅。一口鱼翅刚到嘴,鱼刺刺进齿缝里,疼得小池拍腿挠牙齿。

⑳石狮寺前有四十四个石狮子,寺前树上结了四十四个涩柿子,四十四个石狮子不吃四十四个涩柿子,四十四个涩柿子倒吃四十四个石狮子。

㉑石、斯、施、史四老师,天天和我在一起。石老师教我大公无私,斯老师给我精神食粮,施老师教我遇事三思,史老师送我知识钥匙。我感谢石、斯、施、史四老师。

㉒山里有个寺,山外有个市,弟子三十三,师父四十四。三十三的弟子在寺里练写字,四十四的师父到市里去办事。三十三的弟子用了四十四小时,四十四的师父走了三十三里地。走了三十三里地就办了四十四件事,用了四十四小时才写了三十三个字。

㉓铜勺舀热油,铁勺舀凉油,铜勺舀了热油舀凉油,铁勺舀了凉油舀热油。舀油入炒勺,月月有佳肴。先炖鱿鱼块,后扒羊肉条。火在炉下燃,油在勺中熬,满锅同炎热,管它铜勺与铁勺。

㉔有个懒汉本姓阮,提个篮子卖鸡卵,"卖卵""卖卵"使劲喊,谁都不来买鸡卵,不是鸡卵品种乱,而是鸡卵皮太软。卖不出鸡卵难买饭,回家吃饭路又远,胡乱烧把烂草取取暖,再吃掉篮子里几个软鸡卵。

㉕化肥会挥发,黑化肥发灰,灰化肥发黑,黑化肥发灰会挥发,灰化肥挥发会发黑,黑化肥挥发发灰会花飞,灰化肥挥发发黑会飞花。

㉖四和十,十和四,十四和四十,四十和十四。说好四和十,得靠舌头和牙齿,谁说四十是"细席",他的舌头没用力。谁说十四是"适时",他的舌头没伸直。认真学,常练习,十四、四十、四十四。

㉗石小四,史肖石,一同来到阅览室。石小四年十四,史肖石年四十。年十四的石小四爱看诗词,年四十的史肖石爱看报纸。年四十的史肖石发现了好诗词,忙递给年十四的石小四,年十四的石小四见了好报纸,忙递给年四十的史肖石。

㉘司小四和史小世,四月十四日十四时四十上集市,司小四买了四十四斤四两西红柿,史小世买了十四斤四两细蚕丝。司小四要拿四十四斤四两西红柿换史小世十四斤四两细蚕丝。史小世十四斤四两细蚕丝不换司小四四十四斤四两西红柿。

㉙报菜名绕口令:蒸羊羔儿、蒸熊掌、蒸鹿尾儿、烧花鸭、烧雏鸡、烧子鹅、卤猪、咸鸭、酱鸡、腊肉、松花、小肚儿、晾肉、香肠、什锦苏盘儿、熏鸡白肚儿、清蒸八宝猪、江米酿鸭子、罐儿野鸡、罐儿鹌鹑、卤什件儿、卤子鹅、山鸡、兔脯、菜蟒、银鱼、清蒸哈什蚂、烩鸭腰儿、烩鸭条儿、清拌腰丝儿、黄心管儿、焖白鳝、焖黄鳝、豆豉鲍鱼、锅烧鲤鱼、烀烂甲鱼、抓炒鲤鱼、抓炒对虾、软炸里脊、软炸鸡、什锦套肠儿、卤煮寒鸦儿、麻辣油卷儿、熘鲜蘑、熘鱼脯、熘鱼肚儿、熘鱼片儿、醋溜肉片儿、熘三鲜儿、熘鸽子蛋、熘白蘑、熘什件儿、炒银丝儿、熘刀鱼、清蒸火腿、炒白虾、炝青蛤、炒面鱼、炝竹笋、芙蓉燕菜、炒虾仁儿、熘腰花儿、烩海参、炒蹄筋儿、锅烧海参、锅烧白菜、炸木耳、炒肝尖儿、桂花翅子、炸飞禽、炸汁儿、炸排骨、清蒸江瑶柱、糖熘茨仁米、拌鸡丝、拌肚丝、什锦豆腐、什锦丁儿、糟鸭、糖熘鱼片、熘蟹肉、炒蟹肉、烩蟹肉、清拌蟹肉、蒸南瓜、酿倭瓜、炒丝瓜、酿冬瓜、熘鸭掌儿、焖鸭掌儿、焖笋、炝茭白、鸭羹、蟹肉羹、鸡血汤、三鲜木须肉、红丸子、白丸子、南煎丸子、四喜丸子、三鲜丸子、氽丸子、鲜虾丸子、鱼脯丸子、炸丸子、豆腐丸子、樱桃肉、马牙肉、米粉肉、一品肉、栗子肉、坛子肉、红焖肉、黄焖肉、酱豆腐肉、炖肉、黏糊肉、烀肉、扣肉、松肉、罐儿肉、烧肉、大肉、烤肉、白肉、红肘子、白肘子、熏肘子、水晶肘子、蜜蜡肘子、锅烧肘子、扒肘条、炖羊肉、酱羊肉、烧羊肉、烤羊肉、清蒸羊肉、五香羊肉、氽三样儿、爆三样儿、烩银丝儿、烩白杂碎、炸绣球、三鲜鱼翅、栗子鸡、酱汁鲫鱼、活钻鲤鱼、板鸭、筒子鸡、烩脐肚、爆肚仁、盐水肘花儿、锅烧猪蹄儿、烧肝尖儿、烧肥肠、烧心、烧肺、烧紫菜儿、烧莲蒂、烧空盖儿、油炸肺、酱瓜丝儿、山鸡丁儿、拌海蜇、龙须菜、烩冬笋、玉兰片、烧鸳鸯、烧鱼头、烧槟子、烧百合、炸豆腐、炸面筋、糖熘饹炸儿、拔丝山药、糖焖莲子、酿山

药、杏仁酪、小炒螃蟹、余大甲、什锦葛仙米、鳎目鱼、八代鱼、海鲫鱼、黄花鱼、扒海参、扒燕窝、扒鸡腿儿、扒鸡块儿、扒肉、扒面筋、扒三样儿、油泼肉、酱泼肉、炒虾黄儿、熘蟹黄儿、炒子蟹、炸子蟹、佛手海参、炒芡子米、奶汤、翅子汤、三丝汤、熏斑鸠、卤斑鸠、海白米、烩腰丁儿、火烧茨菰、炸鹿尾儿、焖鱼头、拌皮渣儿、余肥肠儿、清拌粉皮儿、木樨菜、烹丁香、烹大肉、烹白肉、麻辣野鸡、咸肉丝儿、白肉丝儿、荸荠、一品锅、素炝春不老、清焖莲子、酸黄菜、烧萝卜、烩银耳、炒银枝儿、八宝榛子酱、黄鱼锅子、白菜锅子、什锦锅子、汤圆锅子、菊花锅子、煮饽饽锅子、肉丁辣酱、炒肉丝儿、炒肉片、烩酸菜、烩白菜、烩豌豆、焖扁豆、余毛豆,外加腌苤蓝丝儿。

任务二　娱乐游戏

一、猜谜语

(一)谜语基本知识

我国的谜语,在古代称为廋(音 sou,隐藏、藏匿之意)辞、隐语、灯虎、灯谜等。谜语在我国起源很早,南朝著名文学理论家刘勰的《文心雕龙》"谐隐"篇说:"自魏代以来,颇非俳优,而君子嘲隐,化为谜语。"周密的《齐东野语》中也说:"古之所谓廋辞,即今之隐语,而俗所谓谜。""廋辞"在《国语晋语五》里就有记载,说:"有秦客廋辞于朝,大夫莫之能对也。"韦昭注曰:"廋,隐也,谓以隐伏谲诡之言问于朝也。"说明在古代谜语就已被用到外交斗争中去了。其实,在夏、商、周时,已有隐语出现,如《周易》"归妹"卦的上六爻的爻辞,可算是我国谜语的最早记录之一:女承筐,无实,士刲羊,无血。它运用传统谜语常见的"矛盾法",巧妙地表现了牧场上一对青年牧羊人夫妇剪羊毛的情景,又"回互其辞",使人不易猜着。秦汉以后,谜语逐渐兴盛起来,因猜谜活动多在元宵灯节举行,称为"灯谜"。"谜"字由"言""迷"两部分组成,意思是迷惑人的言语。有人说"谜"字是南朝宋文学家鲍照创始的,此说确否,待考。

猜谜(俗称打灯谜)活动,在我国有着极为广泛的群众基础。不论古今,不分南北,不论男女老幼,不分贫富贵贱,几乎都有大量的猜谜爱好者。著名小说《红楼梦》里,还有专门描写贾府老小猜灯谜的生动篇章,足见猜谜活动对我国人民生活影响之大。确实,我国人民群众创造的谜语浩如烟海。谜语的内容十分广泛,格式多样,引人入胜。尤其是劳动人民创作的民间谜语,大都采用诗歌形式,不仅启人思索、饶有情趣,而且有一定的文学价值,是我国民间文学的一个组成部分,历来深受人民群众的喜爱。

例如,有这样一个民间谜语:在娘家青枝绿叶,到婆家面黄肌瘦,不提起倒也罢了,一提起泪洒江河。

这分明是一首爱憎分明、感情真挚的好诗,揭示了封建礼教对妇女的摧残与迫害。但又是一则形象生动的谜语,打一物,谜底是"船篙",十分贴切准确。像这样的谜语,既有很好的思想意义,又能引导人们去思考猜想,艺术水平也是高的,堪称谜语中的珍品。

1.谜面、谜目和谜底

一条谜语包括谜面、谜目和谜底三个部分。

谜面是谜语的喻体,又叫"表"。它是巧妙隐喻着谜底(本体)的单字、多字、成语、古今诗词文句或作者自拟的句子,也可以是图形或其他符号与公式,但多数采用短谣、韵语或诗词句子形式。

谜目,是指谜面要求猜射的事物的范围,一般以"打一某某"来标志。如果不规定猜射的范围,猜谜者无所适从,难以猜测。

谜底是指谜面指出的实际要猜射的事物,即谜语的本体和"里"。猜谜者要在谜面规定的范围内,找出它所指的实际事物,达到猜中的目的。因此,猜谜是一项有助于提高智力、有益于身心健康的业余文化娱乐活动。猜谜的人,要有广博的知识、灵活的头脑和丰富的联想力,才能看破谜面,猜中谜底。

2.谜格及主要谜格的猜法

谜格是谜语的附加条件,即一种特殊的规定,或特定的猜谜公式。面对用格的谜语,必须要按照此谜格规定的格式去猜,才能猜对,否则就错了。谜格很多,猜法大不一样。下面,介绍几种目前最常用谜格的猜法:

(1)秋千格

此格最常用。谜底是两个字,要倒过来读,犹如打秋千要摆过来倒过去那样。如"今天",打一外国名,"今天"就是"本日",倒过来读,就是"日本"。

(2)卷帘格

谜底为三个字或三个字以上,也是倒过来读,如同帘子卷上又放下一样。例如:"三十比九"打一成语,正读为"差之念一",倒过来读就是成语"一念之差"。

(3)徐妃格

谜底两个字以上,要加同一偏旁,但读音仍按不加时的两个字来读。如"交游不广"打一化学药品名,谜底读作"朋少",各加一偏旁"石",变成"硼砂",即为真谜底。

(4)白头格

谜底第一字要读白字,故意作"白字先生"。如"废品",打一《水浒》人物名,谜底为"吴用","吴"字要读为白字"无",即"无用",就是谜面"废品"的意思。再如,"油煎豆腐",打一唐代诗人名,谜底为"李白","李"是"里"的白字,油煎豆腐的里面是白的。

(5)梨花格

梨花格属于谐读类谜格。如"大海怒潮",打一电器名,谜底是"扬声器",谐读成"洋生气"。大海是"洋",怒是"生气"。因此,谜面暗示着"洋"在"生气"。

3.谜语的分类

大致可以分为:字谜、成语、词语、古诗词文句、人名、书名、地名、动物、植物、日常用品、影视剧名、中药名、人体、射覆谜、画谜、趣味谜、故事谜……

4.谜语的猜射方法

(1)会意法

(2)别解法

(3)象形法

(4)增损离合法

(5)排除法

(6)拟人法

5.谜语的特点

(1)趣味性

(2)疑难性

(3)知识性

(4)文学性

6.制谜的方法

制谜不难,但制好谜不是件容易的事。有道是"好谜本天成,妙手偶得之"。下面是制谜五要素,也可说是品谜五要点。大家作谜猜谜实属娱乐,有些应时玩笑之作犯忌,也无可厚非。另外标准是人讵的,见仁见智,也很自然。

(1)扣合紧切

灯谜乃是利用汉字一字多义特点的文字游戏。好谜要做到字字落实,别解正确。一是要字义准确,如"盼曙光早临大地"猜外地名"巴黎","黎"字意义不清,"黎明"可扣"早晨","黎"在字典上没有这个意思。二是要概念清楚,如"末代皇妃"猜"后继无人",概念混淆,妃和后并不可互换。三是要防止头重脚轻,即大概念扣小概念。如"桃李满天下"猜"花花世界"可以,而用"花花"扣"桃李"则说不过去。

(2)谜面大方

古人以诗词成句作面为佳,有点失之过严。不过自制谜时谜面必须成文。例如,"示土"猜"合作社","杭改作航"猜"木已成舟","专吃金木火"猜"水土不服"不值一评。如"杯酒献殷勤"猜"曲意逢迎",扣合不错,但痕迹过多。谜面改为"接风酒"则大方得多。

(3)谜味浓郁

灯谜以"曲"字为第一要义,直解形同问答与解释,毫无谜味。如"十天跑完长城"猜"一日千里","园艺家专长"猜"移花接木"等差强人意。"百年松树,五月芭蕉"猜"粗枝大叶"非无别解,然谜味无几。而"鲁迅作品"射"山东快书","清明时节雨纷纷"射"满汉细点"尽得曲中奥妙。

(4)用典不虚

灯谜用典乃是常事,不过要有典实为据,不可生造。如:"沛公如厕未遭害"射"在所难免"用的是"史记"事;"吕子明白衣渡江"猜"蒙混过关"用的是三国故事;"桃花潭水深千尺"射"无与伦比"用的是李白的诗,以典实而扣,不失为佳构。而"孟德编剧,景升登台"猜"操作表演","张翼德查户口"猜"飞入寻常百姓家",扣得不差,典故却是生造的,不足为取。

(5)通俗自然

要避免入魔,魔谜往往生拉硬扯,勉强别扭。如"甚矣吾衰矣"猜"半途而废",以"半途"(余)扣"吾"。"投之所好"猜戏曲"送鹅",用"之"扣"王羲之"。"裁"射诗经"哀哉莫能言"。好谜不以魔道见长,往往谜面显豁,谜底或曲径通幽,或奇兵突起,或意态悠然。如"三十六才子"射"月底西厢","金乌玉兔"射"万古云霄一羽毛","鲁提辖拳打镇关西"猜"不知者以为为肉也",俱神品矣。

(二)示例

1.系列谜

①一片绿草地(猜花名)　………………………………………………梅花(没花)

又一片绿草地(猜花名) …………………………………………… 野梅花(也没花)

来了一只羊(猜一种水果) …………………………………………… 草莓(草没了)

又来了一只羊(猜一种蔬菜) …………………………………………… 豆角(斗角)

羊还在,来了一匹狼(猜水果) …………………………………………… 杨梅(羊没了)

狼还在那里,又来了一群羊(猜一种小食品的牌子) …………… 喜之郎(狼高兴死了)

②两只蚂蚁走在路上,突然看见一只很大的梨。打一国家名。

答案一:蚂蚁甲:"咦,大梨?" …………………………………………… 意大利

答案二:蚂蚁乙:"嘘,梨呀。" …………………………………………… 叙利亚

答案三:蚂蚁甲:"噢,大梨呀。" …………………………………………… 澳大利亚

答案四:蚂蚁乙:"嘻,搬呀。" …………………………………………… 西班牙

答案五:蚂蚁甲:"我来!" …………………………………………… 文莱

答案六:蚂蚁乙:"抱家里呀。" …………………………………………… 保加利亚

答案七:抱不动,蚂蚁甲出主意:"啃梨呀。" …………………………… 肯尼亚

答案八:蚂蚁乙咬了一口,说:"梨不嫩。" ………………………………… 黎巴嫩

答案九:蚂蚁甲也咬了一口,说:"面的。" ………………………………… 缅甸

答案十:蚂蚁乙再咬了一口,说:"一涩梨。" ……………………………… 以色列

2.人物谜

啥子都卖了,就是不卖被子(打一三国人名) …………………………… 刘备

笼中鸟(打一三国人名) …………………………………………………… 关羽

降落伞(打一三国人名) …………………………………………………… 张飞

乐不思蜀(打一歌手名) …………………………………………………… 刘欢

禁止放牛(打一唐代诗人) ………………………………………………… 杜牧

日暮投宿难(打一唐代诗人) ……………………………………………… 白居易

雪压千山尽素装(打一现代画家) ………………………………………… 齐白石

潜心写作(打一现代作家) ………………………………………………… 沈从文

庄稼人(打一现代作家) …………………………………………………… 田汉

一元二角四分(打一台湾作家) …………………………………………… 三毛

岂能虚度年华(打一外国作家) …………………………………………… 安徒生

3.国名,地名谜

面向新事物 ………………………………………………………………… 朝鲜

红橙黄绿青蓝紫 …………………………………………………………… 以色列

更加窘困(打一亚洲国名) ………………………………………………… 越南

巨轮出港 …………………………………………………………………… 上海

大河解冻 …………………………………………………………………… 江苏

辽阔大地 …………………………………………………………………… 广州

风平浪静 …………………………………………………………………… 宁波

八月飘香 …………………………………………………………………… 桂林

四季花开 …………………………………………………………………… 长春

海上绿洲	……………………………………………………………	青岛
双喜临门	……………………………………………………………	重庆
金银铜铁	……………………………………………………………	无锡
白日依山尽	……………………………………………………………	沈阳
一路平安	……………………………………………………………	旅顺
拆信	……………………………………………………………	开封
空中码头	……………………………………………………………	连云港
基本一致(打一山西地名)	………………………………………	大同
终年积雪	……………………………………………………………	长白山

4.物品谜

世界风貌	……………………………………………………………	地球仪
大智若愚	……………………………………………………………	傻瓜相机
智可胜勇	……………………………………………………………	巧克力
挑肥拣瘦	……………………………………………………………	排骨
言不由衷(打一针织品)	………………………………………	背心
此物大而轻,肚内火烧心	………………………………………	灯笼
一天过去,脱件衣裳,一年过去,全身脱	………………………	日历
铁打一只船,不推不开船,飞阵蒙蒙雨,船过水就干	…………	熨斗
闲时嘴朝上,忙时放嘴上,大的迎宾客,小的上战场	…………	唢呐
独木造高楼,没瓦没砖头,人在水下走,水在人上流	…………	雨伞
十个外面裹,十个里面躲,冬天人人爱,夏天箱里锁	…………	手套
祖宗留下一座桥,一边多来一边少,少的要比多的多,多的反比少的少	…………	算盘
有城没有街和房,有山没有峰和岗,有河没有水和鱼,有路不见车来往	…………	地图
金枝玉叶山上飘,流落人间冷水浇,仅仅为了一把米,被人绳索捆在腰	…………	粽子

5.字谜

什么字,两个口	……………………………………………………	吕
什么字,三个口	……………………………………………………	品
什么字,四个口	……………………………………………………	田
什么字,五个口	……………………………………………………	吾
什么字,六个口	……………………………………………………	晶
什么字,七个口	……………………………………………………	叱
什么字,八个口	……………………………………………………	叭
什么字,十个口	……………………………………………………	古
什么字,千个口	……………………………………………………	舌

6.故事谜

(1)赏花

明代才子祝枝山的家里有个花园。春天到来时,园中牡丹盛开,色色俱全,有一天,祝枝山邀请了很多朋友前来赏花,并且要大家从各色牡丹中各选一株,然后评点花中之魁。一时间,众说纷纭,有的说红的,有的说紫的,有的说黄的。可是,只有唐伯虎赏而不言。大家都知道他是评花的高手,要他发表高见。唐伯虎微微一笑,说:"百无一是。"大家听了很愕然,都认为唐伯虎过于狂妄,出言不逊,在这姹紫嫣红之中竟然没有一株他看得上眼的牡丹花。但只有主人祝枝山听了恍然大悟,说:"高见! 高见! 花中自无一是。"

唐伯虎和祝枝山之言是一个谜,你们能揭开这个谜吗?

("百无一是"即"白","自无一是"即为"白"。两人均暗指白牡丹为佳)

(2)祝枝山评文章

这一天,县太爷把祝枝山请到府衙,拿出儿子写的一篇文章让祝枝山看。祝枝山难以推辞,认真看了一遍,提笔写了两句唐诗:"两个黄鹂鸣翠柳,一行白鹭上青天。"旁边注了一行小字:打两个成语即为评语。周围的师爷们一看,纷纷恭维说:"上句是'有声有色',说文章写得好;下句是'青云直上',指公子前途无量。"县太爷眉开眼笑,忙问祝枝山对不对。祝枝山大笑道:"我已经写在令郎文章的脚下。"说罢,扬长而去。县太爷连忙仔细查找,终于在文章右下角找到了八个字,一看,弄了个倒憋气。

你知道是哪八个字吗?

(不知所云,离题万里)

(3)数字对联

一年新岁,蔡大人邀郑板桥同往街巷观赏奇联巧对。二人走到一偏僻窄地,见一户人家门前所贴春联与众不同,只见上下联各为:

二三四五　六七八九

郑板桥一看,顿起怜悯之心,对蔡大人说:"请稍等片刻,我去去就来。"说完,不等蔡大人开口,便掉头就走了,蔡大人望着他匆匆而去的背影,莫名其妙。

不一会儿,郑板桥气喘吁吁而来,只见他夹着几件衣服,肩上还背着一袋大米。他"笃笃笃"敲开了那家的门,只见那家老小都困在一张床上,灶里也是冷冰冰的。郑板桥说:"穿上衣服,煮饭吃吧。"那家主人感激涕零,千恩万谢。

出了门,蔡大人不解地问:"老兄,你怎么知……"郑板桥嘻嘻一笑,指了指那家的门联,解释了一番,蔡大人才恍然大悟。

你能猜出其中的奥妙吗?

(对联说明他们缺衣"一"少食"十")

二、笑话

【示例】

一个人养了一只鹦鹉,非常厉害,和它关在一起的其他鸟都被它打死了。后来主人弄回来一只鹰和它放在一起,等主人再来看,笼子外面挂着鹦鹉毛。主人说:"这回不牛了吧?"可再仔细看,是鹰死了,鹦鹉光着个身子说:"这小子真厉害,不光膀子还真打不过它。"

【示例】

有人向老板请一天假,老板推心置腹地说:"你想请一天假,你在向公司要求什么? 一年里有365天你可以工作。一年52个星期,你已经每星期休息2天,共104天,剩下261天工作。你每天有16小时不工作,去掉174天,剩下87天。每天你至少花30分钟时间上网,加起来每年23天,剩下64天。每天午饭时间你花掉1小时,又用掉46天,还有18天。通常你每年请 2 天病假,这样你的工作时间只有 16 天。每年有 5 个节假日公司休息不上班,你只干 11 天。每年公司还慷慨地给你 10 天假期,算下来你就工作 1 天,而你还好意思还要请这一天假!"

【示例】

父亲带着小儿子在动物园里的老虎笼前。父亲向儿子讲述老虎有多么残暴、凶猛,儿子面容严肃地用心倾听。"爸爸!"儿子最终说道,"如果老虎冲出笼子并且要把你给吃了……""那,那……怎么办,儿子?"父亲满怀期待地问。"那么,我该乘哪路公共汽车回家?"

【示例】

有一只北极熊和一只企鹅在一起玩,企鹅把身上的毛一根一根地拔了下来,拔完之后,对北极熊说:"好冷哦!"北极熊听了,也把自己身上的毛一根根地拔了下来,转头对企鹅说:"果然很冷!"

【示例】

小红问:"你搅拌咖啡的时候用右手还是左手?"

小美说:"右手。"

小红说:"哦,你好厉害哦,都不会怕烫,像我都用汤匙的。"

三、文字接龙类

(一)换词连句类

【示例】

问三个问题,第一个问题是:说出你最喜欢乘坐的交通工具,第二个问题:说出你最喜欢的动物,第三个问题是:说出你最爱说的口头禅。

说了一圈后,你再说:"我们接下来做一个连环游戏。大家记得自己刚才说的话吗? 现在我们将自己刚才说的答案连成一句话。这句话的格式是这样的:我乘坐着……(最喜欢的那个交通工具),遇见了……(最爱的那个动物),我对他说:……我爱你。那个动物说:……(你的那个口头禅)。

(二)接龙类

【示例】

说一个成语,后面一个人用上个成语的最后一个字造词,如一帆风顺,顺水推舟,依此类推。如:胸有成竹+竹报平安+安富尊荣+荣华富贵+贵而贱目+目无余子+子虚乌有+有目共睹+睹物思人+人中骐骥+骥子龙文+文质彬彬+彬彬有礼+礼贤下士+士饱马腾+腾云驾雾+雾里看花+花言巧语+语重心长+长此以往+往返徒劳+劳而无功+功成不居+居官守法+法外施仁+仁浆义粟+粟红贯朽+朽木死灰+灰飞烟灭+灭绝人性+性命交关+关门大吉+吉祥止止+止于至善+善贾而沽+沽名钓誉+誉不绝口+口蜜腹剑+剑戟森森+森罗万象+象箸玉杯+杯弓蛇影+影影绰绰+绰约多姿+恣意妄为+为人作嫁+嫁祸于人+人情冷暖+暖衣饱食+食不果腹+腹背之毛+毛手毛脚+脚踏实地+地老天荒+荒诞不经+经纬万端+端倪可察+察言观色+色若死灰+灰头土面+面有菜色+色授魂与+与民更始+始乱终弃+弃瑕录用+用舍行藏+藏垢纳污+污泥浊水+水乳交融+融会贯通+通宵达旦+旦种暮成+成人之美+美人迟暮+暮云春树+树大招风+风中之烛+烛照数计+计日程功+功德无量+量才录用+用行舍藏+藏头露尾+尾大不掉+掉以轻心+心急如焚+焚琴煮鹤+鹤发童颜+颜面扫地+地上天宫+官逼民反+反裘负刍+刍荛之见+见微知著+著作等身+身强力壮+壮志凌云+云消雨散+散兵游勇+勇猛精进+进退失据+据理力争+争长论短+短小精悍+悍然不顾+顾影自怜+怜香惜玉+玉液琼浆+浆酒霍肉+肉薄骨并+并行不悖+悖入悖出+出奇制胜+胜任愉快+快马加鞭+鞭辟入里+里出外进+进寸退尺+尺寸可取+取巧图便+便宜行事+事与愿违+违心之论+论功行赏+赏心悦目+目光如豆+豆蔻年华+华而不实+实事求是+是古非今+今愁古恨+恨之入骨+骨腾肉飞+飞檐走壁+壁垒森严+严阵以待+待理不理+理屈词穷+穷原竟委+委曲求全+全力以赴+赴汤蹈火+火烧火燎+燎原烈火+火烧眉毛+毛羽零落+落井下石+石破天惊+惊慌失措+措置裕如+如运诸掌+掌上明珠+珠沉玉碎+碎琼乱玉+玉碎珠沉+沉渣泛起+起早贪黑+黑更半夜+夜雨对床+床头金尽+尽态极妍+妍姿艳质+质疑问难+难以为继+继往开来+来龙去脉+脉脉含情+情见势屈+屈打成招+招摇过市+市井之徒+徒劳往返+返老还童+童牛角马+马首是瞻+瞻前顾后+后顾之忧+忧国奉公+公子王孙+孙康映雪+雪上加霜+霜露之病+病病歪歪+歪打正着+着手成春+春蚓秋蛇+蛇口蜂针+针锋相对+对簿公堂+堂堂正正+正中下怀+怀璧其罪+罪大恶极+极天际地+地丑德齐+齐心协力+力不胜任+任重道远+远见卓识+识文断字+字斟句酌+酌盈剂虚+虚舟飘瓦……

（三）魔术

【示例】

把报纸撕成小块，然后一抖还能回到原样，是怎么弄的？

共有两张报纸，首先把其中一张折成小方块，拿着另一张大的将小方块放在大拇指上，用大的纸挡住不要让人看到了。在撕纸的时候要挡好，最后，把所有的纸翻转过来把碎纸团成团，把准备好的折起来的纸慢慢地打开，撕碎的藏在手心！

【示例】

耳能听牌

洗牌后，摊开，让观众看一下，没有毛病，再请他抽一张。然后表演者把其他牌握在手中，放在耳边一听，就知道观众抽的是什么牌。

演法：

（1）先把两张花牌去掉。

（2）再把全副牌按下列次序排列成四行（第一行黑桃，第二行红心，第三行梅花，第四行红方），牌面向上，然后从左边第一行"K"，第二行"3"……顺次收牌。3压K上，6压3上，9压6上，Q压9上……。

（3）观众抽牌后，把抽牌上面的那些牌放到余牌下面。

（4）听牌前顺便看明下面的面牌。若面牌是"3"，那么抽牌必定是"6"。面牌是"红心"，抽牌定是"黑花"。

（5）要记住口诀："桃、心、花、方下加三。"比如看见面牌是"红心6"，那么观众抽的牌必是"梅花9"。心的后面是花，而6加3则是9，因此抽牌必然是"梅花9"。

（6）把抽牌收回再进行表演时，一定要把这张抽牌放在全牌的牌背上，或者牌面上，不可插在中间。

（四）其他

1.吃鸡（牛，猪，羊等）

游戏规则：有一只鸡，在大家面前，每个人轮流去吃。要说清楚每个人要吃的具体部位，前面吃过的，后面的人就不可以再说，到最后，没得吃的人就要出节目。

2.数数游戏

从1开始数数，逢带6或6的倍数则拍手代替，出错的乘客需表演节目（唱歌，表演，讲笑话等）。

3.猜数字

你在一张纸上写上一个数字，比如"23"，让客人猜，数字范围是1～100间，一个接一个猜，比如其中一个猜53，那范围就缩小1～53，直到他们猜到23为止，猜中者就中奖。

4.四大经典爱情故事

就是猪八戒和高小姐、梁山伯和祝英台、许仙和白素贞、罗密欧和茱丽叶。

导游事先准备好八张小纸条，上面各写一个人名，在车上，导游要找四位男士和四位女士配合，分别扮演一个角色，选定后，要男士找与他相对应的女士，就如猪八戒要找高小姐。

游戏规则：男士找女士，错了的话，男士要受罚，表演一个节目，找对的话，两个人都要表演，而且是他们所扮演角色的精彩片段：猪八戒背高小姐，梁山伯与祝英台的化蝶，许仙与白素贞的断桥相会，罗密欧与茱丽叶的爬窗。此游戏适合一个团体出游，年轻的较受欢迎。散客气氛好的话，效果也不错。

5."击鼓传花"

可以用可乐瓶或导游旗代替手绢，导游在前面唱歌，歌一停，看哪个拿到瓶子（或导游旗）的——表演节目，获得"国宝熊猫玩具""明信片"一类的奖品；扎气球猜灯谜、谜语——没有人回答时，只要点出活跃分子表演节目，奖品就归他（她）。

6."车上跳舞"

这里所说的跳舞只是坐在车上。你伸左手，客人就得伸右手，无论你做什么动作，如果有客人和你一样，就输了，就罚表演节目！

7."明七暗七"

所谓明七就是：7、17、27之类的，暗七就是：7的倍数，有时玩的时候还把15也算上，这些都是不能说的数字，轮到了就得跳到下一个数字，15就用手做一个大月亮，如果说错了，就要罚他表演。

8."青蛙陷阱"

一只青蛙一张嘴，两只眼睛四条腿；两只青蛙两张嘴，四只眼睛八条腿……以此类推，每人一句，量词或数词说错了就要罚他表演节目。

9.绕口令

"走一走、扭一扭、见一棵柳树、搂一搂"，第二位就得说：走两走、扭两扭、见两棵柳树、搂两搂。数到十后返回从一开始。游戏规则是谁讲错罚谁出节目。

10.脑筋急转弯

①用左手食指指着车顶,问客人"这是什么?"客人一般会回答"1"(答案应为"这是食指啦"),用右手做同样的动作再问客人,"这是几?",客人多半要回答是食指(答案应为"这是1"),要根据提问来找答案。

②芳芳在学校门口把学生证掉了,怎么办?(捡起来)

③一只饿猫看到老鼠,为什么拔腿就跑?(去追老鼠)

④太平洋的中间是什么?(平)

⑤有油灯、暖炉、壁炉,应该先点哪样呢?(火柴)

附　录

2021 年全国职业院校技能大赛
导游服务赛项规程

一、赛项名称

赛项编号:GZ-2021055

赛项名称:导游服务

英文名称:Tour Guide Service

赛项组别:高职组

赛项归属产业:旅游业

二、竞赛目的

①以导游服务技能竞赛为载体,促进相关院校、学生和教师的相互学习与交流。

②以赛促学,以赛促教,提升导游服务人才培养质量。

③进一步促进旅游行业与涉旅游大类专业职业院校之间的了解和沟通,搭建行业专家、名师与参赛选手、参赛学校之间交流平台,为参赛选手与优秀企业之间构建就业对话平台。

④吸引优秀行业企业参与赛项,促进政、校、企之间的深度融合,提升职业教育产教融合度,助力整体提高高职教育的社会认可度与影响力,推动旅游专业技能人才队伍的成长与壮大。

三、竞赛内容

(一)竞赛内容

竞赛内容包括 5 个部分,分 4 个环节进行,即:导游知识测试、现场导游词创作及讲解、自选景点导游讲解、导游英语口语测试、才艺运用,其中第二、三项作为一个竞赛环节在同一场地按序完成,其余三项作为独立环节在各自比赛场地完成。

1.导游知识测试

测试形式为闭卷考试。测试时间为 60 分钟,题量 100 题,题型包含判断题、单选题和多选题三种。题库量共 1 000 题,其中判断题 300 题、单选题 400 题、多选题 300 题,内容主要包括导游基础知识、导游业务、旅游法规和旅游热点问题等。赛前按规定时间公开题库。

2.现场导游词创作及讲解

围绕中国国情及中国文化元素等主题创作一篇导游词并进行现场讲解。该部分比赛公开题库,题库包括 50 个主题和 5 个团型。选手现场抽选出一个主题和一个团型,准备时长 30 分钟,选手独立完成现场导游词创作。30 分钟后上场,在 3 分钟内用中文进行脱稿讲解。

3.自选景点导游讲解

选手在赛前根据选题范围准备一段 4 分钟的导游词和相应的 PPT 资料,讲解景点为国家 AAAAA 级旅游景区或世界遗产地,用中文进行模拟导游讲解。PPT 格式为 pptx,能确保通用软件正常播放,文件大小不超过 20 M。选手所提供的 PPT 统一设置为自动播放形式,由工作人员在现场点击开始自动播放。PPT 中不允许使用音乐及视频,不允许出现非景区固有的文字或符号等提示信息。比赛过程中不出现所在院校及选手本人的任何信息。

4.导游英语口语测试

测试方式为现场对话。测试内容为导游运用英语服务游客的能力,主要考查选手对游客英语服务的实操能力。该部分于比赛前公开题库,题库试题量为80题,选手现场抽取一个题目,准备30秒后开始与裁判进行4分钟的情景对话。

5.才艺运用

选手在4分钟30秒内完成带团过程中的导游情境描述及应景的才艺展示,才艺须符合导游职业特点,道具应便于随身携带。选手用中文对导游情境进行设计描述,描述时不可以有背景音乐与视频;应景的才艺展示不少于2分钟30秒,可提供才艺背景音乐但不支持视频。才艺运用环节音频采用mp3格式,每个选手才艺只能有一个文件。此环节选手服装、道具等应与导游真实工作情境相符合。经选手示意后由工作人员开始播放音乐。

(二)比赛成绩

序号	比赛内容	权重
1	导游知识测试	15%
2	现场导游词创作及讲解	30%
3	自选景点导游讲解	35%
4	导游英语口语测试	10%
5	才艺运用	10%
6	总计	100%

(三)赛项比赛时间

序号	比赛内容	比赛时间(分)	准备时间(分)
1	导游知识测试	60	—
2	现场导游词创作及讲解	3	30
3	自选景点导游讲解	4	—
4	导游英语口语测试	4	0.5
5	才艺运用	4.5	—

四、竞赛方式

(一)组队要求

本赛项为个人赛,以省(自治区、直辖市、新疆生产建设兵团)为单位组队,各地限额推荐1人参赛。

(二)参赛人员要求

①参赛选手必须是高等职业学校专科、高等职业学校本科全日制在籍学生。五年制高职学生须四、五年级方可报名参加本赛项比赛。

②凡在往届全国职业院校技能大赛中获一等奖的选手,不能再参加同一项目同一组别的比赛。

③每个参赛省(自治区、直辖市)配领队1名。每名选手可报1名指导教师。

④参赛选手和指导教师报名获得确认后不得随意更换。如比赛前参赛选手和指导教师因故无法参赛,须由省级教育行政部门于赛项开赛前 10 个工作日出具书面说明,经大赛执委会办公室核实后予以更换。

⑤本赛项在条件允许的情况下邀请境外院校参加表演及观摩。

五、竞赛流程

比赛日程

时间		项目	参加人员	地点
第一天	12:00—18:00	参赛队报到	全体	大赛报到处
第二天	08:00—12:00	参赛队报到	全体	大赛报到处
	13:00—15:00	看比赛场地	全体选手	各赛场
	15:30—16:00	开赛式	全体	报告厅
	16:00—17:30	领队会议、分组抽签	领队、教练	会议室
第二天	08:30—12:00	现场导游词创作及讲解-自选景点导游讲解;导游英语口语测试;才艺运用	参赛选手	各赛场
	14:00—18:00	现场导游词创作及讲解-自选景点导游讲解;导游英语口语测试;才艺运用	参赛选手	各赛场
	19:30—20:30	导游知识测试	全体选手	笔试赛场
第四天	08:30—12:00	专家点评、闭赛式	全体人员	报告厅

具体日程和分项比赛地点待报名确定后正式公布。

导游服务赛项比赛流程

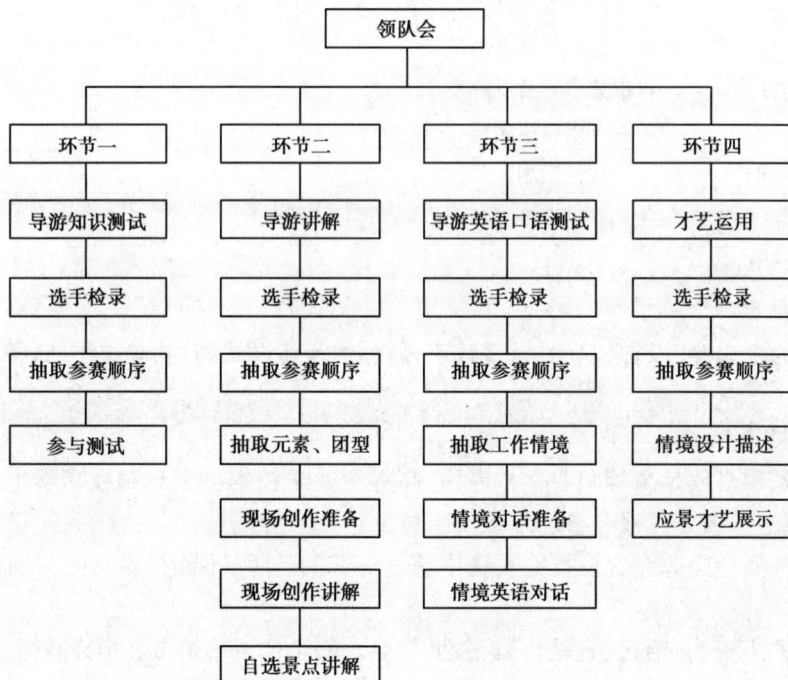

```
                        领队会
        ┌──────────┬──────────┬──────────┐
      环节一       环节二      环节三      环节四
    导游知识测试   导游讲解   导游英语口语测试  才艺运用
     选手检录     选手检录    选手检录      选手检录
    抽取参赛顺序  抽取参赛顺序  抽取参赛顺序   抽取参赛顺序
     参与测试   抽取元素、团型  抽取工作情境    情境设计描述
              现场创作准备   情境对话准备   应景才艺展示
              现场创作讲解   情境英语对话
              自选景点讲解
```

六、竞赛赛卷

本赛项公开赛题库,并于开赛前1个月在大赛网络信息发布平台上(www.chinaskills-jsw.org)公布。

(一)导游知识测试

含导游基础知识、导游业务、旅游法规及旅游热点问题等知识,题库量共1 000题。比赛笔试试卷试题为100题,其中包括判断题40题,每题0.5分,单项选择题40题,每题1分,多项选择题20题,每题2分,卷面成绩共计100分,最终成绩按15%折算计入大赛总成绩。题例如下:

1.判断题(判断为对的请选A,判断为错的请选B)

例题:为了防止各地接社向导游员下达接待任务时出现失误,在接团前,导游员应先与全陪核对各自的行程安排。(   )

答案:B

2.单选题(请选择一个正确答案)

例题:某旅行社与旅游者小赵签订境内旅游合同,明确2019年11月17日出发。在2019年11月14日,旅行社告知小赵由于飞机舱位不足不能成行,那么旅行社应当按照旅游费用总额的(   )向小赵承担违约金。

A.5%   B.10%   C.15%   D.20%

答案:C

3.多选题(请选择2~5个正确选项,多选、少选或错选均不得分)

例题:下列属于我国世界文化与自然双重遗产的是(   )。

A.长城   B.泰山   C.武陵源   D.黄山   E.武夷山

答案:BDE

(二)现场导游词创作及讲解

主题是中国国情及中国文化元素,共50个,如京剧、殷墟甲骨文、广东飘色等;5个团型,如老年团、研学团、商务团等。

(三)导游英语口语测试

测试内容为导游运用英语服务游客的能力,题库量为80题,如:

As a local guide Xiao Li, you are picking up your group from the US led by Mr. Smith. You are holding a welcome sign with "Smith" and your company's name on it. Your dialogue will include the following points:

A. Greetings.

B. Ask if the group is led by Mr. Smith.

C. Inquire details concerned.

根据赛项专业指标考核要求,承诺保证于开赛1个月前在大赛网络信息发布平台上(www.chinaskills-jsw.org)公开全部赛题。

七、竞赛规则

①参赛选手的组别由领队抽签决定;参赛选手的参赛顺序由现场抽签结果决定。

②参赛选手报到第二天13:00—15:00可熟悉比赛场地,但不提供音响、PPT播放等服务。

③参赛选手按规定时间到达指定地点,凭参赛证、学生证和身份证(三证必须齐全)进行检录后进入竞赛候场区,抽取比赛次序。检录时间开始 15 分钟内未到取消比赛资格。

④各代表队领队、指导教师以及观摩人员在赛场指定的观摩区观摩比赛。

⑤新闻媒体在赛场设定的媒体采访区工作,并且听从现场工作人员的安排和管理,不能影响比赛进行。

⑥各类赛务人员必须统一佩戴由大赛执委会签发的相应证件,着装整齐。

⑦各赛场竞赛区域除裁判和赛场配备的工作人员外,其他人员未经允许不得进入。

⑧参赛选手不得携带通信工具和其他未经允许的资料、物品进入比赛场地,不得中途退场。如出现违规、违纪和舞弊等现象,经裁判组裁定取消比赛成绩。

⑨参赛选手在规定时间依次入场候赛,在前一位选手退场后由主持人宣布上场,确认现场条件无误后点头示意,由主持人宣布开始比赛,计时开始。现场安排倒计时提示。

⑩比赛过程中,参赛选手须严格遵守比赛规则,保证自身安全,并接受裁判员的监督和警示;若因设备故障导致选手中断或终止比赛,由大赛裁判长根据竞赛规程中的预案视具体情况做出裁决。

⑪"现场导游词创作及讲解—自选景点导游讲解"环节,由主持人串场,宣布各项比赛内容的开始和结束。现场工作人员同步进行计时。其他赛场,主持人只宣布计时开始和比赛结束。

⑫现场导游词创作及讲解、自选景点导游讲解、导游英语口语测试与才艺运用比赛的成绩,由裁判员现场打分,去掉一个最高分和一个最低分,取平均分为参赛选手的最终成绩。

⑬选手单项成绩经裁判长、监督仲裁组签字后进行公布。成绩公布 2 小时无异议,由监督仲裁组长在成绩单上签字确认有效。参赛代表队若对成绩有异议,应在公布后的 2 小时内由领队按规程向大赛仲裁工作组书面提出复核申请。

八、竞赛环境

赛项执委会为赛项提供所需的竞赛环境和相应器材。现场配备空调系统,确保环境温度适宜;保证良好的采光、照明和通风,必要时设置抽风装置;提供稳定水、电供应和供电应急设备;比赛现场设置专门的观摩区,供各参赛队领队、教练现场观摩。

其他区域,赛项执委会在指定场地,设观摩展示区、媒体区、休息区、服务保障区、咨询区、申诉区等区域。另设成绩公布区,配备相应的电脑和投影设备。

具体设备清单见下表。

序号	赛项内容	比赛场地	场地要求
1	导游知识测试	机房或教室	满足全部选手同时测试的要求
2	现场导游词创作及讲解	导游词创作室 1 个 报告厅 1 个	导游词创作室不限大小;报告厅要求 200 平方米以上。设背景墙、舞台、音响 1 套、多媒体设备 1 套(含投影仪)、移动电子屏 1 个、电脑 12 台、计算机语言抽题系统 2 个、自动计时系统 2 个、耳麦 2 个、手麦 4 个、立麦 1 个、裁判员席和观众席若干、计分平板电脑 12 台(或计算器 12 个)、纸笔 12 套
3	自选景点导游讲解		

续表

序号	赛项内容	比赛场地	场地要求
4	导游英语口语测试	会议室1个 观摩室1个	会议室100平方米以上,观摩室不限。 设置转播系统及设备一套、多媒体设备1套(含投影仪)、移动电子屏2个、计分平板电脑12台(或计算器12个)、纸笔12套、计算机语言抽题系统1个、自动计时系统2个、裁判员席若干
5	才艺运用	会议厅	300平方米以上的会议厅或宴会厅。设置舞台、LED大屏幕、自动计时系统2个、音响1套、计分平板电脑12台(或计算器12个)、耳麦2个、手麦4个、立麦2个、裁判员席和观众席若干;参赛选手自备才艺展示道具和参赛服装等。

九、技术规范

技术规范参照旅游行业职业规范:

(一)《中华人民共和国旅游法》

(二)《旅行社条例》及《旅行社条例实施细则》(国务院令[2009]第550号)

(三)《导游人员管理条例》(国务院令[1999]第263号)

(四)《导游管理办法》

(五)GB/T 15971—2010《导游服务规范》

(六)LB/T 004—2013《旅行社国内旅游服务规范》

(七)LB/T 31385—2015《旅行社服务通则》

(八)LB/T 31386—2015《旅行社出境旅游服务规范》

十、技术平台

本赛项需要使用如下设备:

①计算机上答题及成绩自动统计系统,或机读卡阅卷设备(采用机读卡答题时)。若赛场无上述条件,或技术上不能确保安全、保密和万无一失,可以采用纸质试卷并手工阅卷。

②裁判现场评分设备及成绩统计软件。

③比赛现场同时记录总时长和单项比赛时长的自动计时设备。

凡能达到上述要求的技术平台均可备选。

十一、成绩评定

(一)评分标准制订原则

1.体现导游专业核心能力

2.体现导游人才培养规格

3.体现导游职业综合素养

（二）评分方法

1.裁判员选聘

按照大赛专家和裁判工作管理办法建立全国职业院校技能大赛赛项裁判库,由全国职业院校技能大赛执委会在赛项裁判库中抽定赛项裁判人员。裁判长由赛项执委会向大赛执委会推荐,由大赛执委会聘任。

2.赛前组织裁判培训,统一各比赛项目的评分细则

现场比赛期间,各裁判根据评分标准独立打分,不得相互讨论,不得干扰其他裁判打分。

3.裁判员人数

共安排28名裁判。其中现场导游词创作及讲解、自选景点导游讲解比赛裁判员9名,导游英语口语测试裁判8名,才艺运用比赛裁判8名(均含7名评分裁判、1名现场裁判兼评分裁判的候补,现场导游词创作室增加1名现场裁判);加密裁判2名;裁判长1名。

序号	专业技术方向	知识能力要求	执裁、教学、工作经历	专业技术职称（职业资格等级）	人数
1	现场导游词创作及讲解	熟悉导游业务或旅行社业务或汉语言文学知识	从事导游或旅行社或汉语言文学相关工作5年以上;有省级导游大赛执裁经验	具有相关专业副教授以上职称;或特级导游;或导游大师、金牌导游工作室领头人	9人
2	导游英语口语测试	英语口语能力较强,语音纯正	从事英语相关工作5年以上;有省级英语项赛事执裁经验	具有英语专业副教授或副译审以上职称	8人
3	才艺运用	有一定艺术功底或鉴赏水平	从事文学艺术、表演艺术相关工作5年以上;有省级相关比赛执裁经验	文学、艺术相关专业副教授以上职称;或有一定艺术鉴赏能力的高级以上导游、导游大师、金牌导游工作室领头人	8人
4	加密裁判	不限	从业5年以上,工作细心,责任心强;有省级比赛执裁经验	具有中级以上职称,或高级及以上导游等级;或导游大师、金牌导游工作室领头人	2人
5	裁判长	熟悉导游业务,文化底蕴丰富	从事导游或旅行社相关工作8年以上;有省级导游大赛执裁经验	具有教授职称	1人
裁判总人数					28人

4.分值设置

决赛总分 100 分,其中:导游知识测试 15 分,现场导游词创作及讲解 30 分,自选景点导游讲解 35 分,导游英语口语测试 10 分,才艺运用 10 分。

5.成绩复核

为保障成绩评判的正确性,监督仲裁组将对赛项总成绩排名前 30%的所有参赛选手的成绩进行复核;对其余成绩进行抽检复核,抽检覆盖率不低于 15%。如发现成绩错误,领队应当以书面方式及时告知裁判长,由裁判长更正成绩并签字确认。复核、抽检错误率超过 5%的,裁判长将对所有成绩进行复核。

6.最终成绩

最终成绩经复核无误,经裁判长、监督仲裁组签字后进行公布。公布时间为 2 小时。成绩公布无异议后,由监督仲裁组长在成绩单上签字,并在闭赛式上公布竞赛成绩。

(三)评分细则和标准

1.导游知识测试环节

此环节为闭卷考试,计算机或机读卡直接评分(视赛场情况可以纸考并手工阅卷)。

2.现场导游词创作及讲解、自选景点导游讲解环节

这两个内容在同一场地依序用中文完成。设置评分裁判 7 名,现场裁判 2 名(其中 1 人在现场导游词创作室执裁)。评分裁判根据评分标准,为每名选手评分,分值保留至小数点后一位。选手得分的计算方式为:去掉一个最高分,一个最低分,取其他 5 名裁判的平均分为每名选手最后得分,选手最后得分保留至小数点后两位。现场裁判负责现场抽选主题,确定并宣布选手比赛用时方面的扣分,现场核实、登记比赛成绩。当评分裁判出现空缺时,由现场裁判递补。

3.导游英语口语测试环节

用英语完成。设置评分裁判 7 名,现场裁判 1 名。评分裁判根据评分标准,为每名选手评分,分值保留至小数点后一位。选手得分的计算方式为:去掉一个最高分,一个最低分,取其他 5 名裁判的平均分为每名选手最后得分,选手最后得分保留至小数点后两位。现场裁判负责现场抽选主题,现场核实、登记比赛成绩。当评分裁判出现空缺时,由现场裁判递补。

4.才艺展示环节

带团过程中的导游情境描述及应景的才艺展示在一个赛场进行,其中导游情境描述用中文完成。设置评分裁判 7 名,现场裁判 1 名。裁判根据评分标准,为每名选手评分,分值保留至小数点后一位。选手得分的计算方式为:去掉一个最高分,一个最低分,取其他 5 名裁判的平均分为每名选手最后得分,选手最后得分保留至小数点后两位。现场裁判职责是确定并宣布选手比赛用时方面的扣分,负责比赛成绩的现场核实、登记工作。当评分裁判出现空缺时,由现场裁判递补。

选手总成绩根据各赛项成绩的比值累加计算,竞赛名次按照总成绩高低排序。当总成绩相同时,依次按照自选景点导游讲解、现场导游词创作及讲解、导游英语口语测试、才艺运用的得分高低排序。

评分标准与分值段

项目	评分标准	分值段(分)	备注
现场导游词创作及讲解(30分)	1.导游词创作(满分16分) 紧扣主题(2分); 紧扣团型(2分); 切入角度选取合理,创作尊重史实和现实(2分); 内容正确、完整(2分); 用词(或例证等)恰当,富有文采(2分); 结构合理,详略得当(2分); 条理清晰,逻辑通顺,层次清楚(2分); 具有创新性和时代特色(2分)。 2.导游词讲解(满分14分) 语言(普通话)规范流畅(2分); 讲解完整清楚(2分); 口齿清晰流利(2分); 讲解节奏控制合理、有层次感(2分); 仪态自然,富有亲和力(1分); 肢体语言生动形象,符合导游规范(1分); 讲解生动有趣,富有感染力和渗透性(2分); 导游讲解方法和技巧运用恰当(2分)	1.24~30; 2.17~23; 3.17分以下(不含17分)	现场导游词创作准备时间30分钟,讲解时间3分钟; 2分30秒设时间提醒,不足2分30秒扣2分; 3分钟到主持人叫停
自选景点导游讲解(35分)	1.导游职业仪态(满分2分) 礼仪着装得体,符合职业情境或讲解主题特色(2分)。 2.导游词组织特色(满分10分) 内容正确,结构合理、尊重史实和现实(3分); 整体节点布局合理、严谨(3分); 紧扣主题,特色鲜明,感染力强(3分); 语言文字优美,富有文采(1分)。 3.导游讲解风范(满分23分) 讲解语言流畅规范,口齿清晰(1分); 仪态自然、肢体语言丰富,符合导游规范(1分); 讲解角度新颖(4分); 主题特色鲜明(2分); 讲解重点突出、有层次感(2分); 文化底蕴深厚,内涵丰富(3分); 讲解节奏合理、节律感强(2分); 语言组织运用艺术和能力强(2分); 导游讲解方法和技巧运用恰当(3分); 富有感染力、亲和力和渗透力(3分)	1.28~35; 2.20~27; 3.20分以下(不含20分)	1.时间:4分钟。 3分30秒设时间提醒,不足3分30秒扣2分,4分钟到主持人叫停。 2.PPT要确保通用软件能正常播放,格式为pptx,文件大小不超过20M。选手所提供PPT统一设置为自动播放形式。所有材料均为内嵌式,不允许外嵌式链接。PPT中不允许使用音乐及视频,不允许出现非景区固有的文字或符号等提示信息

续表

项目	评分标准	分值段(分)	备注
导游英语口语测试(10分)	1.发音清晰,语调自然(2分); 2.语句通顺,无明显语法错误,句意与语意完整(2分); 3.交流顺畅,应对自如(1.5分); 4.内容充实,能运用专业术语、词汇解决相关问题(3分); 5.语言运用仪态大方,自然得体,肢体语言表达到位、符合职业设定(1.5分)	1.8~10; 2.5~7; 3.5分以下(不含5分)	抽题后准备时间30秒,测试时间:4分钟。测试到3分30秒设时间提醒,4分钟到主持人叫停。时间不足3分30秒,减少"内容充实"项得分
才艺运用(10分)	1.情景设置符合导游工作实际,描述生动完整,与才艺展示结合紧密(3分); 2.妆容适宜,衣着得体,道具契合主题并适合导游具体工作场景要求(2分); 3.才艺表演主题内容健康积极(1分); 4.表演有一定的艺术性、观赏性和独创性(2分); 5.表演自然流畅,感染力强,气氛好,符合旅游者审美标准(2分)	1.8~10; 2.5~7; 3.5分以下(不含5分)	1.时间:4分30秒。导游情景描述和才艺展示之间计时不中断,由选手向评委提示才艺展示开始。 2.屏幕显示总时长和才艺展示时长。其中总时长3分30秒设时间提醒,选手总时长不足3分30秒扣2分;4分30秒时间到,主持人叫停。才艺展示时长不设提醒时间,展示时间不足2分30秒扣2分。 3.选手必须独立完成,不允许助演,道具自备且独自一人一次性携带上场,违者扣2分。 4.情境描述无背景音乐与视频;才艺展示可提供mp3格式的才艺背景音乐,不支持视频,违者扣2分

十二、奖项设定

①本赛项奖项设个人奖。竞赛个人奖的设定为:一等奖占比10%,二等奖占比20%,三等奖占比30%(小数点后四舍五入)。

②获得一等奖的指导教师由组委会颁发优秀指导教师证书。

十三、赛场预案

本次比赛将配备足够的优秀监督仲裁员、裁判长及裁判员,所有人员分工明确,各司其职,独立工作,互相监督,确保本次成绩评判的正确性和公正性。若遇裁判和核心工作人员异动,可立即启用预备人选。确保竞赛执裁工作顺利进行。

本赛项比赛各环节均涉及计时问题,为防止计时软件出现卡顿等现象,赛场内同时配备码表,选手比赛时,计时软件与码表计时同时进行。

现场导游词创作及讲解准备室以及导游英语口语测试赛场需使用抽题软件,准备室及赛场内各配备装备了抽题软件的计算机一台,如遇设备故障,在裁判长和赛点负责人、大赛监督仲裁员的监督下,按照大赛制度启动预备设备,确保比赛能够顺利进行。

自选景点导游讲解比赛及才艺运用比赛需用计算机播放选手准备的PPT材料或者音频文件,如遇计算机卡顿、音响设备故障、停电或其他可能直接影响选手比赛成绩的异常情况,则由裁判长、赛点负责人和大赛监督仲裁员共同视具体情况裁定让选手继续完成比赛或重新开始,裁判员会综合考虑选手现场表现,做到客观、公正、公平。

各赛点都配有应急供电设备。

十四、赛项安全

赛项执委会、各赛点须采取切实有效措施保证大赛期间参赛选手、指导教师、裁判员、工作人员及观众的人身安全。

(一)比赛环境

①赛项执委会须在赛前组织专人对比赛现场、食宿场所和交通保障进行考察,并对安全工作提出明确要求。赛场的布置,赛场内的器材、设备,应符合国家有关安全规定。如有必要,也可进行赛场仿真模拟测试,以发现可能出现的问题。承办单位赛前须按照执委会要求排除安全隐患。

②赛场周围要设立警戒线,防止无关人员进入扰乱赛场秩序或发生意外事件。比赛现场内应参照相关职业岗位的要求为选手提供必要的劳动保护。在具有危险性的操作环节,裁判员要严防选手出现错误操作。

③承办单位应提供保证应急预案实施的条件。对于比赛内容涉及可能有坠物、大用电量、易发生火灾的情况,必须明确制度和预案,并配备急救人员与设施。

④赛项执委会须会同承办单位制订开放赛场和体验区的人员疏导方案。赛场环境中存在人员密集、车流人流交错的区域,除了设置齐全的指示标志外,须增加引导人员,并开辟备用通道。

⑤大赛期间,承办单位须在赛场管理的关键岗位增加力量,建立安全管理日志。

⑥参赛选手进入赛位、赛事裁判工作人员进入工作场所,严禁携带通信、照相摄录设备,禁止携带记录用具。如确有需要,由赛场统一配置、统一管理。赛项可根据需要配置安检设备对进入赛场重要部位的人员进行安检。

严禁在赛场使用闪光拍摄设备、激光红外设备等对选手、裁判和工作人员进行拍摄和扫视,影响和干扰赛场,一经发现,请出场外。

(二)生活条件

①比赛期间,原则上由赛项执委会统一安排参赛选手和指导教师食宿。承办单位须尊

重少数民族的信仰及文化,根据国家相关的民族政策,安排好少数民族选手和教师的饮食起居。

②比赛期间安排的住宿地应具有宾馆/住宿经营许可资质。大赛期间的防疫、住宿、卫生、饮食安全等由赛项执委会和承办学校共同负责。

③大赛期间有组织的参观和观摩活动的交通安全由赛项执委会负责。赛项执委会和承办单位须保证比赛期间选手、指导教师、领队、裁判员、专家、工作人员的交通安全。

④各赛项的安全管理,除了可以采取必要的安全隔离措施外,应严格遵守国家相关法律法规,同时注意保护个人隐私和人身自由。

(三)组队责任

①各学校组织代表队时,须为参赛选手购买大赛期间的人身意外伤害保险。建议购买组织者责任险。

②各学校代表队组成后,须制定相关管理制度,并对所有选手、指导教师进行安全教育。

③各参赛队伍须加强对参与比赛人员的安全管理,实现与赛场安全管理的对接。

(四)应急处理

比赛期间发生疫情或各种意外事故,发现者或当事人应第一时间报告赛项执委会,同时采取措施避免事态扩大。执委会应立即启动预案予以解决并报告赛区执委会。若因重大安全问题导致比赛延期、取消或更换场地,由赛区组委会决定。事后,赛区执委会应向大赛执委会报告详细情况。

(五)处罚措施

①因参赛队伍原因造成重大安全事故的,取消其获奖资格。

②参赛队伍有发生重大安全事故隐患,经赛场工作人员提示、警告无效的,可取消其继续比赛的资格。

③赛事工作人员违规的,按照相应的制度追究责任。情节恶劣并造成重大安全事故的,由司法机关追究相应法律责任。

十五、竞赛须知

(一)参赛领队须知

①熟悉竞赛规程,负责做好本参赛队大赛期间的管理工作,负责本参赛队的参赛组织和与大赛的联络。

②贯彻执行大赛各项规定,竞赛期间不私自接触裁判。

③准时参加赛前领队会议,并认真传达落实会议精神,确保参赛选手准时参加各项比赛及活动。

④在比赛时需密切留意参赛选手的比赛时间,安排充足人员进行调度,避免出现因迟到而被取消比赛资格的现象。

⑤对不符合竞赛规定的设备、软件、工具,有失公正的评判、奖励以及工作人员的违规行为等,均可向仲裁组提出申诉。涉及比赛成绩变更的申诉,须在规定的时间内由领队以书面的形式提出。非领队提出或超过时效的申诉一律不予受理。鼓励领队对赛项执委会的工作

进行监督、批评并提出合理化建议。

⑥应负责赛事活动期间本队所有人员的疫情防控、人身及财产安全工作，并按规定为参赛选手及参赛人员购买相关保险。如队员发生意外事故，或出现发烧、咳嗽、咽痛、呼吸困难等症状，应及时向执委会报告。

（二）指导教师须知

①熟悉竞赛规程，负责协助领队做好所指导选手大赛期间的管理工作。

②比赛过程中，指导教师不得现场指导，不得现场书写和传递任何资料给参赛选手。

③贯彻执行大赛各项规定，竞赛期间不得私自接触裁判。

④应负责大赛期间所指导选手的疫情防控工作和人身及财产安全，如发现意外事故，应及时向领队报告。

⑤比赛结束后，需贯彻大赛规定，做好赛项的评价工作。

（三）参赛选手须知

1.准备阶段

①参赛选手须认真填写报名表各项内容，提供个人真实身份证明。凡弄虚作假者，将取消其比赛资格。

②参赛选手须在规定时间内提交符合要求的比赛资料，包括"自选景点导游讲解"环节的导游讲解稿和PPT、"才艺运用"环节的音频文件。超过规定时间提交的资料一律无效。

③参赛选手按照赛程安排和具体时间前往指定地点。凭大赛执委会颁发的参赛证、本人学生证和身份证参加比赛及相关活动。

④参赛选手进行操作比赛前须检录。检录时应出示本人身份证及参赛证，检录合格后方可参赛。凡未按时检录或检录不合格者取消参赛资格。

⑤参赛选手须仪表规范，着装干净整洁，女选手可适度化妆以符合岗位要求。

⑥参赛选手应自觉遵守赛场纪律，服从裁判、听从指挥。

⑦参赛选手应如实上报个人疫情防控信息。如出现发热、咳嗽、咽痛、呼吸困难等症状，应及时报告领队。

2.比赛阶段

①"导游知识测试"环节，选手按组别在机房或教室完成，按抽签顺序就座。

②"现场导游词创作及讲解-自选景点导游讲解"环节，点录后，选手按顺序提前30分钟抽取主题进行准备；讲解的顺序为先讲创作的导游词，再讲自选景点。

③"导游英语口语测试"环节，按序分组进行，各组依次按顺序抽题，抽题30秒后开始对话。

④"才艺运用"环节，按序分组进行，各组依次按抽签顺序完成。

⑤参赛选手须佩戴相关证件按照参赛时段提前15分钟检录进入比赛场地进行候场，在前一位选手完成比赛项目后，在工作人员带领下进入场地进行比赛。现场导游词创作及讲解3分钟（抽取讲解主题和团型后准备30分钟），自选景点导游讲解4分钟，导游英语口语测试4分钟（抽题后30秒开始作答），才艺运用4.5分钟。

⑥参赛选手在主持人宣布"计时开始"后开始展示。

⑦参赛选手在比赛中,不可出现所在院校及选手本人的任何信息。

3.结束阶段

①参赛选手完成各项目后即可离开比赛现场。

②参赛选手在竞赛期间未经组委会的批准,不得接受其他单位和个人进行的与竞赛内容相关的采访,不得私自公开竞赛的相关情况和资料。

③参赛选手在竞赛过程中须主动配合裁判的工作,服从裁判安排,如果对竞赛的裁决有异议,须通过领队以书面形式向仲裁工作组提出申诉。

④比赛结束后,需做好赛项的评价工作。

⑤本竞赛项目的最终解释权归赛区组委会。

(四)工作人员须知

①工作人员必须统一佩戴由大赛执委会办公室签发的相应证件,着装整齐。

②工作人员不得影响参赛选手比赛,不允许有影响比赛公平的行为。

③服从领导,听从指挥,以高度负责的精神、严肃认真的态度做好各项工作。

④熟悉比赛规程,认真遵守各项比赛规则和工作要求。

⑤坚守岗位,如有急事需要离开岗位时,应经领导同意,并做好工作衔接。

⑥严格遵守比赛纪律,如发现其他人员有违反比赛纪律的行为,应予以制止。情节严重的,应向竞赛组委会反映。

⑦发扬无私奉献和团结协作的精神,提供热情、优质服务。

十六、申诉与仲裁

各参赛队如果对选手的比赛成绩有异议,或者发现比赛过程中出现有失公正或有关人员违规等现象影响选手成绩的,应在该选手成绩公布后的 2 小时内由领队向监督仲裁组提出书面申诉。

书面申诉应对申诉事件的现象、发生时间、涉及人员、申诉依据等进行充分、实事求是地叙述,并由领队亲笔签名。非领队书面申诉不予受理。赛项监督仲裁工作组在接到申诉后的 2 小时内组织复议,并及时反馈复议结果。申诉方对复议结果仍有异议,可由领队向赛区仲裁委员会提出申诉。赛区仲裁委员会的仲裁结果为最终结果。

十七、竞赛观摩

①本赛项现场导游词创作及讲解、自选景点导游讲解、才艺运用等环节可现场观摩。导游英语口语测试环节为避免影响裁判与选手对话的效果,加上试题会循环使用,因此不允许现场观摩,由承办单位提供场外观摩室,同步播出比赛的视频(不含音频)。

②本赛项公开观摩对象为:参赛队领队、指导教师及随队观摩人员、媒体工作人员和企业观摩团等。

③各参赛队如需要现场观摩,请提前报名(注:每个参赛队可接纳两名观摩人员)。观摩院校可与各自省代表队领队联系,观摩证将在各代表队报到时统一发给领队。

④观摩人员凭大赛执委会颁发的观摩证进入指定观摩区进行观摩。

⑤观摩人员需遵守赛场规则，服从工作人员管理，保持赛场安静，观摩期间不得大声喧哗，不得使用闪光灯、手机等干扰选手比赛。不得在赛场内对台上的选手进行暗示或提醒。

⑥在有疫情防控的情况下，或当观摩人数超出赛场容量时，赛项执委会将根据现场情况控制观摩人员进入赛场。

十八、竞赛直播

为了更好地做好赛事工作的网络化和信息化，更好地向大家呈现比赛盛况，共享比赛精彩瞬间，突出赛项的技能重点与优势特色，为宣传、仲裁、资源转化提供全面的信息资料，赛场内部署无盲点录像设备，能实时录制赛场情况；赛场外有大屏幕或投影，同步显示赛场内竞赛状况（导游英语口语测试只显示视频）。赛项将安排专门人员负责比赛过程、开闭赛式及赛项点评等环节的摄像和录像。

通过摄录像，记录竞赛全过程。

十九、资源转化

赛项资源转化的内容包括本赛项竞赛全过程的各类资源。做到赛项资源转化成果符合行业标准、契合课程标准、突出技能特色、展现竞赛优势，引领产业发展，形成满足职业教育教学需求、体现先进教学模式、反映职业教育先进水平的共享性职业教育教学资源。

①组织专题研讨，探讨旅游新业态、导游人才培养等主题，达到以赛促教、以赛促训的目的。

②赛事全程摄制，比赛结束后把获奖选手的比赛视频共享至全国职业院校技能大赛官方网站，建立和丰富导游人才培养及教学资源库。

③利用比赛内容、知识点，充实院校导游人才培养模式和方案。

④精选选手导游讲解稿，专家点评出版，为全国各院校培养导游方面人才提供一流的教学辅导材料。

资源转化清单

	资源名称		表现形式	资源数量	资源要求	完成时间
基本资源	风采展示	赛项宣传片	视频	1	15分钟以上	20210930
		风采展示片	视频	1	15分钟以上	20210930
	教学资源	裁判点评	电子	1		20210930
		优秀导游词集锦	纸质	1		20220630
		大赛优秀选手比赛实况	视频	1	一等奖选手	20210930
		导游专业人才培养方案修订建议	纸质	1		20211130
拓展资源		素材资源库	电子	1		20211130
		赛题库	电子	1		20210930
		优秀选手访谈	视频	1	15分钟以上	20210930

参考文献

［1］全国导游人员资格考试教材编写组.导游业务［M］.5 版.北京:旅游教育出版社,2020.

［2］廖蓉.导游实务［M］.武汉:华中科技大学出版社,2020.

［3］窦志萍.导游技巧与模拟导游［M］.3 版.北京:清华大学出版社,2020.

［4］张志强,徐堃耿.新导游带团 365 个问答［M］.北京:中国旅游出版社,2020.

［5］龙梅.导游业务［M］.北京:中国人民大学出版社,2019.

［6］高亚芳,吴昱群,许波.甘肃导游教程［M］.北京:旅游教育出版社,2018.

［7］周晓雷.导游带团典型案例集析［M］.上海:复旦大学出版社,2016.

［8］胡华.导游实务［M］.北京:旅游教育出版社,2015.

［9］王晓宁.导游实务案例与分析［M］.北京:中国人民大学出版社,2014.

［10］湖北省旅游局人事教育处.导游实务与案例［M］.武汉:湖北教育出版社,2014.

［11］熊剑平.导游实务与案例［M］.武汉:湖北教育出版社,2014.

［12］李海玲.导游带团技能速成:经典案例训练［M］.北京:中国旅游出版社,2013.

［13］汪亚明.导游词编撰实务［M］.北京:旅游教育出版社,2012.

［14］傅远柏,章平.模拟导游［M］.北京:清华大学出版社,2010.

［15］安乐,文云.导游业务实训［M］.咸阳:西北农林科技大学出版社,2010.

［16］熊剑平,刘承良,章晴.成功导游素质与修炼［M］.北京:科学出版社,2008.

［17］黄明亮,刘德兵.导游业务实训教程［M］.北京:科学出版社,2007.

［18］熊剑平,董继武.导游业务［M］.武汉:华中师范大学出版社,2006.

［19］张舒哲,高娴子.导游口语技巧［M］.北京:旅游教育出版社,2006.

［20］熊剑平,袁俊.导游业务［M］.武汉:武汉大学出版社,2004.

［21］韩荔华.实用导游语言技巧［M］.北京:旅游教育出版社,2002.

［22］中华人民共和国国家质量监督检验检疫总局,中国国家标准化管理委员会.导游服务规范:GB/T 15971—2010［S］.北京:中国标准出版社,2011.

［23］国家旅游局.导游管理办法［EB/OL］.(2017-11-01)［2021-01-01］.中华人民共和国中央人民政府.

［24］国务院.国务院关于修改部分行政法规的决定［EB/OL］.(2017-10-07)［2021-01-01］.中华人民共和国中央人民政府.

［25］国务院.国务院关于修改和废止部分行政法规的决定［EB/OL］.(2017-03-01)［2021-01-01］.中华人民共和国中央人民政府.

［26］国家旅游局.旅行社条例实施细则(2016 年修正版)［EB/OL］.(2016-12-12)［2021-01-01］.中华人民共和国中央人民政府.